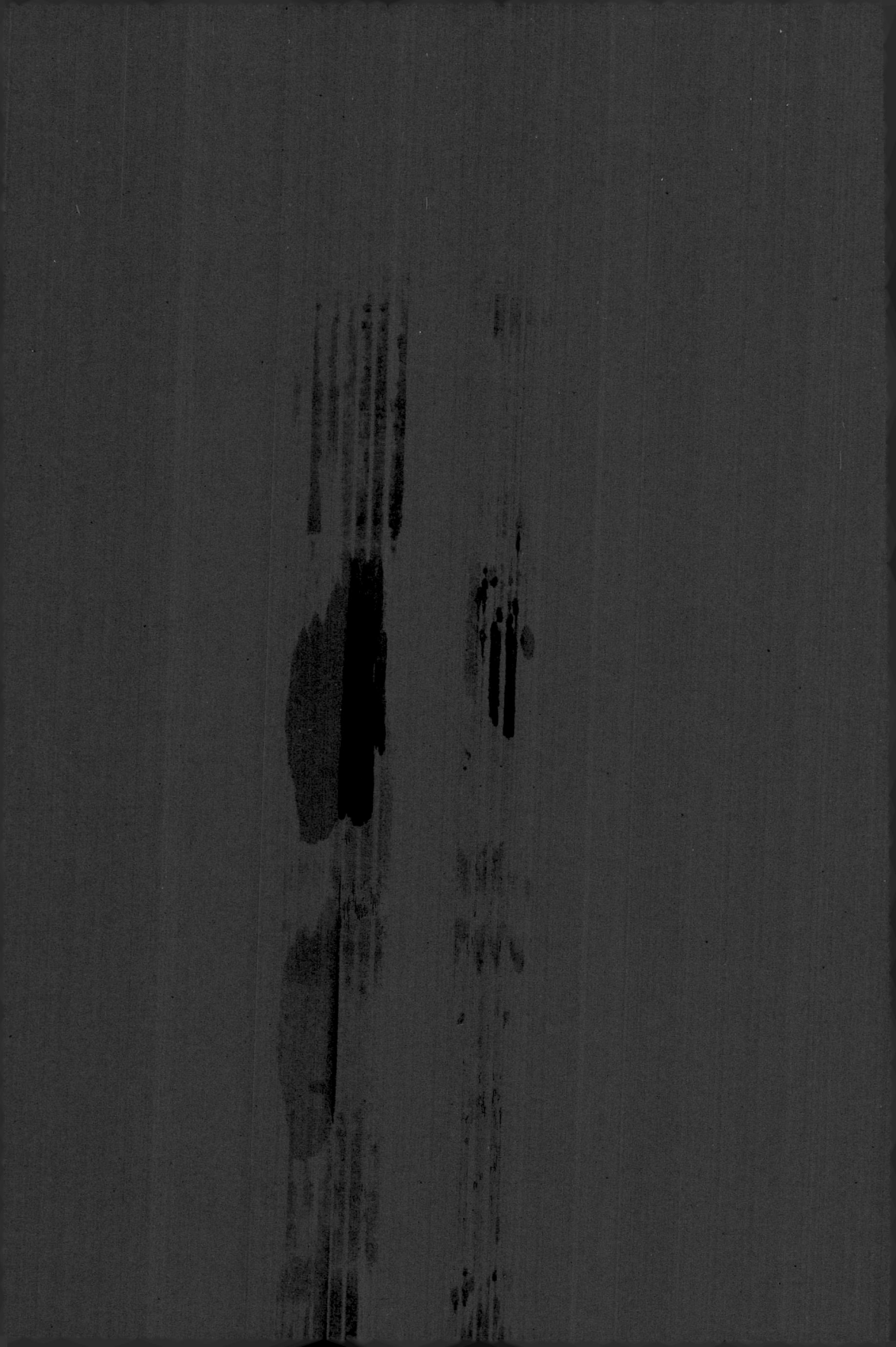

马克思主义理论研究和建设工程重点教材配套用书

《中国近现代史纲要》

实践教学 & 课程提质指导

主　编　朱秀民　高思峰

副主编　刘　惠　李　晶　王丽婕

中国文史出版社

本书编写委员会

主　　编　朱秀民　高思峰
副 主 编　刘　惠　李　晶　王丽婕
编　　委　(以姓氏笔画为序)
　　　　　王丽婕　王俊桥　朱东北　朱秀民
　　　　　齐艳苓　刘承伟　刘　惠　李　晶
　　　　　高思峰　熊双凤

前　　言

　　《〈中国近现代史纲要〉实践教学 & 课程提质指导》作为马克思主义理论研究和建设工程重点教材《中国近现代史纲要》的辅助教学资料，是由天津理工大学马克思主义学院"中国近现代史纲要"教学团队在多年教学研究和教学实践基础上编写的。党的十八大以来，习近平总书记和党中央高度重视思政课建设，对高校思政课建设提出了许多新的要求，为高校思政课教学改革指明了方向。本书编写组积极响应和贯彻这些要求，在教学实践和教学研究活动中，就"中国近现代史纲要"课程如何落实立德树人根本任务进行了长时间实践、研究和探索，在成功申报天津市新文科建设项目"新文科背景下基于'三个课堂'创新融合的《中国近现代史纲要》课程建设研究"、天津市教改项目"中国式现代化视阈下的'中国近现代史纲要'课程改革与实践"等多项省部级教学改革研究项目基础上着手进行了本书的编写。

　　本书以进一步推动习近平新时代中国特色社会主义思想进教材、进课堂、进头脑为总的指导原则进行编写，主要是围绕习近平总书记关于高校思想政治理论课建设、大学生思想政治教育、文化自信教育、四史学习教育、大学生社会主义核心价值观培育与践行等方面的重要指示精神进行内容和体例考量。同时，在具体编写过程中，又以新文科建设指导思想和建设理念为聚焦点，紧紧抓住"课程提质"这一核心意涵进行体例设计和内容设置。

　　本书以《中国近现代史纲要》教材为蓝本进行章节设置。与该教材的十章内容相对应，本书也包含十章主要内容。每章内容按照编写主旨又分为两节内容。第一节为"实践教学指导"，包含实践教学目的、场馆（所）实践教学、其他实践教学方式、实践教学报告范例等四部分主要内容；第二节为"课程提质指导"，包含习近平新时代中国特色社会主义思想引领本章教学要点、教学目标、教学重点与难点、关键问题引领与简答、文化自信教育、逆向课程思政、案例精选、学习思考题简答等八部分主要内容。一方面突出了对"中国近现代史纲要"课程实践教学的可行性引领，提高了"中国近现代史纲要"课程实践教学的可操作性，能够一定程度指导"中国近现代史纲要"课程实践教学落到实处，并收到应有的实践教学效果；另一方面针对"中国近现代史纲要"课程的具体教学内容，从新文科建设角度，为"中国近现代史纲要"课程提质提供可操作性引领，使"中国近现代史纲要"教学成效得以实质性提升。

本书在"课程提质指导"内容设置上有四个突出点：

一是突出习近平新时代中国特色社会主义思想对本章教学内容的引领。将习近平总书记与本章教学内容相关的重要讲话内容摘录其中，用以指导本章教学的开展。

二是强化"关键问题引领"。强调引领问题的关键性。引领问题一方面由教师给出，另一方面由学生通过思考生发而来。

三是突出"文化自信"教育。从"两个结合"高度和"四个自信"关系角度，突出"文化自信"教育，将中华优秀传统文化、革命文化和社会主义先进文化有机融入课程教学。

四是提出和实施"逆向课程思政"。与一般意义上的"课程思政"教学相对应，编写组提出"逆向课程思政"概念，即将思政课有关内容与学生所学专业课内容进行逆向联系和融入。在教学过程中，教师主导同时辅以启发学生自发将课程有关内容与学生所学专业进行恰当联系和融入，可以使学生在思想深处受到更为直观的触动，引发更为深刻的思考，不仅可以更好地理解"中国近现代史纲要"课程内涵与意义，同时还能为本专业知识的学习增加不同的认识视角，增加新的宽度和广度，从而更好地促进专业知识学习，在思想教育和专业知识学习两方面获得双丰收。

基于上述特点，本书可以作为"中国近现代史纲要"课程的教学参考书和辅助教学资料，适合"中国近现代史纲要"课程教师和学生选用。

本书由朱秀民教授进行内容和体例设计并主持具体编写工作。第一章和第十章由王丽婕老师编写，合计 5.03 万字；第二章由齐艳苓老师编写，合计 2.34 万字；第三章由王俊桥老师编写，合计 1.82 万字；第四章由熊双风老师编写，合计 2.12 万字；第五章由朱东北老师编写，合计 2.06 万字；第六章由刘惠老师编写，合计 2.13 万字；第七章由刘承伟老师编写，合计 1.63 万字；第八章由高思峰老师编写，合计 2.44 万字；第九章由李晶老师编写，合计 1.93 万字。全书由高思峰、刘惠、李晶、王丽婕老师进行分章一审，由高思峰老师进行全部内容二审以及内容体例调整，最后由朱秀民教授进行三审定稿。

由于编写水平有限，粗陋浅显之处定难尽免。真诚欢迎方家读者批评指正。

本书作为天津市新文科建设项目"新文科背景下基于'三个课堂'创新融合的《中国近现代史纲要》课程建设研究"以及天津理工大学教材基金项目的研究成果能够付诸编写和出版，得到了天津理工大学教务处和马克思主义学院基于新文科建设的大力资助，在此深表谢忱！

本书编写组

二〇二四年六月于天津理工大学

目　　录

第一章　进入近代后中华民族的磨难与抗争

第一节　实践教学指导

一、实践教学目的

通过实践教学，使学生更直观、更深刻地感知进入近代后西方列强对中国发动的军事侵略、政治控制、经济掠夺与文化渗透，更真切、更沉痛地感受中华民族因此所遭受的磨难与伤害，同时，更清晰、更系统地了解中国人民抵御外来侵略的斗争历程，并能够更深刻反思反侵略战争失败的原因，从而深刻认识资本-帝国主义入侵是近代中国贫穷与落后的总根源，认识近代中国人民奋起抗争与民族意识觉醒的重要性与必然性，认识完成两大历史任务是实现中华民族复兴的必然选择和必由之路。

二、场馆（所）实践教学

（一）天津大沽口炮台实践教学

1. 天津大沽口炮台简介

大沽口炮台，位于天津市滨海新区塘沽东南海河入海口两岸。第一次鸦片战争后，清政府派直隶总督亲临大沽口指导海防建设。经过数年经营，大沽口炮台已建成大炮台5座、土炮台12座、土垒13座，组成大沽炮台群，初步形成一套完整的军事防御体系。1858年，第一次大沽口保卫战失利后，科尔沁亲王僧格林沁奉旨重修炮台，用4个月时间，在海河口南北两岸，修建了以"威""镇""海""门""高"为名的5座炮台，寓意炮台威风凛凛镇守在大海门户的高处，这是炮台的鼎盛时期。1860年，英法联军第三次进攻大沽口，炮台在战火中化为乌有。李鸿章出任直隶总督后，对大沽口炮台进行修整和加固，各种火炮达到90多门，使防御能力进一步增强。1900年，八国联军陆海军强攻大沽口，炮台再次落入敌手。翌年，大沽口炮台依《辛丑条约》被拆毁。现在所见大沽口炮台，为南岸"威"字号遗址，其他炮台已荡然无存。

大沽口炮台见证了中华民族抗击侵略、不畏强暴的历史。从1858年至1900年，外国列强为夺取在华的经济利益和政治特权，于1858年、1859年、1860年和1900年先后四次进攻大沽口炮台。面对强大的侵略者，中国军民一次次用自己的血肉之躯同入侵之敌殊死搏斗，向世界展示了中国人民不屈不挠、勇敢坚强的民族气概。在四次大沽口保卫战中，唯有第二次作战取得了胜利，在近代民族反抗侵略的历史篇章上书写下浓墨重彩的一页。

（参考刘国军：《大沽口炮台——见证近代中国海防的历史》，《军事历史》，2006年第4期。）

2. 天津大沽口炮台实践教学要点

（1）引导学生了解在大沽口炮台所发生的反侵略战争史实。

（2）引导学生切身感受中国军民抵抗强敌入侵的英勇与悲壮，感受中华儿女不屈不挠、勇敢顽强的民族气概。

（3）引导学生反思鸦片战争失败的原因。

3. 天津大沽口炮台实践教学组织方式

（1）"浸润式"小班现场教学

由教师带队进行参观教学。提前让学生搜集有关大沽口炮台的相关材料，如炮台的兴建与废弃、列强入侵炮台的相关史实等；带领学生进行现场教学，组织学生以小组为单位进行讨论；要求学生撰写实践报告，或制作微视频、摄影展、手绘展以及文学作品创作等，以备课堂交流；组织学生进行反思、交流，由教师进行点评。

（2）学生结组或个人前往

指导学生结组或个人前往大沽口炮台进行教学实践。要求学生撰写实践报告，或制作微视频、摄影展、手绘展以及文学作品创作等，组织学生进行反思、交流，由教师进行点评。

（3）网络或文献调研

要求学生结组或个人通过网络、文献进行大沽口炮台的调查、研究，撰写相应的调研报告或心得体会，并组织学生进行反思、交流，由教师进行点评。

（4）智能教室情境模拟教学

组织学生通过智能教室进行大沽口炮台情境模拟教学，要求学生撰写实践报告，并组织学生进行反思和交流，由教师进行点评。

（二）天津五大道历史文化街区实践教学

1. 天津五大道历史文化街区简介

天津五大道历史文化街区指坐落在天津市和平区成都道以南、马场道以北、西康路以东、马场道与南京路口以西的一片长方形地区，在天津市14个历史文化街中规模最大、保存最好。因有五条道路纵向贯通这一狭长的街区，人们习惯称其为五大道。其占地面积为131公顷，区域现有房屋2100余幢，被市政府确定为历史风貌建筑进行保护的有443幢（包括各级文化保护单位367处）。2010年，五大道被文化部、国家文物局评选为全国十大历史文化名街；2013年，天津五大道近代建筑群被国务院公布为第七批全国重点文物保护单位。

该街区原是天津城南的一片坑塘，后被纳入原英租界。自1916年开始，英租界工部局利用海河裁弯取直、清理淤塞等工程清理出的淤泥逐步填平了坑塘，并于1918年通过了将该地区建成"高级住宅区"的规划方案，开启了居住区的建设，至20世纪40年代，五大道街区形成了生活设施齐全、建筑风格纷呈、环境优美的高档居住区。1945年，该街区被中国政府收回。

五大道历史文化街区有四方面突出的价值。第一，是天津20世纪建筑遗产保护最集中的地区——中西合璧、现代主义、折中主义等风格的建筑精彩纷呈，历来享有"万国建筑博览馆"之称。第二，是"花园城市"规划理念在中国最早的实践区，其"窄路密网"的道路格局对今天的城市建设仍有借鉴意义。第三，是中国近现代居住建筑的教科书，除中国传统的合院式住宅外，近现代所有居住建筑的形式均能在此找到原型。第四，是近代名人荟萃之处。经调查，大约有 100 位近现代名人在此居住过，如爱国人士张自忠、马占山、关麟征、张学铭等，下野政客军阀曹锟、徐世昌、张作霖等，末代庆亲王载振等遗老遗少，近代外交、文化、民族工业的先驱顾维钧、李烛尘、周叔弢、方先之、李勉之等。近现代史上的许多重要人物在这里留下了足迹。可以说，五大道历史文化街区集中反映了中国在特定的屈辱历史背景下，从半封建半殖民地社会走向现代社会的文化、建筑和生活观念的转折、融合与创新，具有潜在的世界文化遗产价值。

（参考中国文物学会、中国建筑学会主编：《中国 20 世纪建筑遗产名录》第 1 卷，天津大学出版社 2016 年版。）

2. 天津五大道历史文化街区实践教学要点

（1）引导学生了解天津五大道的由来与历史沿革，了解近代外国资本-帝国主义列强企图瓜分中国的图谋。

（2）引导学生切身感悟近代半殖民地化的天津在政治舞台上所扮演的重要角色，更直观地感受近代中国百年历史风云变化。

3. 天津五大道历史文化街区实践教学组织方式

（1）"浸润式"小班现场教学

由教师带队进行参观教学。提前让学生搜集有关天津五大道的相关材料，如天津五大道的规划与兴建、近现代历史上居住在五大道的重要人物的相关史实等；带领学生进行现场教学，组织学生以小组为单位进行讨论；要求学生撰写实践报告，或制作微视频、摄影展、手绘展以及文学作品创作等，以备课堂交流；组织学生进行反思、交流，由教师进行点评。

（2）学生结组或个人前往

指导学生结组或个人前往天津五大道历史文化街区进行教学实践。

要求学生撰写实践报告，或制作微视频、摄影展、手绘展以及文学作品创作等，组织学生进行反思、交流，由教师进行点评。

（3）网络或文献调研

要求学生结组或个人通过网络、文献进行天津五大道历史文化街区的调查、研究，撰写相应的调研报告或心得体会，并组织学生进行反思、交流，由教师进行点评。

（4）智能教室情境模拟教学

组织学生通过智能教室进行天津五大道历史文化街区情境模拟教学，要求学生撰写实践报告，并组织学生进行反思和交流，由教师进行点评。

（三）圆明园遗址公园实践教学

1. 圆明园遗址公园简介

圆明园地处北京西郊的海淀区，是清代著名的皇家园林之一，被称为"万园之园"。该园林由圆明园、长春园、绮春园三园组成，所以也叫"圆明三园"。

圆明园建于康熙四十六年（1707），最早是圣祖赐给皇四子胤禛的花园，后经清世宗、高宗、仁宗、宣宗历代皇帝近150年间的增建与经营，形成一座有百余处景点的大型皇家宫苑。

圆明园共占地350万平方米，相当于5个故宫。该园林在建造过程中，集无数精工巧匠填湖堆山，种植奇花异木，继承了中国3000多年的优秀造园传统，既有宫廷建筑的雍容华贵，又有江南水乡园林的婉约多姿。此外，圆明园也是一座收藏相当丰富的皇家博物馆。各殿内都装饰、摆设了名贵的紫檀木家具，大大小小、不计其数，在桌上、架内还收藏了锦缎、刺绣、珍珠、水晶、翡翠、红蓝宝石以及名人书画等许多国内外的稀世文物。高宗见过宁波天一阁后，在园内仿建了文渊阁，并将《四库全书》《古今图书集成》《四库全书荟要》等珍贵图书文物收藏于其内，成为皇家四大藏书阁之一。

然而，这座宏伟壮丽的皇家宫苑，在第二次鸦片战争中，被侵略军的大火烧成断壁残垣。1860年，英法联军攻占圆明园。面对琳琅满目的珍宝，他们像抢劫犯一样成群结伙地争抢园中的金银财宝和文化艺术珍品，他们还将带不走的绸缎都用刀划破，或者用大斧砸碎室内陈列，或者用枪朝室内疯狂扫射。之后，英国公使额尔金下令放火焚烧圆明园，熊熊大火燃烧了三天三夜，整个北京城都能望见西郊上空火光冲天和烟雾缭绕。法国著名文学家雨果曾写道："有一天，两个强盗闯进了夏宫（圆明园），一个进行洗劫，另一个放火焚烧。胜利原来可以成为强盗……一个胜利者把腰包塞满，另一个赶紧效法把箱子全都装得饱鼓鼓；两个人手挽着手，心满意足地回到了欧洲"，"在历史的审判台前，一个强盗将叫作法国，另一个则叫作英国"。

在圆明园被焚烧的同时，受命留守北京的恭亲王奕䜣代表皇帝同英、法侵略者交换了《天津条约》，并签订《北京条约》。

（参考张晓玮著，李治亭、杨东梁总主编：《清代战争全史》第6卷《近代反侵略战争》，广州中山大学出版社2021年版。）

2. 圆明园遗址公园实践教学要点

（1）引导学生了解圆明园的历史沿革、园林特色、储藏文物等相关信息及其在第二次鸦片战争中所遭遇的浩劫。

（2）引导学生了解近代资本-帝国主义列强对中国的军事侵略及其给中国社会带来的沉重灾难，切身感悟"落后就要挨打"，更加坚定地在中国共产党坚强领导下为实现中华民族伟大复兴而不懈奋斗。

3. 圆明园遗址公园实践教学组织方式

（1）"浸润式"小班现场教学

由教师带队进行参观教学。提前让学生搜集有关圆明园的相关材料，如圆明园的历史沿革、英法联军在圆明园犯下的滔天罪行等相关史实；带领学生进行现场教学，组织学生以小组为单位进行讨论；要求学生撰写实践报告，或制作微视频、摄影展、手绘展以及文学作品创作等，以备课堂交流；组织学生进行反思、交流，由教师进行点评。

（2）学生结组或个人前往

指导学生结组或个人前往圆明园遗址公园进行教学实践。要求学生撰写实践报告，或制作微视频、摄影展、手绘展以及文学作品创作等，组织学生进行反思、交流，由教师进行点评。

（3）网络或文献调研

要求学生结组或个人通过网络、文献进行圆明园遗址公园的调查、研究，撰写相应的调研报告或心得体会，并组织学生进行反思、交流，由教师进行点评。

（4）智能教室情境模拟教学

组织学生通过智能教室进行圆明园遗址公园情境模拟教学，要求学生撰写实践报告，并组织学生进行反思和交流，由教师进行点评。

三、其他实践教学方式

（一）观看历史纪录片

历史纪录片往往以丰富的文献史料为支撑，辅以影像、文字、音乐等手段，并有机融入专家或学者对某一历史事件或历史人物的解释或阐述，力图真实地呈现和还原历史原貌。针对本章的实践教学，引导学生观看历史纪录片，可以帮助学生更直观更形象地感受资本-帝国主义的入侵给中华民族带来的磨难与伤害，感受国难当头之际中华儿女的民族气概，引发学生在情感与认知方面的共情。

1. 优秀历史纪录片示例

（1）《复兴之路》第一集《千年局变》

《复兴之路》纪录片由中央电视台经济频道制作，于2007年10月在中央电视台一套节目播出。该片以中华民族近代以来的历史发展为线索，全景式回顾了1840年鸦片战争以来中华民族艰难曲折的复兴历程和在中国共产党领导下取得的辉煌成就。该片共六集，分别为《千年局变》《峥嵘岁月》《中国新生》《伟大转折》《世纪跨越》《继往开来》，每集45分钟。第一集《千年局变》以第一次鸦片战争到辛亥革命期间，中国社会各阶层救国图强的各种探索为主要内容，把帝国主义侵略扩张和清王朝腐朽落后给中华民族带来的苦难与种种救亡图存的探索相结合，透过那一时期中国政治、经济、文化、社会意识的独特历史细节，描绘出一幅苦难中不屈、黑暗中寻路、危难中图强的历史画卷。

（参考 CCTV 节目官网：https：//tv.cctv.com/2012/12/15/VIDA135

5567956637131. shtml）

（2）《北洋海军兴亡史——甲午海战 120 年祭》

《北洋海军兴亡史》纪录片为 1894 年中日甲午大海战失败 120 周年，也就是 2014 年，由中国人民解放军海军出品，海军军事学术研究所、海军政治部电视艺术中心承制的六集大型纪录片。该片分别以问洋图强、龙旗飘扬、战略端倪、死水微澜、血战如宏、壮士悲歌为题，以专家访谈和史实讲述为主体，辅以相关音像资料、实景拍摄、特技制作和情景再现等手段，通过刻画一大群自强不息、忠勇仁义的北洋海军官兵形象，并将他们置于近代中国的时代风云中，还原了丰岛海战、黄海海战、威海卫保卫战等一系列重大历史事件，让历史有血有肉、鲜活生动、警世醒人。该片通过回顾历史，告诫国人不忘甲午国耻、汲取历史教训，升华爱国之情、坚定强国之志，是一部全景展示甲午海战过程的历史资料片，一部深刻反思北洋海军失败机理的思想启迪片，一部海魂激荡、浪涌千帆、烛照古今的教育励志片。

（参考央视网：http：//jishi. cntv. cn/2014/07/28/ARTI140653688037 6615. shtml）

2. 观看历史纪录片组织方式

组织学生观看纪录片，要求学生撰写心得体会，并组织学生进行反思和交流，由教师进行点评。

（二）组织专题讲座

除去实地参观考察外，教师可以根据具体情况组织纪念馆、展览馆等专业人士入课讲座，多方面地为学生提供了解历史事件或历史人物的渠道。要求学生撰写心得体会，并组织学生进行反思、交流。

四、实践教学报告范例

"大沽口炮台遗址博物馆"实践报告

中国近代史是一部屈辱史，也是一部抗争史。从鸦片战争到甲午战争，再到八国联军侵华，这段历史见证了中华民族从繁华走向没落、中国社会逐步变成半殖民地半封建社会的艰辛历程。为了更好地了解这段历史，在"中国近现代史纲要"课老师的要求下，我们一行人来到了位于天津市滨海新区的大沽口炮台遗址博物馆，希望通过实地考察，探寻在鸦片战争时期大沽口炮台曾经饱受的风云变幻。

1. 大沽口炮台遗址博物馆简介

大沽口炮台遗址博物馆位于天津市滨海新区塘沽东南海河入海口两岸，是中国现存最完整、规模最大的近代海防炮台遗址之一。大沽口炮台遗址博物馆的建筑面积达 3900 平方米，主体建筑由中国建筑设计研究院的崔恺大师主持设计，"建筑外形呈不规则放射形，犹如爆炸的炮弹，寓意'东西方文化碰撞、民族精神迸发'。整个建筑用高强度钢板覆盖，锈色中透出历史的厚重与深沉，极富震撼力与艺术性"。其整体设计是在中国传统建筑风格的基础上，又融入了西方的建筑美学，反映出在学习借鉴西方先进文化的同时又坚守中华优秀传统文化的决心。这里曾是清朝政府为了抵御外敌入侵而修建的重要军事设施，历史上曾经发生过许多重大的战争事件，如第二次鸦片战争中的大沽口保卫战等等。如今，大沽口炮台遗址博物馆已经成为一座集历史研究、文化传承、旅游观光于一体的综合性博物馆。

2. 实地考察与发现

博物馆的正门虽然简单，但是尽显庄严肃穆之气。博物馆内部由展厅、放映厅等几部分组成。其中，我们主要参观的是主展厅中的"海上国门"主题展，这里主要由"京畿海门""沽口御侮"和"国门沦陷"等几部分组成，馆内在陈列上采取了传统与现代手段相结合的方法，"客观而生动地展现了大沽口炮台历经外敌入侵、几经磨难兴废和中国人民不畏强暴、奋勇抗争的史迹，更多体现大沽口炮台在中国近代史上的重要地位和丰厚的历史积淀"。

如"京畿海门"部分，讲述了大沽口地区的成陆过程以及大沽口炮台的具体建设过程。在参观过程中，博物馆内通过现代电子技术绘制的宋代黄河改道入海的示意图给我们留下了深刻的印象。据博物馆讲解员介绍，作为海河入海口，大沽口"守京津、通内陆、接远洋"，具有非常重要的地理位置。这个地方的脱海成陆和历史上的黄河泛滥密切相关。据历史记载，在宋朝年间，黄河曾经出现过三次改道，奔腾而下的洪水最后借着海河海道入海，黄河"一石水而六斗泥，浊水所经即为平陆"，河水中携带的大量泥沙不断沉积在海河的入海口，"使海岸线以平均三年一公里的速度向大海伸延"，到南宋建炎年间，大沽口逐渐形成了陆地。

明朝嘉靖年间，为了抵御倭寇侵扰，朝廷在大沽口地区正式设防，当时在北塘南北对立着修建了两座炮台，被称为"北塘双垒"。到了清朝以后，大沽口地区因为"入京咽喉，津门屏障"的特殊地理位置，在鸦片战争以前就引起西方列强的注意。英国马戛尔尼、阿美士德使团在访华期间曾经测量大沽口地区海河的水位，同时绘制了渤海湾地形草图，为入侵中国做准备。在英使团离开后，清政府意识到了大沽口地区的重要性，1816年，嘉庆皇帝下令在大沽口修建炮台。最初，朝廷只在海河入海口的南、北两岸各修建了一座圆形砖筑炮台，其中南炮台"高一丈五尺，宽九尺，进深六尺"，北炮台相对小一些，此为大沽口炮台正式修建的开端。此后，为了加强海防，清政府逐渐修成"威""镇""海""门""高"等5座主炮台以及周围20多座附属炮台，防御力量不断加强。

大沽口炮台是鸦片战争、第二次鸦片战争与八国联军侵华的历史见证者。在第一次鸦片战争期间，英国舰队就曾入侵大沽，威逼京城，最终迫使清政府签订了不平等条约。在第二次鸦片战争期间，英法联军更是三次进犯大沽。面对装备精良的入侵者，守台将士们同仇敌忾，视死如归，与敌军展开殊死搏斗。1900年，八国联军再次侵犯大沽，官兵们再度血溅疆场。但是，又以失败告终。1901年，清政府签订丧权辱国的《辛丑条约》，条约中规定大沽口禁止设炮台。之后，清政府被迫将大沽口炮台拆毁。现存的"威"字炮台，是被八国联军破坏后残存下来的遗址，其他炮台已荡然无存。

博物馆内还展示了大量珍贵的历史文物，如遗址附近出土的"竹节炮"，炮筒上有多个铁箍，是为了固定炮管、防止炸膛；又比如明朝的双层体前装滑膛铁炮，据博物馆讲解人员介绍，这枚铁炮是在大沽口"海"字炮台遗址附近出土的，"炮身长180厘米，炮口前端外口径23厘米，内口径9厘米。炮耳残缺，引芯口明显"。通过参观这些遗址和文物，让我们更加直观地感受到了清朝火器的水平和当时战争的残酷，也体会到了中华民族抗击外来侵略的英勇果敢。

3. 实践收获与启示

大沽口炮台遗址博物馆是一个见证了近代中国历史沧桑的地方，博物馆中的每一座炮台、每一门大炮，都是近代中国海防历史的见证者，它们身上的斑斑痕迹仿佛都在诉说着那段风云变幻的历史，讲述着中国人民曾经抗击外敌、保卫家园的英勇事迹。这次实地考察，也让我们进一步意识到了近代以后清朝在经济、技术等方面的落后，再加上清政府的腐朽无能，才导致了近代以来对外战争的屡战屡败。总的来说，这次实地考察，让我们收获颇丰。它不仅让我们更加深入地理解了近代中国历史，也让我们更加明确了自己的责任与使命。这是一次宝贵的学习与体验，也是一次深刻的历史洗礼，让我们更加深入地理解了中华民族的精神力量，更加珍惜今天的和平安宁。

第二节　课程提质指导

一、习近平新时代中国特色社会主义思想引领本章教学要点

要点 1：学习中国近现代史，就要深刻认识历史和人民选择中国共产党、选择马克思主义、选择社会主义道路、选择改革开放的历史必然性，增强建设中国特色社会主义事业的信心。

——习近平：《领导干部要读点历史》（2011 年 9 月 1 日）

要点 2：国内外敌对势力往往就是拿中国革命史、新中国历史来做文章，竭尽攻击、丑化、污蔑之能事，根本目的就是要搞乱人心，煽动推翻中国共产党的领导和我国社会主义制度。苏联为什么解体？苏共为什么垮台？一个重要原因就是意识形态领域的斗争十分激烈，全面否定苏联历史、苏共历史，否定列宁，否定斯大林，搞历史虚无主义，思想搞乱了，各级党组织几乎没任何作用了，军队都不在党的领导之下了。最后，苏联共产党偌大一个党就作鸟兽散了，苏联偌大一个社会主义国家就分崩离析了。这是前车之鉴啊！

——习近平：《关于坚持和发展中国特色社会主义的几个问题》（2013 年 1 月 5 日）

要点 3：中国人民正在为实现中华民族伟大复兴的中国梦而奋斗，需要从历史中汲取智慧，需要博采各国文明之长。

——《习近平致信祝贺第二十二届国际历史科学大会开幕》（《人民日报》2015 年 8 月 24 日）

要点 4：中华民族是世界上伟大的民族，有着 5000 多年源远流长的文明历史，为人类文明进步作出了不可磨灭的贡献。1840 年鸦片战争以后，中国逐步成为半殖民地半封建社会，国家蒙辱、人民蒙难、文明蒙尘，中华民族遭受了前所未有的劫难。从那时起，实现中华民族伟大复兴，就成为中国人民和中华民族最伟大的梦想。

——习近平：《在庆祝中国共产党成立 100 周年大会上的讲话》

要点 5：中华优秀传统文化源远流长、博大精深，是中华文明的智慧结晶，其中蕴含的天下为公、民为邦本、为政以德、革故鼎新、任人唯贤、天人合一、自强不息、厚德载物、讲信修睦、亲仁善邻等，是中国人民在长期生产生活中积累的宇宙观、天下观、社会观、道德观的重要体现，同科学社会主义价值观主张具有高度契合性。我们必须坚定历史自信、文化自信，坚持古为今用、推陈出新，把马克思主义思想精髓同中华优秀传统文化精华贯通起来、同人民群众日用而不觉的共同价值观念融通起来，不断赋予科学理论鲜明的中国特色，不断夯实马克思主义中国化时代化的历史基础和群众基础，让马克思主义在中国牢牢扎根。

——习近平：《高举中国特色社会主义伟大旗帜 为全面建设社会主义现代化国家而团结奋斗——在中国共产党第二十次全国代表大会上的报告》（2022 年 10 月 16 日）

二、教学目标

（一）知识目标

1. 了解中国近现代史的历史分期、主流和本质，以及近代中国的主要矛盾与两项历史任务。

2. 了解鸦片战争前中国与世界的基本情况。

3. 了解资本–帝国主义入侵中国的具体过程及其与中国封建势力相勾结给中国人民带来的深重苦难。

（二）能力目标

1. 掌握学习"中国近现代史纲要"课的具体方法。

2. 理解学习"中国近现代史纲要"课，就是要实现习近平总书记所要求的"树立正确的历史观、民族观、国家观、文化观"，"以实现中华民族伟大复兴为己任，增强做中国人的志气、骨气、底气"。

3. 理解千年局变下中国面临的危机与困境。

4. 理解资本–帝国主义侵略中国的实质与危害。

5. 理解近代中国社会变动与民族复兴历史任务提出的关系。

（三）价值观目标

1. 理解学习"中国近现代史纲要"课的核心目的是深刻认识"四个选择"，坚定"四个自信"，深刻领会中国共产党为什么能、马克思主义为什么行、中国特色社会主义为什么好，更加坚定地在中国共产党坚强领导下为实现中华民族伟大复兴而不懈奋斗。

2. 认识顺应大势、抓住机遇、发展自强的重大意义。

3. 认同完成两大历史任务是实现民族复兴的必然选择和必由之路。

三、教学重点与难点

1. 中国近现代史的主流和本质以及"四个选择""四个自信""两个维护"。

2. 如何学好"中国近现代史纲要"课？

3. 有着悠久文明历史的中国在近代不断遭受侵略的原因。

4. 资本-帝国主义对中国的入侵及其给中国人民带来的深重苦难。

5. 近代中国社会的半殖民地半封建性质、主要矛盾、两大历史任务及其相互关系。

6. 抵御外来侵略的斗争历程及民族意识的觉醒。

四、关键问题引领与简答

（一）如何学好"中国近现代史纲要"课

"中国近现代史纲要"是全国高等学校本科生必修的一门思想政治理论课。学好这门课程，要求我们：

第一，树牢唯物史观，提高运用科学的历史观方法论分析问题和解决问题的能力。要坚持用马克思主义的立场观点方法评价历史事件和历史人物，就是要做到习近平总书记所强调的"让历史说话，用史实发言"，"要坚持用唯物史观来认识和记述历史，把历史结论建立在翔实准确的史料支撑和深入细致的研究分析的基础之上"。对于历史人物的评价，"应该放在其所处时代和社会的历史条件下去分析，不能离开对历史条件、历史过程的全面认识和对历史规律的科学把握，不能忽略历史必然性和历史偶然性的关系。不能把历史顺境中的成功简单归功于个人，也不能把历史逆境中的挫折简单归咎于个人。不能用今天的时代条件、发展水平、认识水平去衡量和要求前人，不能苛求前人干出只有后人才能干出的业绩来"。

第二，要明确中国近现代历史的主题主线、主流本质，懂得珍惜中国人民英勇奋斗的历史，尤其是中国共产党领导中国人民进行革命、建设、改革的历史。近年来，有人以所谓"重新评价"为名，或者利用所谓"新资料""新观点"，大做"翻案"文章，把支流夸大为主流，把歪曲塑造成真实，以偏概全、以假乱真，歪曲近现代中国革命历史、中国共产党历史和中华人民共和国历史。正如习近平总书记所告诫的："国内外敌对势力往往就是拿中国革命史、新中国历史来做文章，竭尽攻击、丑化、污蔑之能事，根本目的就是要搞乱人心，煽动推翻中国共产党的领导和我国社会主义制度。苏联为什么解体？苏共为什么垮台？一个重要原因就是意识形态领域的斗争十分激烈，全面否定苏联历史、苏共历史，否定列宁，否定斯大林，搞历史虚无主义，思想搞乱了，各级党组织乎没任何作用了，军队都不在党的领导之下了。最后，苏联共产党偌大一个党就作鸟兽散了，苏联偌大一个社会主义国家就分崩离析了。这是前车之鉴啊！"为此，我们必须旗帜鲜明地警惕和反对历史虚无主义，坚决反对任何歪曲和丑化历史的错误倾向。

第三，要牢固树立大历史观。要有世界眼光，要把中国的事情放在整个世界历史的范围中来进行考察，以更宽广的视野、更长远的眼光把握世界历史的发展脉络和正确走向，在与世界的互动中理解近现代中国社会发展与中国人民对国家出路的探索，理解历史和人民是怎样选择了马克思主义、选择了中国共产党、选择了社会主义道路、选择了改革开放。

第四，要密切联系现实。联系世界百年未有之大变局，联系我国正在努力实现"两个一百年"奋斗目标与实现中华民族伟大复兴的中国梦。在历史与现实的交汇中充分理解马克思主义为什么行、中国共产党为什么能、中国特色社会主义为什么好，明确当代青年在完成"两大历史任务"中应该承担的历史责任，更加坚定地在中国共产党坚强领导下

15

为实现中华民族伟大复兴而不懈奋斗。

（参考习近平：《在纪念毛泽东同志诞辰 120 周年座谈会上的讲话》，《人民日报》2013 年 12 月 27 日；习近平：《关于坚持和发展中国特色社会主义的几个问题》，《求是》2019 年第 7 期；习近平：《开辟马克思主义中国化时代化新境界》，《求是》2023 年第 20 期等。）

（二）历史虚无主义及其危害

"历史虚无主义"是历史理论术语，它是指不加具体分析而盲目否定人类社会的历史发展过程，甚至否定历史文化，否定民族文化、民族传统、民族精神，否定一切的历史观点和思想倾向。

历史虚无主义是有不同类型、不同侧重的：

一是错误价值观念先行。历史虚无主义所宣称的价值观念是经过筛选的，即要符合西方所谓自由、民主、人权等价值。在历史虚无主义者眼中，中国共产党及其领导的革命、建设的历史，是错误的历史，因为中国共产党领导的革命和社会主义建设，以及政治上实行的民主集中制、人民民主专政都不是真正的"自由民主"。历史虚无主义要么公开宣扬"告别革命"，要么公开宣扬现代化只能是西方化；或者以这些预设的价值观念"重新书写"历史，将党史、国史、军史描述成一部争权夺利的野心史、党内斗争史和人民苦难史，甚至为此不惜虚构史实、制造谎言，栽赃污蔑、丑化虚无真实的历史。

二是打着学术研究的旗号，以所谓"考证""还原"虚无历史。历史虚无主义者披着"如实还原、秉笔直书"的学术外衣，辩称其研究的目的在于尽可能地还原史实。其掩人耳目的手法有：痴迷于事实考证和文献挖掘，不惮细微，不究意义，甚至不拒绝"文献拜物教""考证癖"之谓；极力标榜"让事实说话"、不偏不倚、客观中立；在此基础上以"史证如山"为借口，以"管窥真相"的心态呼吁对历史"重新评价""重新认识"。一言以蔽之，就是利用史学研究的基本要求，即重视史实、史料的收集、挖掘和归整作为虚无历史的手段。

三是以所谓"重新认识"为名，丑化、诋毁伟大领袖和英雄人物。历史虚无主义者的所谓"重新认识"，除了胡乱编造、无底线地造谣中伤外，大部分也是有伎俩的。比如，对革命领袖、英雄人物只抓一点或某些局部事实，以偏概全，或者无限放大其缺陷。在一些打着"私人回忆录""私人生活"等旗号诬陷革命领袖的著作中，这种手法比较典型。此外，还有一种手法是以所谓人之常识、常理、常情来污蔑特定历史事件、历史情境中英雄人物的超常行为，或者以今天的标准要求、评判（实际上就是变相地贬低、否定）英雄人物在特定历史背景中的思想和行为。

历史虚无主义具有极大的危害性。习近平总书记指出，历史虚无主义的要害，是从根本上否定马克思主义指导地位和中国走向社会主义的历史必然性，否定中国共产党的领导。历史虚无主义总是根据现实状况不断产生新的变化，但其背后的政治意图并没有改变。

（参考张首吉、杨源新、孙志武等：《党的十一届三中全会以来新名词术语辞典》，济南出版社 1992 年版；关锋、王晓放：《用唯物史观透视历史虚无主义》，中国社会科学网 2018 年 10 月 23 日。）

（三）如何看待"西方文明中心论"

近年来，一些别有用心的人通过互联网平台诋毁中华优秀传统文化，以近代中国发展落后于西方为依据，贩卖"西方文明中心论"，对此我们要有清醒的认识。"西方文明中心论"是自 18 世纪中后期出现的，经历了"西欧中心论""欧洲中心论""欧美中心论""西方中心论"的逐渐演变过程。"西方文明中心论"不仅在学术界颇有市场，而且深刻影响着公众对世界文明史的认知。

一般而言，"西方中心论"涵盖了所有认为欧洲人和西方人在过去和现在都比非欧洲人和非西方人优越的观点，大体上有"假定前提的西方中心论""文化传播的西方中心论"和"反西方中心论的西方中心论"三种表现。

"假定前提的西方中心论"是指西方中心论者将他们的个案研究建立在宗教的、种族的、环境的以及文化的假定的优越性之上，并在此基础上解释世界；"文化传播的西方中心论"在某种意义上是西方现代人文社会科学的学科划分、演进及其向非西方世界扩散的产物，如西方学

17

术界提出了包括工业革命、现代化、全球化等在内的多种核心概念，并基于这些概念来阐释现代世界历史发展进程；"反西方中心论的西方中心论"则是指在人文社会科学研究的认识、理论方法和实践层面上，批评矛头虽指向"西方中心论"，但因为其所使用的各种理论方法几乎都是西方制造的，使得其结果不是削弱而是强化了"西方中心论"的影响。

现代西方历史哲学的强大影响、西方现代殖民主义扩张以及文化传播主义是产生"西方中心论"的三大原因。

首先，现代西方历史哲学孕育了进步论、阶段论、目的论以及普遍主义等理论，它们在人文社会科学研究尤其是世界历史叙事的实践中都曾盛行一时。西方历史哲学的影响使非西方世界的学术研究或者陷入思维上的"集体无意识"境地，或者"削足适履"地将非西方的史料装填进西方历史哲学的框架。

其次，西方现代殖民主义"塑造"和"建构"了包括非西方世界在内的世界历史图景。殖民主义对人类和世界历史发展进程最重要的影响是歪曲和贬低了非西方世界的成就与贡献。为了抵消殖民主义不客观的恶劣影响，非西方世界通常采取民族主义理论视角来书写自身历史以及与外部世界关系的历史，结果在全球范围内形成了对世界历史大相径庭的解释。

最后，文化传播主义造成了西方主导的人文社会科学研究的强势。文化传播主义既是殖民主义的产物，又是"西方中心论"在文化上的一种抽象。

总之，随着西方资本主义国家的快速发展，以及随之而来形成的霸权地位，西方发达国家逐渐在制度和文化方面形成了优越感，"西方中心论"由此应运而生。"西方文明中心论"的实质是西方通过殖民化全球后逐步形成的一种优等心理，是对人类文明、文化和历史的误解，对此我们一定要有清醒的认识，进一步增强我们的文化自觉和文化自信。

（参考任东波：《构建超越"西方中心论"的话语体系》，《人民日报》2015 年 8 月 21 日；李建国：《马克思主义视野下的"西方中心论"》，《思想教育研究》2017 年第 4 期等。）

（四）如何看待资本–帝国主义侵华“有功”论

如何看待资本–帝国主义的侵略，是学习研究中国近现代史首先遇到的问题，也是正确认识中国近代历史的重要内容。近年来，有人不断重提帝国主义侵华“有功”论，如有人认为鸦片战争给中国带来了近代文明，也有人认为殖民主义在世界范围推动了现代化进程，还有人认为如果没有西方的殖民侵略，东方将永远沉沦……并进一步否定中国人民反帝反封建的民主革命的必然性、正当性与进步性。这种错误论调，是历史虚无主义在中国近现代史研究中的重要表现。

正确看待资本–帝国主义的侵略，首先需要明了近代殖民侵略究竟给中国社会带来了什么。从鸦片战争开始，外国侵略者为了征服中国，曾发动多次侵华战争，将中国拖入了半殖民地半封建社会的深渊。这些西方的殖民侵略，并没有给中华民族带来福音，反而是中国人民被屠杀，财产被毁劫，土地被割占，经济遭掠夺，主权遭践踏，给中华民族和人民造成了深重灾难，资本–帝国主义入侵是近代中国贫穷与落后的总根源。

其次，就其殖民统治而言，鸦片战争以后，随着西方殖民主义势力的侵入，中国自给自足的自然经济基础遭到破坏，商品经济得到初步发展。西方殖民主义者为了在中国倾销商品和掠夺原料，为了维护其侵略权益，曾在东南沿海地区的某些城市先后举办了一些近代化的工业设施，在内地又先后兴办了一些工矿企业，西方的自然科学和社会科学知识也逐渐传入中国。这些是客观存在的历史事实，但是，西方列强将宗主国先进的资本主义生产方式和生活方式引入中国，主观上并不是要促进中国的现代化，更不是为了推动中国的发展和进步，而是为了更好地满足在中国的殖民统治、基本需求和根本利益，更好地满足其优裕舒适的生活需要。至于由此导致的中国近代社会变革并带来某些新式基础设施的客观结果，这是西方资本主义列强始料不及的。因此，那种认为西方资本主义列强侵华“有功”的论调，忽视了其对中国的野蛮侵略及由此造成的巨大灾难，是典型的“倒果为因”，是必须坚决予以批驳的历史虚无主义论调。

最后，西方资本主义列强侵华在客观上带来了资本主义先进的生产力，但这并不意味着必然会给中国带来现代化，因为这种先进的生产力必须掌握在中国人民手中，才能成为实现国家富强和人民幸福的工具，才能真正发挥其应有的进步效能。在近代中国民族不独立和国家主权不完整的情况下，资本主义先进生产力不可能为中国人民所拥有，更不会为中国人民带来真正的福祉。西方资本主义列强带来的先进生产力，只有真正归人民所拥有，才能真正造福中国人民，才能根本改变中国的社会面貌。因此，西方资本主义列强只是客观上刺激了中国民族资本主义的发展，并建立了初步的物质基础设施，而中国要想真正利用这些初步的物质基础设施来彻底改变自己的历史命运，必须首先将这些先进的生产力收归中国所有才有可能。为此，中国必须进行反帝反封建的民主革命以争取民族独立，才能将这些先进的生产力收归中国人民所有，成为造福于中华民族的伟大复兴和中国人民民生福祉的工具。

总之，这些有关资本-帝国主义侵华"有功"的论调是侵略者为了掩盖自己的殖民暴行反而把侵略说成历史进步的错误说法，其实质是美化殖民侵略，不仅片面地认为西方优越于东方，无视中国优秀文化传统，而且无视中国近千年的发展历史过程及社会特征。他们否定了殖民侵略给中国近代带来的贫穷与落后，否定了中国近代近百年的半殖民地半封建社会的性质及社会主要矛盾的变化，否定了近代民主主义革命的历史进程，对此我们一定要有清醒的认识，充分认识中国人民反帝反封建的民主革命的必然性、正当性与进步性。

（参考龚书铎、郭双林：《侵略"有功"还是有罪》，《学习与研究》1990 年第 12 期；杨玉清：《"殖民有功论"再批判》，《传承》2011 年第 21 期；左玉河：《"魔鬼"还是"天使"：帝国主义侵华"有功"论辨析》，《史学理论研究》2019 年第 3 期等。）

五、文化自信教育

（一）中国古代的家国情怀

近代以后，面对资本-帝国主义的侵略，中国人民包括统治阶级中的爱国人士在反侵略斗争中表现出的爱国主义精神，进一步铸成了中华民族的民族魂。其中彰显的家国情怀是中国优秀传统文化的重要内涵之一。

"爱国"一词在历史文献中很早就出现了。《战国策·西周》就曾提及"周君岂能无爱国哉"。《汉纪·惠帝纪》中也提及"封建诸侯各世其位，欲使亲民如子，爱国如家"。中国传统文化里，家与国经常相提并论，所谓"修身、齐家、治国、平天下"，读书人时刻想着"齐家治国"，以至"平天下"。随着历史的演进，家、国、天下的观念起了变化，但中国人的家国情怀一脉相承下来。

夏到战国后期是中华民族爱国思想的萌芽时期。由于当时统一的多民族国家尚未真正建立，这一时期的爱国思想主要表现为对故土即邦国的热爱。与此同时，爱国思想逐步发展为"爱天下""爱四海""爱九州"的情感。在诸子百家中，"天下"占有很高的位置。《老子》中关于"天下"的内容就涉及了29章，共出现55次；孔子则站在"天下"的立场上为整个华夏民族思考命运；孟子去齐国以求天下安民之举。"爱天下"的情感逐渐成为爱国思想的主要内涵，并影响后世。像宋代政治家范仲淹的"先天下之忧而忧，后天下之乐而乐"，明末清初思想家顾炎武的"天下兴亡，匹夫有责"，这些都在强调真正的爱国首先应该以天下为己任。

秦灭六国，建立了中国历史上第一个统一的多民族国家，从此民族与国家之间有了更直接的联系，爱国思想突出表现在对祖国锦绣山河、悠久历史、灿烂文化的热爱，"忧国、忧民、忧天下"的意识，以及维护祖国统一和对于民族尊严的追求与奋斗。"捐躯赴国难，视死忽如归。"（曹植）古人笔下的千古名句和实际行动真切流露出对民族的爱和对祖国的爱。

当然，我们也应该看到，中国古代特定历史条件下产生的爱国思想带有局限性。主要表现在爱国思想带有强烈的忠君色彩。在古代"家天下"的社会结构中，人们认为君即代表国家，这样便把国家安危系于君主一身，甚至出现"愚忠"的现象。另外，爱国思想中存在较深的民族观念，容易产生"非我族类，其心必异"的盲目排外情绪。

（参考中华书局《月读》编辑部：《社会主义核心价值观本源解读》，大有书局 2022 年版。）

（二）近代中国知识分子的忧患意识

中国传统士大夫素有"以天下为己任"和承担"社会良心"责任的优良传统。范仲淹"先天下之忧而忧，后天下之乐而乐"的名言，顾炎武"天下兴亡，匹夫有责"的警语，一直被知识分子奉为立身行事之圭臬。士大夫的积极入世精神，强烈的参政意识和修、齐、治、平的古训，依然深深地影响着近代知识分子。

中国自鸦片战争失败后，频频遭受外国的侵略，清朝的内忧外患连绵不断。那么，近代中国知识分子的忧患意识表现在哪些方面呢？

首先，揭露列强侵略中国的罪行，为救亡图存而呐喊是近代知识分子忧患意识的主要内容。自中国闭关的大门被打开后，外国侵略者发动了一次又一次的侵华战争。英法联军火烧圆明园，北洋海军在甲午战争中覆没，八国联军蹂躏京师，这一幕幕国破家亡的惨景，使爱国知识分子无比哀痛。甲午战败后，维新志士梁启超"满腔都是血泪，无处著悲歌"；谭嗣同发出了"四万万人齐下泪，天涯何处是神州"的呼喊。

其次，揭露封建社会的弊端和封建官僚政治的腐败，以唤起人们的危机意识是忧患意识的又一表现。如鸦片战争时期，鸦片烟毒的泛滥成为严重社会问题之一。先进知识分子对此深为忧虑，纷纷提出禁烟主张。林则徐上奏说"鸦片以土易银，直可谓谋财害命"，是社会的"大弊之源"。

再次，关心民瘼、为民请命，主张"与民休息"是知识分子忧国情思的反映。知识分子大多都受过传统民本思想的熏陶，深谙水能载舟也能覆舟的道理，能在一定程度上反映人民群众的要求和愿望。龚自珍目睹人民的悲惨生活，发出了"不论盐铁不筹河，独依东南涕泪多"的痛苦呐喊；魏源吟出了"不忧一家寒，但忧四海饥"的诗章。

最后，探索世界大势，引进西学借法自强是近代知识分子自觉肩负的历史使命。鸦片战争后，林则徐、魏源、徐继畬等经世派开眼看世界，先后撰写了《四洲志》《海国图志》《瀛寰志略》等研究世界历史地理的著作，开近代中国人重新认识世界和学习西方的先河。

生长在近代中国饱经忧患的知识分子，在激愤、求索、迷茫与奋进中走过了曲折坎坷的路。他们的忧患意识，扣紧了救亡与启蒙的时代主题，警世骇俗，催人奋进，极大地推动了中国人民争取民族独立解放的斗争，推动了改革与革命运动的开展，导引中国人走向世界。

（参考黎仁凯：《近代中国知识分子的忧患意识》，《历史教学》1994 年第 9 期。）

（三）鸦片战争前后"经世致用"思想

"经世"和"致用"在《辞源》中的解释分别为"治理世事"和"尽其所用"。《辞海》解释为：明清之际主张学问有益于国家的学术思潮。经世致用思想在中国历史上由来已久，儒家思想产生之初便具有经世的传统，具有积极的入世价值取向，影响后世知识分子深远。经世致用作为一种社会思潮，则是由明清之际思想家顾炎武、王夫之、黄宗羲等人提出。

经世致用思想是中国古代知识分子阶层居核心地位的文化价值观，其内涵就是强调文化学术的实用性，也就是以关注社会现实、正视社会矛盾和问题为着眼点，运用所学知识和技能解决社会问题，做到学以致用，达到国治民安的实际效果。这一思想充分体现了中国知识分子强烈的社会责任感、求实务实的治学态度和作风，以及"以天下为己任"的豪迈情怀。

鸦片战争后，由于战争的失败和外国资本主义势力的入侵，人们在思想上产生了巨大的震动。中国究竟怎样才能维护国家的独立和自主？这个问题，已经成为当时广大人民群众和一切爱国人士所共同关心的主要问题。一部分封建大夫认识到必须正视和研究现实生活中的严重问题。放眼世界寻求强国御侮的道路，他们强烈要求抵抗外国侵略，反对投降卖国；主张向西方学习，把中国建设成为一个富强的国家；反对脱离实际和崇尚空疏的学风，提倡研究现实问题和经世致用的学问。

以魏源为例。魏源（1794—1857），字默深，湖南邵阳人。他主张严禁鸦片，在鸦片战争前，曾以幕僚身份辅助地方官员进行漕运、河工、盐政等方面的具体改革，取得了实效。他对鸦片走私造成的白银流失等财政危机有深刻的认识，而且提出了币制改革的具体举措，虽然没有落实到政治实践中，但是这些思想在今天看来，依然具有重要的借鉴价值。鸦片战争之后，曾在裕谦的幕府中参加浙东抗英斗争。他著有《海国图志》一书，此书是在林则徐《四洲志》的基础上继续收集资料写成的。该书的中心思想是"师夷长技以制夷"，强调为了有效抵抗西方列强的侵略，必须了解西方，对西方的地理历史、军事技术、社会风俗和政治制度均有所介绍，是近代初期中国了解世界的重要通孔。

（参考李福生：《鸦片战争前后"经世致用"思想研究》，黑龙江大学博士研究生学位论文 2014 年。）

六、逆向课程思政

（一）"鸦片战争"内容对航海、轮机专业大学生的学习启示与促进

鸦片战争是近代以来西方列强对中国发动的第一场侵略战争。虽然中国军民进行了英勇的抵抗，但终究以失败告终，从此，中国逐步成为半殖民地半封建社会。鸦片战争失败的原因有很多，但主要原因就是"社会制度腐败和经济技术落后"，而其中的经济技术落后又直接反映在清军国防装备尤其是海军舰船的质量和水平远远落后于侵略者的装备上。

在讲授鸦片战争失败的原因时，针对航海、轮机专业的学生，可以适当融入中英双方在舰船的数量、样式等方面的讲授。如，据研究，英国海军为当时世界之最，拥有各类舰船 400 余艘。其主要作战军舰仍为木制风帆动力，似与清军同类，但相较之下，有下列特点：一、用坚实木料制作，能抗风涛而涉远洋；二、船体下部为双层，抗沉性能好（当时中国人称"夹板船"），且用铜片等金属材料包裹，防蛀防朽防火；三、船上有两樯或三樯，悬挂数十具风帆，能利用各种风向航行；四、军舰较大，排水量从百余吨至千余吨；五、安炮较多，从 10 门至 120

门不等。此外，诞生于工业革命末期的蒸汽动力铁壳明轮船，也于19世纪30年代起装备海军。尽管此时的轮船吨位小，安炮少，在西方正式海战中难期得力，在海军中也不占主导地位；但因其航速快、机动性能强、吃水浅等特点，在武器装备落后的中国沿海和内河横行肆虐。

就清朝方面而言，尽管清军水师舰船也有数百艘，而且战船样式达数十种，但是其最基本的特点就是船小。清军最大的战船，其吨位尚不如英军等外级军舰，清军安炮最多的战船，其火炮数量也只相当于英军安炮最少的军舰。闽浙总督邓廷桢在比较了船体的质量、火炮的数量、炮手的安全等问题后，指出："船炮之力实不相敌"，"此向来造船部定则例如此，其病不尽在偷工减料"。尽管中国此时也能制造比战船更大更坚固的远洋商船，但由于清政府对样式和修造军费的官方规定，自我限制了战船的发展。同时，为了保持水师战船对民船的某种优势，清政府又规定了民船的大小尺寸，限定民船出海时火器、粮食、淡水的携带数量，如此一来，严重滞碍了中国的造船业、航海业的进步。

作为航海、轮机专业的学生，对此的感受和触动较其他专业的大学生会更加深刻和强烈。作为航海、轮机专业的大学生要更加深刻铭记鸦片战争失败的教训，将爱国情、报国志转化为刻苦学好本专业知识与技能的行动上，为建设海洋强国、实现中华民族伟大复兴做出新时代大学生应有的贡献。

（参考茅海建：《天朝的崩溃：鸦片战争再研究》，生活·读书·新知三联书店2005年版。）

（二）林则徐爱国诗句对汉语言文学专业大学生的学习启示与促进

19世纪中叶的中国，面临着西方资本主义的扩张、侵略，清政府的腐败、没落与无能暴露无遗。在这样的时代，却不乏一些有识之士，以个人的民族气节和爱国情怀，奋力反抗外敌入侵和政府无能，书写着属于自己的壮士篇章。而作为虎门销烟第一名臣与民族英雄，却被诬陷贬谪新疆的林则徐正是其中的典型代表，他一生的英雄经历及创作的百余首诗歌交相辉映，共同折射出壮怀激烈的家国情感与爱国热忱。

在讲解林则徐的虎门销烟及之后的鸦片战争时，针对汉语言文学专业大学生，可以适当融入林则徐的爱国诗词。如，在广东任钦差大臣禁烟期间，因目睹鸦片对国人的侵蚀，林则徐在《高阳台·和嶰筠前辈韵》这首词中准确描绘当时的状况："双管横陈，何人对拥无眠。不知呼吸成滋味，爱挑灯、夜永如年。"点出了国人为吸食鸦片日夜无眠、毫无节制的社会现状。在禁烟过程中，林则徐尽管受到了来自鸦片商以及地方贪官的不小压力，他始终不改初心，"蛮烟一扫众魔降""联樯都负气如虹"等诗句都表达了其禁烟的决心和信心。

林则徐虎门销烟引起了英国的极大不满，为熄灭英国人的怒火，道光皇帝革去林则徐钦差大臣的职位，并将他流放新疆伊犁。在被贬途中，林则徐写下《赴戍登程口占示家人》两首诗，其中便有他传颂至今的著名诗句：

赴戍登程口占示家人（其二）

林则徐

力微任重久神疲，再竭衰庸定不支。
苟利国家生死以，岂因祸福避趋之！
谪居正是君恩厚，养拙刚于戍卒宜。
戏与山妻谈故事，试吟断送老头皮。

"苟利国家生死以，岂因祸福避趋之！"这一千古名句彰显了林则徐的爱国情操，在国家大爱面前，个人的得失、利弊、福祸又有什么重要的呢？"谪居正是君恩厚，养拙刚于戍卒宜"等豪迈铿锵的佳句，表达了林则徐在鄙视朝廷投降派的同时，对禁烟事业和抗击外国侵略者的坚定态度，也显示了他的英雄气概和大将风范，不计个人生死得失、以身许国的博大胸襟，以及不畏艰险的旷达胸怀与舍生取义的豁达心态。

在讲授此部分内容时，适当融入林则徐的爱国诗词，可以使汉语言文学专业大学生感受到，作为中华优秀传统文化的一部分，爱国主义诗词浸透着中国人的家国情怀和爱国主义精神，对激励人们养成爱国情操、坚定民族自豪感有着不可磨灭的作用。同时，可以间接引导汉语言文学专业大学生对"文章合为时而著，歌诗合为事而作"的认识，深刻体会文学作品应有的反映时代变迁、关照现实问题、赋能社会进步的社会功能，从而更好地学好本专业的知识内容。

（参考岳凤：《爱国情怀的双重书写——林则徐的英雄业绩与诗歌创作》，《炎黄春秋》2023 年第 10 期。）

七、案例精选

（一）案例一：鸦片输入与禁烟运动

在鸦片战争前的 70 年间，以英国人为主，外国商人一年比一年增加地向中国贩运鸦片。乾隆三十八年（1773）东印度公司开始在印度实行鸦片专卖，这时每年已有 1000 箱鸦片输入中国；到了嘉庆年间（19 世纪初期），每年输入量增加到 4000 多箱；到了鸦片战争前几年，每年多到 4 万箱左右（每箱 100 斤或 120 斤。鸦片战争发生时，每一箱在中国海口出售价格按质量高下为 400 银圆到 800 银圆）。

道光元年（1821）以后，虽然朝廷几乎每年都下令禁止进口和贩运鸦片，但是这些禁令都不发生效果，腐朽的官僚机构解决不了这个问题。事实上，越是严厉禁止，贩运鸦片的利润越大，各级官员也越可以得到更多的贿赂。于是有的官员提出了"变通办理"的主张，其代表是太常寺少卿许乃济。他在道光十六年（1836）上了一个奏折，主张让鸦片贸易合法化，使官员们从走私商人处得到的贿赂变成国家的税收。

弛禁的主张显然站不住，但是怎样才能有效地禁止鸦片，应该从何下手呢？道光十八年（1838）闰四月，鸿胪寺卿黄爵滋上奏认为只在海口禁止鸦片进口是无效的，根本办法是禁止吸食鸦片，他主张对吸鸦片的人限期一年戒绝，过期犯禁的处以死刑。皇帝把他的奏折发交各省官员征求意见。最坚定地支持他的主张的是湖广总督林则徐。他还提出了禁止吸食鸦片的六条具体办法，并在两湖地区切实执行，取得良好效果，获得社会舆论的广泛支持和拥护。黄爵滋等人从维护封建统治政权立论，所以道光皇帝不能不为他们的主张所打动，官员中也没有人能公开表示反对。

当时，吸食鸦片很普遍，各级官员和各级衙门里的人员，军队里的军官和士兵，嗜好这种毒品成瘾的人越来越多。所以，黄爵滋的那种逾期不戒烟的人处以死刑的主张，是许多官员不赞成的，道光皇帝也没有采纳。但是弛禁的主张没有人敢提了。提出弛禁主张的许乃济受到了降职的处分。曾经同意弛禁的两广总督邓廷桢也表示应当禁止贩运鸦片。以首席军机大臣穆彰阿为首的一些大员是鸦片走私得利者在朝廷中的代表，他们希望维持鸦片走私，一贯地暗中抵制和破坏禁烟措施，在表面上则以"有伤国体"为名表示不同意公开买卖鸦片。

道光皇帝这时下了决心禁止鸦片，他想通过禁止鸦片进口来解决这个问题。道光十八年十一月十五日（1838 年 12 月 31 日），林则徐被任命为钦差大臣到广州去专办这件事情。

林则徐到达广州后，立即雷厉风行地开展禁烟运动，他通知外国商人把运抵海口存在趸船上的鸦片全部缴出。由于他采取的坚决措施，英、美商人交出鸦片 2 万多箱，约 230 万斤。林则徐把它们全部在虎门当众销毁。销毁的方法是在海滩上挖池子，把鸦片浸泡在盐卤水中，再投入石灰，使它沸腾起来，最后引潮水冲入海中。有些外国商人看到了这个场面，他们承认销毁工作确是做得很彻底。在贪污成风的清朝官场中，查禁鸦片一般都成为发财致富的手段。林则徐的销毁鸦片是一个非常突出的行动。

（参考胡绳：《从鸦片战争到五四运动》上册，人民出版社 1997 年版。）

（二）案例二：近代天津的租界

从第二次鸦片战争至八国联军侵华期间，共有 9 个国家在天津设立租界，分别为：第二次鸦片战争后的英国、法国、美国，甲午战争后的德国、日本，八国联军侵华后的俄国、比利时、意大利与奥匈帝国。租界总面积 23350.5 亩，是天津旧城的 8 倍，其存在的时间，少则 17 年，多者达 80 余年。位于天津海河两岸的各国租界，不仅控制着天津航运、陆路交通的要道，而且扼守着从海口通往北京的战略要地。列强以租界为基地，对天津乃至全国肆无忌惮地进行经济、政治、军事、文化侵略。

列强在天津租界及相关地区开设洋行，控制海关，建立银行，开办工厂，把持航运，对天津进行经济侵略。英国人德璀林控制天津海关税务司长达22年之久。在英租界的维多利亚道两侧，外国银行鳞次栉比，当时就有"天津华尔街"之称。据统计，1934年，天津的外国银行达17家，总资本额达43412万余元，超过天津本国银行资本的21%，操纵和控制了天津的金融业。1937年前后，天津有太古、怡和等大洋行483家，其中404家设在英租界。据不完全统计，从1895年至1919年，列强在天津租界内设立的各种工厂多达56家。在日租界，三井、三菱等财阀控制经营众多厂矿企业，1936年以后，天津民族资本创办的纱厂多半为日商侵占。在航运方面，太古、怡和等洋行在英租界均设有自己的大型仓库及专用码头，凭借各种特权把持天津的航运。特别是怡和洋行，不仅控制了中国沿海从南到北的各主要港口和运输线，在中国内河通行无阻，而且还代理通往世界各大港口的远洋航线。在天津的航运业中，居于垄断地位。

租界俨然为"国中之国"，外国列强在租界中拥有相对独立的行政权、司法权、治外法权及巡捕、军队、监狱等，完全不受中国政府权力和法律的辖制。天津租界是列强庇护各种反动势力操纵控制中国的重要据点。北洋政府统治时期，一些失势的军阀、官僚和政客往往选择退避于天津租界蓄谋重新粉墨登场。例如，慈禧死后，袁世凯曾在英租界利顺德饭店藏身，之后回到河南伺机而动；徐世昌下台后避居天津英租界，谋划再次上台；黎元洪与直系军阀争夺政权时在天津租界发布"总统令"；曹锟寓居天津租界后谋划卷土重来。

（参考杨升祥：《简论天津租界》，《历史教学》2000年第3期。）

（三）案例三：1858年大沽口之战

大沽是第二次鸦片战争的主战场之一。1858年，广州失陷后，直隶总督谭廷襄将大沽口军队数量增加到八九千人，但防御体系仍以鸦片战争时重建和加固的四座炮台作为防御核心。当时，清朝官员过高估计了自身实力，犯了轻敌的错误。谭廷襄在战前声称："现在海口两岸枪炮罗列，兵勇八九千人，分别布置，声威较壮。"他们认为大沽口外有一道拦江沙，"平水不过二尺，潮来水深丈余，涨不过时即落"，西方列强的大型舰船根本无法通过。即使有小型舰船进入大沽口，也敌不过经过多年建设的以四炮台为核心的大沽防御体系。在当时清朝官员的心目中，这一防御体系已经是尽善尽美、无可挑剔了。然而，英法联军的装备已随着军事技术的进步与鸦片战争时期相比有了很大变化：大沽口外英法联军共有各类舰船 26 艘，其中绝大部分都是适合在大沽口作战的蒸汽炮舰和蒸汽炮艇，英法联军的大型舰只虽无法通过拦江沙直接参战，但其舰员可由小型蒸汽舰艇运送参加登陆行动，而近 20 艘小型蒸汽舰艇完全是英、法为实施包括大沽在内的内河作战专门准备的。

1858 年 5 月 20 日，英法联军派出两名军官前往大沽口炮台，要求清军在两小时内交出大沽口炮台。谭廷襄对此不予理睬，决心与英法进行决战。随后，英法联军向大沽口发动进攻。清军在作战之初表现得十分勇敢，炮台上的炮手被击中后，立即有新的炮手接替，其中一门火炮先后有 29 名炮手死在阵地上。但双方的火炮技术差距在实战中高下立现。战后谭廷襄在奏折中称："万斤及数千斤之炮，轰及其船板，仅止一二孔，尚未沉溺，而北炮台三合土顶被轰揭去，南炮台大石镶砌塌卸小半，炮墙无不碎裂，我之大炮不及其劲捷，船炮两面齐放，不能躲避。"在炮火支援下，蒸汽炮艇驶入大沽口内运载英法联军登陆，大沽北炮台和南岸两炮台相继失守。谭廷襄率高级官员逃往天津。此战，英军的伤亡为战死 5 人，受伤 17 人；法军 4 名军官和数名水手被击毙，8 至 10 人失踪，40 人受伤。而清军阵亡 291 名，受伤 170 名，其中伤重不治后身亡 13 名。

此战英法联军主要依靠军事技术的优势，充分准备，直接强攻。而大沽清军从未经历如此迅猛的炮火，大量伤亡后不得不败退。战后，谭廷襄奏称："伏念兵勇溃散，实因夷炮迅捷，受伤太多，不能立足所致"；"兵既不能立足，勇即相率退散，臣等在后督战，立斩二人，仍不能遏"。

（参考茅海建：《大沽口之战考实》，《近代史研究》1998 年第

6 期。）

（四）案例四：黄海海战与民族英雄邓世昌

1894 年 9 月 17 日，黄海海战爆发。黄海海战是甲午中日战争中发生在黄海的一次重大战役，也是日本侵华计划的重要组成部分。面对凶悍的敌人，北洋舰队爱国官兵无不奋勇当先，英勇杀敌。激战中，邓世昌表现尤为勇猛。邓世昌，广东番禺人，生于 1849 年。1867 年，18 岁的邓世昌考入福州船政学堂，在学期间，成绩优良。1888 年，清政府成立北洋水师，邓世昌被任命为中军中营副将兼任"致远"舰管带。黄海海战中，邓世昌指挥"致远"舰官兵"冲锋直进"，纵横海上。

中日双方交战后，日本舰队"吉野"号等四舰正驶到"定远"舰的前方，并向"定远"舰进逼，企图击沉北洋舰队的旗舰。邓世昌见此情况，为保护旗舰，下令"致远"舰开足马力，驶在"定远"舰之前，迎战来敌。在激烈的战斗中，由于"致远"舰陷于四艘敌舰的包围之中，中弹累累，舰身倾斜，势将沉没。在这危急关头，邓世昌仍然意气自若，毫不退缩，他激励官兵说："吾辈从军卫国，早置生死于度外，今日之事，有死而已！""然虽死而海军声威弗替，是即所以报国也！"邓世昌视死如归的气概，极大地鼓舞了全舰官兵顽强奋战，炮弹垂尽，又以步枪向敌舰射击。邓世昌在交战中发现，"吉野"舰是日军的主力舰，自恃其舰速快，横冲直撞，对中国舰只威胁最大。他决意驾"致远"舰撞击"吉野"舰，与其同归于尽，准备以己之牺牲，保全军之胜利。决心已下，邓世昌便对大副陈金揆说："倭舰专恃吉野，苟沉是船，则我军可以夺其气而集事。"于是，他立即下令，开足马力，全速向"吉野"舰冲击，全舰官兵也把剩余的炮弹填入炮膛，向敌舰轰去。

敌舰发现"致远"舰疾驶而来，就集中炮火轰击。"致远"舰虽又中数弹，甲板起火，但并未停止前进，它像一条火龙在弹雨中向"吉野"舰冲去，敌舰上的官兵发现"致远"舰的意图后，惊恐万分，纷纷跳水逃命。眼见这条火龙越逼越近，"吉野"舰长急忙下令全速闪避，并连连发射鱼雷，就在"致远"舰快要撞上"吉野"舰的时刻，不幸事情发生了，"致远"舰被敌舰发射的鱼雷击中，锅炉迸炸，舰体破裂，于下午3时30分沉没。全舰200多名官兵，除27名遇救外，其余全部壮烈殉国。

舰体破裂后，邓世昌坠身入海，随从递给救生圈，他坚决不接，铿锵有力地说："事已至此，义不独生！"他所养爱犬也游到他身边，叼住其发辫，使不致下沉，但誓与舰共存亡的邓世昌，毅然用手把狗按入水中，自己也从容地消失于黄海的万顷碧波之中，这时他年仅46岁。

黄海海战虽以北洋舰队严重受创而告终，但是北洋舰队的爱国官兵，英勇抗击日本侵略者，为中华民族的反侵略斗争史，谱写了可歌可泣的战斗篇章。尤其是在海战最激烈最危急的时刻，邓世昌表现出视死如归的英雄气概，使他成为流芳百世的民族英雄。

（参考丘均元：《黄海海战与邓世昌的爱国献身精神》，《广东民族学院学报（社会科学版）》1994年第3期。）

八、学习思考题简答

☆为什么说鸦片战争是中国近代史的起点？

1840年，英国发动鸦片战争，中国历史发展从此发生重大转折：

中国的社会性质发生变化。鸦片战争前的中国社会是封建社会，随着外国资本主义的入侵，中国的封建社会逐步变成了半殖民地半封建社会，这是鸦片战争成为中国近代史起点的根本原因。

中国社会的阶级关系发生深刻变动。一方面，旧的阶级发生了变化，如地主阶级中，有些地主从乡村迁往城市成为城居地主，部分地主投资、创办或参股资本主义工商业，转化为资本家；另一方面，新的阶级产生。近代中国诞生的新兴的被压迫阶级是工人阶级，它先于中国的资产阶级而产生，是中国新生产力的代表，深受帝国主义、封建势力、资产阶级三重压迫，受剥削最深，是近代中国最革命的阶级。

中国社会的主要矛盾发生变化。鸦片战争后，帝国主义和中华民族的矛盾、封建主义和人民大众的矛盾，成为中国近代社会的两对主要矛盾。这两对主要矛盾及其斗争贯穿整个中国半殖民地半封建社会的始终，对中国近代社会的发展变化起决定作用。这两对主要矛盾相互交织，其中帝国主义和中华民族的矛盾，是最主要的矛盾。

中国革命的历史任务发生变化。面对资本-帝国主义和封建主义的联合压迫，中国革命的性质转为反帝反封建的资产阶级民主革命。争得民族独立、人民解放，实现国家富强、人民幸福，成为中国人民必须完成的两大历史任务；实现中华民族伟大复兴的中国梦，成为中国人民和中华民族最伟大的梦想。

☆资本-帝国主义的入侵给中国带来了什么？

资本-帝国主义列强通过军事侵略、政治控制、经济掠夺、文化渗透，给中国人民带来了深重灾难，具体如下：

第一，资本-帝国主义列强对中国的侵略，首先和主要的是进行军事侵略。他们依仗先进的武器和军事技术，或者进行武力威胁，或者发动侵略战争，或者武装干涉中国的内政，甚至直接出兵镇压中国革命。这种军事侵略是逐步升级的，从骚扰、蚕食中国沿海、边疆，到割占中国大片领土，甚至企图瓜分中国。

第二，为了统治中国，资本-帝国主义列强在政治上采取的主要方式，是控制中国政府，操纵中国的内政、外交，把中国当权者变成自己的代理人和驯服工具。

第三，资本-帝国主义列强对中国进行经济侵略的方式，除了强迫中国支付巨额的战争赔款外，主要是利用其与清政府签订的不平等条约所赋予的特权，进一步扩大对中国的商品倾销和资本输出，进行掠夺和榨取，逐步把中国卷入资本主义的世界市场。

第四，资本-帝国主义列强还对中国进行文化渗透，其目的是宣扬殖民主义奴化思想，麻痹中国人民的精神，摧毁中国人的民族自尊心和自信心。但是，帝国主义的侵略激起了中国人民的反抗，刺激了中国人民的觉醒，促使中国人民投入反对帝国主义侵略的斗争。

☆反对外国侵略的斗争有什么意义？

第一，为了捍卫民族生存的权利，实现民族的独立和复兴，中国人民在长时间里进行了不屈不挠的英勇斗争。中国人民在反侵略斗争中表现出的爱国主义精神，进一步铸成了中华民族的民族魂。正是由于中国人民前仆后继、英勇顽强的斗争，才使我们的国家和民族历尽劫难、屡遭侵略而不亡。那些不畏强暴、赴汤蹈火、血战疆场、宁死不屈的民族英雄，乃是中华民族的脊梁。

第二，在义和团反帝爱国运动期间，中国人民以其不畏强暴、敢与敌人血战到底的英雄气概，打击和教训了帝国主义侵略者，使他们不敢为所欲为地瓜分中国。正是包括义和团在内的中华民族为反抗侵略而进行的前仆后继、视死如归的战斗，才粉碎了帝国主义列强瓜分和灭亡中国的图谋。

第三，外国资本−帝国主义的侵略给中华民族带来了巨大的灾难。但是，列强发动的侵华战争以及中国反侵略斗争的失败，从反面教育了中国人民，极大地促进了中国人的思考、探索和奋起。鸦片战争以后，先进的中国人开始睁眼看世界了；中日甲午战争以后，中国人民的民族意识开始普遍觉醒。

☆反侵略战争失败的根本原因和教训是什么？

反侵略战争失败的根本原因是社会制度的腐败。具体如下：

第一，统治中国的清王朝，从皇帝到权贵，大多昏庸愚昧，不了解世界大势，不懂得御敌之策。许多官员贪污腐化，克扣军饷。

第二，不少将帅贪生怕死，临阵脱逃，部分人为了自身的私利，不惜出卖国家和民族的利益。

第三，清政府尤其害怕人民群众，担心人民群众动员起来以后可能危及自身的统治，常常压制与破坏人民群众和爱国官兵的反侵略斗争。

很明显，1840年以后，中国封建社会逐步变成了半殖民地半封建社会。正是腐败的中国半殖民地半封建的社会制度，阻碍了中国人民群众的广泛动员和抵抗，这是近代中国反侵略战争屡遭失败的最重要的原因。正是社会制度的腐败，才使得经济技术落后的情况长期得不到改变。

反侵略战争失败的教训，具体如下：

第一，必须推翻帝国主义、封建主义联合统治的半殖民地半封建的社会制度，争得民族独立、人民解放。

第二，落后就要挨打，必须改变中国经济技术落后的面貌，实现国家富强和人民幸福。

第二章　不同社会力量对国家出路的早期探索

第一节　实践教学指导

一、实践教学目的

通过实践教学，使学生们进一步认识在近代中国社会风起云涌的历史进程中，从洪秀全领导的太平天国农民战争到资产阶级的戊戌维新，不同阶级及其代表人物前仆后继对国家出路进行探索的历史进程；认识到太平天国农民运动、洋务运动、戊戌维新运动在中国近代历史上的重要历史地位，对他们的失败经验教训进行深入思考，同时也使同学们进一步认识到早期探索的历史和阶级的局限性，农民阶级、地主阶级和资产阶级维新派的探索都不能为实现中国的独立富强找到最终出路，对国家出路的探索仍需继续。

二、场馆（所）实践教学

（一）太平天国运动实践教学

1. 太平天国遗址简介——以天王府为例

太平天国运动历时 14 载，纵横 18 省，在所经之地曾留下丰富的历史遗存。1961 年 3 月 4 日，国务院公布了第一批全国重点文物保护单位 180 处，广西金田起义旧址、苏州忠王府两处太平天国遗址作为革命遗址及革命纪念建筑物列入其中；1982 年，第二批国保单位公布，南京太平天国天王府遗址（天朝宫殿）名列其中；1988 年，广东花县洪秀全故居、南京堂子街太平天国壁画、金华太平天国侍王府得以进入第三批国保行列；2006 年，广西蒙山太平天国永安活动旧址也被公布为第六批国保单位。

太平天国天王府遗址位于江苏省南京市长江路底。原为清两江总督衙门。1853 年，太平军攻克南京后，将南京定为首都，将两江总督衙门扩建为天朝宫殿，称天王府。其建筑宏伟，规模极大，周围十余里，重墙两道，每道围墙都高达二丈。天王府分内外两城。外城名太阳城，太阳城的正门是天朝门，门前边有御沟，沟宽、深各两丈，沟上有桥，桥前面有一块镌刻着"天朝"的石坊，最南为照壁，内有一排旗杆，有牌楼、钟鼓楼、天父殿、下马坊、御河、朝房。内城名为金龙殿，内有金龙殿、穿堂二殿、三殿，内宫有七八进，宫后筑高台，四周为宫墙；除石林苑外，大殿东西两侧各有花园一座。天王府的西花园在清朝以后几经增修，还部分保留着当年的景物，如六角亭、方胜亭、望亭和人工开凿的水池中的石坊等。在西花园水池中、假山上曾打捞、发现过洪秀全"纶音"碑碑额和碑座、石鼓等太平天国的文物。

1864 年，南京被清军攻陷后，建筑大部分被毁。1870 年，清政府在此重建两江总督衙门。现存建筑有大殿（或称金龙殿）、暖阁、穿堂、西花园及园内的石舫、洪秀全的"纶音"碑碑额和碑座。遗址为全国重点文物保护单位。

太平天国天王府遗址是国内保存较完整的一组太平天国历史建筑物，是研究相关历史珍贵的文物资料，为研究历史上的农民运动提供了丰富的资料。

（参考《瞻园——太平天国历史博物馆所在地》，太平天国网，http：//www. ggtptg. com/index. php？m＝article&a＝show&id＝979；https：//baike. baidu. com/item/太平天国天王府遗址/7620310？fr＝ge_ ala）

2. 太平天国遗址实践教学要点

（1）让学生了解太平天国农民运动发生发展的历史过程。

（2）让学生切身感受太平天国农民运动作为旧式农民运动的最高

峰，在近代反帝反封建斗争中的历史意义。

（3）让学生理解太平天国农民运动失败的原因及教训。

3. 太平天国实践教学组织方式

（1）"浸润式"小班现场教学

由教师组队带学生统一参观，并在参观现场组织教学活动。提前让学生搜集太平天国农民运动有关资料；认识这场近代农民运动的背景、过程、意义及失败原因，组织学生现场讨论，在现场教学过程中，要求学生积极与指导老师交流互动；要求学生撰写实践报告，或制作微视频、摄影展、手绘展以及文学作品创作等；组织学生进行反思、交流，使学生对太平天国农民运动在国家出路早期探索过程中的作用有更为深刻的认识。

（2）学生结组或个人前往

指导学生利用假期结组或个人前往太平天国天王府遗址进行教学实践。要求学生撰写实践报告，展现实地考察的收获和内心的思考，或制作微视频、摄影展、手绘展以及文学作品创作等，组织学生进行反思、交流，从历史深度和时代特点深入挖掘实践感受。

（3）网络或文献调研

要求学生结组或个人通过网络、文献进行太平天国天王府遗址的调查、研究，例如思政课公众微信号、微博、超星学习通 App、网上精品课程、慕课等网络教学资源平台，撰写相应的调研报告或心得体会，并组织学生进行反思、交流，推动线上线下、课堂内外教学的相辅相成。

（4）智能教室情境模拟教学

组织学生通过智能教室进行天王府遗址情境模拟教学，力争把教学内容以鲜活的形式展现在学生面前，借助情境的多维度、立体性，实现育人效果的最大化。要求学生撰写实践报告，并组织学生进行反思和交流，教师进行点评。

（二）北洋水师大沽船坞遗址实践教学

1. 北洋水师大沽船坞遗址简介

北洋水师大沽船坞遗址纪念馆位于天津市滨海新区塘沽大沽坞路27 号天津市船厂之内，占地面积 1200 平方米，展厅面积 1000 平方米，共分为"北洋水师大沽船坞的建立""大沽船坞不可磨灭的贡献""大沽船坞的艰辛与曲折""大沽船坞的新生与发展"四部分。馆内大量图片和实物、模型，生动展现了大沽船坞建坞史的艰辛与曲折以及为中国海防做出的不可磨灭的贡献，展现出其在历史上的重要作用和120年来的发展。2018年1月，该遗址入选第一批中国工业遗产保护名录。

1880年1月，李鸿章特奏请光绪皇帝批准为北洋水师在大沽海神庙建立大沽船坞。2月，李鸿章派天津海关道郑藻如与后补道许钤身会同天津海关税务司德裔英国商人德璀琳在大沽购地110市亩兴建船坞，正式名称为"北洋水师大沽船坞"，又称海神庙船坞。大沽船坞修建后陆续建设了甲、乙、丙、丁、戊、己6个大小不同的船坞，以当时的设备和技术性能，在同一时间可以装配和修理六艘船舶，成为北洋海军舰队的第一个维修基地。北洋水师2000吨以下舰船均在此进坞大修。中日甲午海战中，大沽船坞日夜为北洋水师赶修舰船，发挥了重要作用。1900年的八国联军之役，大沽船坞遭到重大损失，船坞被俄军占领，直到1902年12月19日才交还中国。1913年，大沽船坞划归北洋政府的海军部管辖，改名为"海军部大沽造船所"，1913—1923年共造船21艘，修船200多艘。解放后在其基础上改建为天津船厂。2000年10月28日，在纪念大沽船坞建坞120周年之际，北洋水师大沽船坞遗址纪念馆正式开馆。

该馆包括中国近代修造船设备和船坞遗址、海神庙遗址两部分，馆内拥有中国第一座板基泥坞大型沙盘，中国海军第一艘潜水艇模型，展现了中国北方第一代产业工人的卓越创造力及中国近代船舶建造的智慧。纪念馆收集了建坞初期进口的机床、大沽口防御砖，保留了建厂初期的厂房，还有当年李鸿章亲自栽下的两株百年古杨树等，再现了百年船坞的原始风貌。

大沽船坞有着光荣的历史，它与北洋水师和大沽口炮台的爱国将士一道，为抵御外来侵略、捍卫民族尊严做出了杰出的贡献。大沽船坞作为北方最早的修造船厂、枪炮厂，是中国北方近代工业的摇篮，培育了中国北方第一代产业工人，不仅为日后华北造船工业的发展提供了人才，还带动了中国各地造船工业的发展。

（参考北洋水师大沽船坞遗址纪念馆，https：//upimg. baike. so. com/doc/6515523-6729249. html；大沽船坞遗址纪念馆，https：//baike. baidu. com/item/大沽船坞遗址纪念馆/3342813？fr=ge_ ala）

2. 北洋水师大沽船坞遗址实践教学要点

（1）让学生了解洋务运动发起的时代背景、兴办的具体内容。

（2）让学生认识到洋务运动在中国近代化过程中的作用。

（3）让学生理解洋务运动失败的原因及教训，认识到不改变封建君主专制的政治制度，地主阶级的自救运动不可能为中国的独立和富强找到出路。

3. 北洋水师大沽船坞遗址实践教学组织方式

（1）"浸润式"小班现场教学

由教师组织学生统一参观，提前让学生搜集洋务运动有关材料，如兴起背景、代表人物、兴办内容、指导思想等等；认识洋务运动给近代中国带来的影响，并深刻认识这场地主阶级的自救运动最终失败的必然性。组织学生现场讨论，要求学生撰写实践报告，或制作微视频、摄影展、手绘展以及文学作品创作等；组织学生进行反思、交流，使学生对洋务运动在国家出路早期探索过程中的作用和局限性有更为深刻的认识。

（2）学生结组或个人前往

指导学生结组或个人前往北洋水师大沽船坞遗址进行教学实践。要求学生撰写实践报告，或制作微视频、摄影展、手绘展以及文学作品创作等，组织学生进行讨论、交流，认识洋务运动在近代中国产生的作用和失败的原因。

（3）网络或文献调研

要求学生结组或个人通过网络、文献进行洋务运动遗址的调查、研究，利用网络教学资源平台等教学渠道，撰写相应的调研报告或心得体会，并组织学生进行反思、交流，深化学生对实践主题的认识。

（4）智能教室情境模拟教学

组织学生通过智能教室进行大沽船坞遗址情境模拟教学，力争实现实践效果的生动性与最大化。要求学生撰写实践报告，并组织学生进行反思和交流，教师进行点评。

（三）天津梁启超纪念馆实践教学

1. 天津梁启超纪念馆简介

天津梁启超纪念馆位于当时的天津意租界的马可波罗路（今天津市河北区民族路44号—46号），由两栋楼组成，一栋是梁启超全家定居天津的寓所，即梁启超故居；另一栋是梁启超的书斋"饮冰室"，梁启超晚年在该处著书立说。

梁启超纪念馆老楼建于民国三年（1914），为意式两层砖木结构楼房。主楼为水泥外墙，塑有花饰，异形红色瓦顶，石砌高台阶，建筑面积1121平方米。旧居为梁启超自己设计，上靠屋顶有宽敞的阁楼，一、二层各有9间房。二楼由互通的隔扇门分为东、西两部分，东半部为会客厅、起居室、图书资料室，为梁启超专用，西半部为其家属居住。楼下是过厅、小书房、客厅等。

民国十三年（1924）底，梁启超又在居室右侧（今民族路46号），建起了风格典雅又富丽堂皇的"饮冰室"书斋。"饮冰室"是一栋意式风情二层小楼，带半地下室，建筑面积949.5平方米，进门大厅旁是书房、客厅、资料室和娱乐室，楼上是配备齐全的餐厅、卧室和客厅。书斋布局比老楼舒服，梁启超晚年的政治活动和写作都在该处，他的巨著《饮冰室合集》的大部分都在该处完成，此处也是《中国文化史》《儒家哲学》《辛稼轩年谱》（未完）等著名文章的诞生地。

2001年，天津市政府对梁启超故居进行修缮，2002年10月，故居修缮完成，并在寓所的基础上修建了天津梁启超纪念馆。纪念馆开设了以"梁启超与近代中国"为主题的展览，以文字和图片的形式介绍梁启超传奇的一生。修复后的梁启超故居，分为书房、起居室、家族纪念室等12个展室，再现了梁启超当年居住的环境。展室分六个部分，分别是"勤学苦读的神童""戊戌变法的主将""君主立宪的鼓吹者""反袁护国的组织者""享誉中华的学术巨擘""寓居津门的饮冰室主人"。故居展室里陈列着梁启超的书信、书籍、历史文献以及活动照片等。"饮冰室"书斋楼内九间居室均恢复了当年的场景。一楼大厅左边墙上挂着蔡锷画像，客厅里陈列着菲律宾客人赠送给梁启超的蜥蜴标本以及鸵鸟蛋等复制品。二楼是梁启超的卧室、餐厅等。此外，纪念馆大院中央竖立着一尊高 2.38 米、重 400 多公斤的梁启超铜像。

［参考梁启超旧居（天津市河北区第六批全国重点文物保护单位），https：//baike.baidu.com/item/梁启超旧居/62629129？fr=ge_ ala］

2. 天津梁启超纪念馆实践教学要点

（1）让学生了解戊戌维新的社会背景，康有为、梁启超等维新派的变法思想，百日维新的过程。

（2）让学生认识到戊戌维新在近代中国所产生的历史作用。

（3）让学生理解戊戌维新失败的原因及教训，认识资产阶级维新派的阶级局限性，明确在半殖民地半封建的中国，资产阶级改良的道路行不通。

3. 天津梁启超纪念馆实践教学组织方式

（1）"浸润式"小班现场教学

由教师组织学生统一参观，提前让学生深入了解戊戌维新的相关知识，认识梁启超的维新变法思想和在维新运动中的表现。组织学生现场讨论，要求学生书写实践报告，或制作微视频、摄影展、手绘展以及文学作品创作等；组织学生进行反思、交流，使学生对戊戌维新在国家出路早期探索过程中的作用和维新派的阶级局限性有更为深刻的认识，教师进行点评。

（2）学生结组或个人前往

指导学生结组或个人前往天津梁启超纪念馆进行教学实践。要求学生书写实践报告，或制作微视频、摄影展、手绘展以及文学作品创作等，组织学生进行讨论、交流，认识戊戌维新的历史作用及失败原因。

（3）网络或文献调研

要求学生结组或个人通过网络、文献进行梁启超纪念馆的调查、研究，撰写相应的调研报告或心得体会，并组织学生进行反思、交流，深化学生对实践主题的认识。

（4）智能教室情境模拟教学

组织学生通过智能教室进行梁启超纪念馆情境模拟教学，力争与常规课堂教学形成良好的配合，突出实践的主题，使学生具有更好的获得感。要求学生书写实践报告，并组织学生进行交流，教师进行点评。

三、其他实践教学方式

1. 结合思想理论热点和课程难点，在实践教学中设计调研环节，把思政小课堂同社会大课堂结合起来。根据不同专业的学生特点，设计一些具有思想性、实践性的问题，让学生展开调研，撰写实践报告。整个过程要步骤清晰、分工合理，例如调查问卷的设计、发放与回收，调研数据的统计与分析，访谈对象的确定、访谈提纲的确定，文献资料的收集与提炼，调研报告的撰写、多媒体演示以及网页的设计制作，等等。同时，还要注意对实践成果进行及时总结与提炼，充分发挥其对学生的思想引导作用，增强思政课的实践教学效果。

2. 组织学生观看纪录片。如《中国通史》近现代史部分，这部纪录片展现了近现代跌宕起伏的历史进程，对太平天国、洋务运动、戊戌维新等重大历史事件都有涉及。纪录片《船政学堂》以编年体与共时性兼备、中西文化学者共同讲述的国际化视角来讲述船政学堂以及船政毕业生鲜为人知的故事。《幼童》讲述了洋务运动时期中国历史上最早的官派留学生的故事。这批学生出洋时的平均年龄只有 12 岁，因此，他们有一个共同的名字——留美幼童。这批饱受欧风美雨熏陶的学子是中国矿业、铁路业、电报业的先驱。他们中出现了清华大学、天津大学最早的校长，出现了中国最早的一批外交官，出现了中华民国的第一任总理……回国后的这批西学所造之子历经中国晚清政坛的跌宕起伏，目睹了近代中国的荣辱兴衰。因此，这部纪录片涉及的内容丰富，具有很强的观赏性。为保证效果，看完之后要求同学们写观后感，择优进行展示、交流。

3. 组织相关的讲座。结合本章教学内容，可以请相关纪念馆、展览馆等的专业人士入课讲座，如前文所提到的实践教学点，既可以让学生走出去，也可以把相关的研究者请进来，丰富课堂教学的形式。此外，请专家学者就某个问题、人物、事件进行专题讲座，如洋务运动研究或梁启超研究等，加深学生对某一问题的理解认识。听完讲座可以组织学生进行交流，巩固学习效果。

四、实践教学报告范例

"天津梁启超纪念馆"实践报告

甲午战后，资产阶级改良思潮迅速转变为一场要求变法维新的政治运动，梁启超是这场维新运动的杰出代表。为了更好地了解维新运动和梁启超的生平及思想，我们结组来到天津梁启超纪念馆，来感受梁启超先生跌宕起伏的一生和他背后的时代风云。

1. 纪念馆简介

梁启超纪念馆坐落于天津市河北区民族路44—46号，分为故居与书斋两部分。故居为意式两层砖木结构楼房，建于1914年。书斋首层为其书房，二楼做卧室和会客厅，梁启超后期著述均于此完成。此书斋使"饮冰室"这一名称由虚拟书斋号化为实质，早已号"饮冰室主人"的梁启超真正成为饮冰室主人。

1991年，梁启超旧居和饮冰室旧址被列为天津市文物保护单位。天津市政府先后耗资近2000万元用于周边居民搬迁和建筑整修。其中，梁启超的后代也先后捐献资金和梁启超生前的书籍、书柜、文房四宝等重要文物。

2001年，天津市政府对梁启超故居进行修缮，并在故居的基础上修建了天津梁启超纪念馆，2003年对外开放，这也成了天津第一个在名人旧居基础上建成的纪念馆。纪念馆开设了以"梁启超与近代中国"为主题的展览，以文字和图片的形式介绍梁启超传奇的一生。2019年1月17日，习近平总书记来到梁启超故居，结合展板听取天津市历史文化街区保护情况介绍。

2. 参观过程

一进纪念馆大门，院中央伫立着一尊梁启超铜像，高2.38米，重400多公斤。由新会籍的广州美术学院教授林敦厚父子设计，梁启超铜像栩栩如生，展现了他青年时朝气蓬勃的风采。

我们首先进入故居楼，一进门就看见几个沧桑有力的大字：一生家国梦，几代赤子心。东屋挂着一幅代表了当时中国所面临的被列强瓜分危机局面的时局图，显示了梁启超希望通过变革来改变中国现状的决心。展室里陈列着梁启超的书信、书籍、历史文献以及活动照片等。以"梁启超与近代中国"为主题，展览内容分六个部分，分别是"勤学苦读的神童""戊戌变法的主将""君主立宪的鼓吹者""反袁护国的组织者""享誉中华的学术巨擘""寓居津门的饮冰室主人"。最后一间展室呈现的是梁启超的家庭及其九个子女的概况。这个主题展览通过大量丰富翔实的资料，展示出公车上书、戊戌变法、护国战争、巴黎和会等一系列重大历史事件，同时也体现出他作为享誉中华的学术大师卓越非凡的历史贡献。

第二栋楼就是梁启超的书斋"饮冰室"了。"饮冰"一词源于《庄子·人间世》："今吾朝受命而夕饮冰，我其内热与？"梁启超自谓"内热"，唯有"饮冰"方能得解，以此来表达自己内心的忧虑焦灼。一楼是梁启超的工作区，大厅布满四周的书柜，是整座书斋最为抢眼之处。它收藏着梁启超3470多种、4万余册图书，这个数字在当时已经跟一个普通图书馆的馆藏量相当了。二楼是梁启超的生活区。饮冰室的很多文物原件有百年历史，历史的痕迹留存在这些书刊、信件上，更好地呈现文物本来的精神风貌，传达着梁启超身上流淌着的爱国情怀。

3. 收获与启示

走出纪念馆，我们不禁感慨万千。以前我们只知道梁启超是维新的志士，通过这次实践，我们感受到了一个更加生动具体的梁启超先生。他与中国近代史紧密相连，他是政治家，公车上书、戊戌变法、护国战争、巴黎和会等，闪耀着他革新与爱国的思想光芒；他是文学家，《饮冰室合集》承载他文学革命的理想；他是教育家、是父亲、是挚友，书写了梁氏"满门俊秀"的佳话。他的一生充满了传奇色彩，无论是致力于维新事业，谋求救国救民之路，还是晚年致力于教育兴国，他一直走在潮流的最前端，给我们留下巨大的精神力量。

首先，我们感受到了他强烈的爱国情怀。梁启超处于国家危难的动荡年代，积极探索救国之路，努力宣传变法维新，当他认识到维新派的道路在中国走不通时，转而支持共和，即使与他当年崇拜的老师康有为发生严重分歧不得不分道扬镳，他曾说"吾爱吾师，吾更爱真理"。他游历过美国，又去欧洲考察过，也到过澳洲，这让他的眼光大大高出了同时代的人。袁世凯复辟帝制阴谋暴露后，为了维护共和，梁启超态度鲜明地反袁，支持了蔡锷的反袁武装起义，并亲赴广西策动广西独立。在救亡图存、开启民智的时代，梁启超首创"中华民族"一词似万钧之力，避免了国家四分五裂的危机，为中国走向统一、走向现代化奠定了坚实的文化基础，也凝聚起后来一代代中华儿女对于民族文化的身份认同和使命担当。

其次，我们感受到梁启超作为一个学者的勤勉。梁启超一生勤奋，保守地计算，从他 20 岁到 55 岁，35 年中完成了 1400 万字的著述。在此间政治活动又占去大量时间的情况下，他每年平均写作达 39 万字之多，这体现了惊人的勤奋和才华。其中，《饮冰室文集》数量之多，所涵括内容之丰富，至今也是少有的；《新民说》《中国近三百年学术史》《中国历史研究法》等等，也是大家之笔。这样的坚持和毅力，让我们深感震撼。

再次，我们感受到梁启超作为一位教育家的情怀。他身为民初清华大学国学院四大教授之一，又是中国近代卓越的思想启蒙者，在教育方面作出了巨大的贡献。晚年的梁启超专注教育与学术研究，成果斐然。他倡导成立新式学校，改建北京师范大学，主持清华大学国学研究院，创办松坡图书馆，担任京师图书馆与北京图书馆馆长，他以培养新式人才为己任，他说"苟有新民，何患无新制度，无新政府，无新国家"。他在那个时代就喊出了"教育是什么？教育是教人学做人——学做现代人"这样精辟而前卫的口号。

通过这次实践，我们也感受到了梁启超在家庭教育方面的巨大成功，梁启超在忧国忧民、勤奋著书、匡国济时的同时，将自己的学识和感悟润泽在儿孙身上，言传身教，悉心培养，九个子女都出类拔萃，造就了一门三院士的传奇。

生在内忧外患的时代，梁启超在时代的潮流中不断探索，即使屡屡受挫，也从没有消磨他对国家深沉的情感。他从未放弃对"前路之光"的追寻，也没有辜负时代赋予的使命，他在新旧过渡中看到时代带来的机会，一次次奋起前行。回首百多年前的风云变幻，回顾梁启超先生一生的历程，我们不禁自问，处在当下的我们又该以怎样的姿态面对这个伟大的时代呢？每一个人都会找到属于自己的答案，可以肯定的是"使举国之少年而果为少年也，则吾中国为未来之国，其进步未可量也"，而今日之中华民族，正如梁启超先生当年所愿，欣欣向荣，繁荣强盛！

第二节　课程提质指导

一、习近平新时代中国特色社会主义思想引领本章教学要点

要点 1：1840 年鸦片战争以后，中国逐步成为半殖民地半封建社

会，国家蒙辱、人民蒙难、文明蒙尘，中华民族遭受了前所未有的劫难。从那时起，实现中华民族伟大复兴，就成为中国人民和中华民族最伟大的梦想。

为了拯救民族危亡，中国人民奋起反抗，仁人志士奔走呐喊，太平天国运动、戊戌变法、义和团运动、辛亥革命接连而起，各种救国方案轮番出台，但都以失败而告终。中国迫切需要新的思想引领救亡运动，迫切需要新的组织凝聚革命力量。

——习近平：《在庆祝中国共产党成立 100 周年大会上的讲话》（2021 年 7 月 1 日）

要点 2：中华民族是世界上古老而伟大的民族，创造了绵延五千多年的灿烂文明，为人类文明进步作出了不可磨灭的贡献。一八四〇年鸦片战争以后，由于西方列强入侵和封建统治腐败，中国逐步成为半殖民地半封建社会，国家蒙辱、人民蒙难、文明蒙尘，中华民族遭受了前所未有的劫难。为了拯救民族危亡，中国人民奋起反抗，仁人志士奔走呐喊，进行了可歌可泣的斗争。太平天国运动、洋务运动、戊戌变法、义和团运动接连而起，各种救国方案轮番出台，但都以失败告终。孙中山先生领导的辛亥革命推翻了统治中国几千年的君主专制制度，但未能改变中国半殖民地半封建的社会性质和中国人民的悲惨命运。中国迫切需要新的思想引领救亡运动，迫切需要新的组织凝聚革命力量。

——《中共中央关于党的百年奋斗重大成就和历史经验的决议》（2021 年 11 月 11 日）

要点 3：在中国建立什么样的政治制度，是近代以后中国人民面临的一个历史性课题。为解决这一历史性课题，中国人民进行了艰辛探索。

1840 年鸦片战争后，中国逐步成为半殖民地半封建社会。那个时代，为了挽救民族危亡、实现民族振兴，中国人民和无数仁人志士孜孜不倦寻找着适合国情的政治制度模式。辛亥革命之前，太平天国运动、洋务运动、戊戌变法、义和团运动、清末新政等都未能取得成功。辛亥革命之后，中国尝试过君主立宪制、帝制复辟、议会制、多党制、总统制等各种形式，各种政治势力及其代表人物纷纷登场，都没能找到正确答案，中国依然是山河破碎、积贫积弱，列强依然在中国横行霸道、攫取利益，中国人民依然生活在苦难和屈辱之中。

事实证明，不触动旧的社会根基的自强运动，各种名目的改良主义，旧式农民战争，资产阶级革命派领导的民主主义革命，照搬西方政治制度模式的各种方案，都不能完成中华民族救亡图存和反帝反封建的历史任务，都不能让中国的政局和社会稳定下来，也都谈不上为中国实现国家富强、人民幸福提供制度保障。

——习近平：《在庆祝全国人民代表大会成立六十周年大会上的讲话》（2014 年 9 月 5 日）

要点 4：历史和现实都告诉我们，一场社会革命要取得最终胜利，往往需要一个漫长的历史过程。只有回看走过的路，比较别人的路、远眺前行的路，弄清楚我们从哪儿来、往哪儿去，很多问题才能看得深、把得准。

——习近平：《以时不我待只争朝夕的精神投入工作　开创新时代中国特色社会主义事业新局面》（2018 年 1 月 5 日）

二、教学目标

（一）知识目标

1. 了解太平天国农民运动发生的历史背景、发展的基本脉络，了解《天朝田亩制度》和《资政新篇》的主要内容。

2. 了解洋务运动的基本内容，了解洋务运动在中国近代化过程中所起的历史作用。

3. 了解戊戌维新运动的兴起、过程和失败的原因，了解维新群体的思想主张，正确认识戊戌维新运动的历史意义及其失败的经验教训。

（二）能力目标

1. 认识太平天国农民运动对国家出路探索的历史意义，分析其失败的原因及教训，正确认识农民阶级的历史局限性，懂得旧时农民战争不可能完成争取民族独立和人民解放的历史任务。

2. 科学分析洋务运动的进步性和保守性，认识其失败的原因与经验教训，明确在不根本改变封建君主专制政治制度的前提下，洋务运动不可能为中国找到改变积贫积弱状况的正确出路。

3. 认识到 19 世纪末至 20 世纪初的中国，民族资产阶级虽有发展但力量仍然十分微弱，维新派无力承担起改变近代社会性质、改变民族命运和地位的历史任务。

（三）价值观目标

1. 使学生认识到农民阶级、地主阶级洋务派、资产阶级维新派对国家出路探索的方案没有达到挽救民族危机、实现国家独立富强的目的。历史呼唤着新的革命阶级登上政治舞台。

2. 使学生认识到要想争取国家独立、民族解放，实现国家富强、人民幸福，必须用革命的手段推翻帝国主义、封建主义的联合统治，反帝反封建是近代整个中华民族的时代任务。

三、教学重点与难点

1. 如何理解太平天国农民起义作为旧式农民运动的最高峰？太平天国农民运动体现出哪些新的特点？最后为什么没有取得成功？

2. 从 19 世纪 60 年代开始，中日两国都开始向西方学习，为什么日本的明治维新会成功，中国的洋务运动却失败了？从近代中国的主要矛盾和历史任务着眼，以历史唯物主义为指导，实事求是地分析洋务运动的作用与地位。

3. 分析民族资产阶级的局限性及其成因，明确认识在半殖民地半封建的中国，改良的道路行不通。要想争取国家独立、人民解放，必须用革命的手段改变半殖民地半封建的社会性质。

四、关键问题引领与简答

（一）为什么太平天国被称为旧式农民斗争的最高峰

太平天国运动之所以被认为是旧式农民斗争的最高峰，主要有以下几个原因：

第一，从太平天国运动爆发的原因和时代背景来看，它是由于外国资本主义入侵和原本十分尖锐的中国社会内部矛盾进一步激化所引起的。

第二，从太平天国运动的任务和性质来看，由于西方列强最终撕下了"中立"的伪装，于第二次鸦片战争后正式公开地与清政府勾结起来，太平天国在反对封建主义的同时肩负起反对外来侵略的任务，从而成为中国近代旧民主主义革命的一部分。

第三，从规模和持续时间来看，太平天国运动的规模和持续时间是空前的，这对当时的封建王朝构成了沉重的打击。

第四，从革命纲领来看，太平天国不仅提出了反对封建制度的口号，还制定了系统的革命纲领，这些纲领体现了农民阶级的根本诉求和对封建社会的批判，推动了社会改革。首先，《天朝田亩制度》是一个以反对封建土地制度为核心内容的革命纲领，它使这场农民运动达到历代农民战争所未有的高度。《天朝田亩制度》这一重要文献揭示了农民推翻封建土地所有制的愿望，它是几千年来农民反封建斗争的结晶，对中国乃至世界的社会变革产生了深远影响。其次，《资政新篇》是近代学习西方资本主义的第一个比较系统的方案，这是其他农民起义所不具备的。《资政新篇》作为太平天国后期的施政纲领，虽局限于当时的社会环境未能付诸实施，但它具有浓厚的新时代气息，集中反映了先进中国人向西方学习的要求，在中国发展资本主义的愿望。

第五，从世界意义来看，19世纪中叶亚洲出现了第一次民族解放运动高潮。太平天国运动同波斯、印度尼西亚、印度等国人民的反殖民主义斗争，相互推动、相互影响，共同打击了西方殖民主义者。

总之，由于时代特征所决定，太平天国运动终于发展成为中国几千年来农民战争的最高峰，形成了中国近代历史上的第一次革命高潮。

（二）太平天国运动与以往的农民起义的不同点

太平天国运动与以往的农民起义有多个显著的不同点，主要体现在其斗争目标、形式、背景以及领导阶层的思想变化等方面。

斗争目标。太平天国不仅反对封建主义，还担负起反对外来侵略的任务，这标志着农民战争的层次提升。

斗争形式。太平天国利用了西方宗教作为动员和组织手段，这在中国历史上是首次，具有鲜明的时代特色。

背景。太平天国运动发生在鸦片战争后，中国逐渐陷入半殖民地半封建社会的过程中，其社会矛盾和革命任务发生了显著变化。

领导阶层的思想变化。太平天国的领导人，如洪仁玕，提出了发展资本主义的思想主张，这在以前的农民战争中是前所未有的，显示了农民阶级的思想解放和局限性超越。

与西方的关系。太平天国运动期间，其领导人曾与西方人士接触，并拒绝了西方列强以国家利益为交换条件支持太平天国的提议，这些现象在以往的农民战争中未曾出现。

失败原因。太平天国的失败是中外反动势力联合镇压的结果。

（三）如何认识洋务运动与中国近代化的关系

1840 年发生鸦片战争以后，传统受到了现实的严峻挑战，中国人对近代化的探索开始了。一般而言，一个社会的近代化应包括这个社会旧的、传统的生产力与生产关系、经济基础与上层建筑以及社会意识形态的全面变革与转化，"近代化"涉及政治、经济、军事、思想、文化等诸多方面的内容。中国社会的近代化是一个长期的历史过程，1949 年以前的中国，以工业生产为中心的资本主义经济发展与争取民主政治的斗争都可归结为中国近代化的总进程。洋务运动实质上是传统文化表层——物质文化的一个变迁过程，在当时至多实现了生产力（主要是生产工具）和部分生产关系的转变，促进了现代科学技术的一定发展。它在中国社会近代化的进程中，属于一种低层次的变革，为中国社会的近代化迈出了第一步。

在洋务运动中，洋务派从西方引进了新的生产力，使中国跨出了近代化的艰难的第一步，为开始创建新社会准备了一定的物质条件；洋务派从西方引进了先进的生产关系，从而揭开了中国资本主义历史的序幕；洋务运动传播西方科学技术知识和社会学说，成为中国资产阶级启蒙运动的先声，推动了社会思想意识的近代化；洋务运动使中国的陆海军开始有新的近代化的武器和装备，初步奠定了近代国防的基础，收回了某些权利，一定程度上推迟了近代中国半殖民地化的进程；洋务运动中产生、发展起来的近代生产力与新兴资产阶级，为戊戌变法、辛亥革命提供了一定的物质基础和阶级力量，为以后中国近代化道路作出铺垫，使近代化成为近代发展的主流。洋务运动揭开了中国近代史新的一页，是中国近代化历史链条上不可忽视的第一环。

（参考刘曙东：《如何从近代化角度评价洋务运动》，《常德师范学院学报（社会科学版）》2002年第5期；廖慧贞：《论洋务运动对中国近代化的深刻影响》，《经济与社会发展》2011年第9期。）

（四）地主阶级的出路探索何以失败

在第二章的整体教学内容中，"早期探索出路何以失败"是一个关键问题。抛开社会历史境遇，阶级局限性是一个根本性原因。就地主阶级的探索而言，洋务运动搞了30多年，表面上轰轰烈烈，同治中兴，实际上内外交困，危机四伏，整个帝国官僚体系中改革派与保守派的斗争始终存在。失败原因遵循教材归纳，其一是封建性：（1）指导思想——与新的生产力不相容；（2）管理理念——以垄断经营、侵吞商股压制民族资本；（3）人才培养——不愿改变封建科举制度。其二是依赖性：（1）依赖西洋机器、原料、行政管理——所办企业一切仰赖外国；（2）迷信"国际公法"——洋务派官员一再主张对外"和戎"。其三是腐朽性：（1）军事工业由官方控制，质低价高——管理基本是封建衙门式，经营不讲效益；（2）民用企业由政府监管，商人无发言权——政府官员掌握实权，商人承担企业风险；（3）企业内部腐败，充斥官场恶习——企业充斥营私舞弊、贪污受贿、挥霍浪费等官场恶习。

在地主阶级探索中强化理解洋务运动的失败，可以更好理解在半殖民地半封建社会地主阶级不能救中国，更好理解近代中国的新陈代谢以及先进阶级、科学理念对变革中国的引领作用。

（五）日本明治维新和中国戊戌变法的异同

日本明治维新和中国戊戌变法的相同点是：二者的宗旨路线相同，

即都是以西方为榜样，以改革为手段，在保持封建特权的前提下发展资本主义。二者的历史背景相同，表现在两国都是封建国家，商品经济和资本主义因素都有一定程度的发展，都面临西方殖民者的入侵，有民族救亡和民族改革两大任务。双方的领导人都出身封建家庭，富有牺牲精神。

不同点是：两国改革的侧重面不同。明治维新侧重政权改革和建设，戊戌变法的改革内容相对广泛。两国改革的社会基础虽均是从封建统治阶级内部分化出来的具有资本主义倾向的改革派力量和正在资产阶级化的知识分子，但明治维新的骨干力量是日本的中下级武士，他们以足以和中央分庭抗礼的强藩为依托，且与豪农富商和工商业者有密切联系；而戊戌维新的领导人是缺乏政治实践的知识分子和官僚。两国的领导人在气质、性格、能力、精神状态等方面有所不同。明治维新的领导人久经政治风浪考验，长于韬略，精明强干，而戊戌维新的领导人对政治斗争的残酷性缺乏清醒的认识和足够的准备，缺乏运筹帷幄的雄才大略。国际上英美为代表的列强对二者的态度不一。英美对明治维新竞相扶植，在政治、军事方面给予帮助，而对戊戌维新则只是在口头上表示支持。

（参考葛立军等编：《"中国近现代史纲要"课案例式专题教学教师用书》，中国人民大学出版社 2008 年版。）

五、文化自信教育

（一）经世致用思潮及其在清末的影响

经世致用思想的内涵：《辞源》中对"经世"的解释为"治理世事"，另外，对"经济"的解释为"经国济民"，"致用"为"尽其所用"。《辞海》的解释为：明清之际主张学问有益于国家的学术思潮。由此可以给经世致用下一个定义：经世致用就是关注社会现实，面对社会矛盾，并用所学解决社会问题，以求达到国治民安的实效。这一思想体现了中国传统知识分子讲求功利、求实、务实的思想特点以及"以天下为己任"的情怀。

经世致用思想的历史至少可以追溯到先秦思想家——孔子。孔子所创立的儒家思想，是中华文明的精髓，仔细分析儒家思想，可以看到，传统儒学本身就是一种"入世哲学"，孔子不遗余力地宣传他的思想，目的就是要改变春秋末年社会动乱、礼崩乐坏的局面，恢复他理想中的社会秩序。另外，作为一种思想体系，儒家思想的一个重要特点就是不尚思辨。它不像其他哲学思想那样，用极强的思辨性去解释诸如世界的本原问题、今生与来世的问题或是人世与鬼神的关系等问题，而是很实在，甚至可以说是很实用地教人们如何做人、如何行事，教统治者如何治国。

由此可见，儒家思想从其产生之时，就具有强烈的经世的传统，这对中国传统社会的知识分子，产生了重大影响。他们吸收了这种经世精神，并将其作为自己重要的责任，自觉地担负起关心时政、关注国事、针砭时弊，甚至救国于危难之中的使命。到了宋代，程朱理学大兴，其集大成者朱熹提出了"存天理，灭人欲"的社会伦理准则。这正是在宋王朝的统治面临巨大危险之时提出的，目的就是要改变世风，以挽救国家。但后世的理学家却把"修身"置在最重要的位置上加以强调，所以落实到行动上往往使修身养性的"内圣"与治国平天下的"外王"并论而形成事实上的对立，割裂了"修齐治平"之间的有机整体联系，走上了"穷理"之途，并将"理"的思想僵化，违背了朱熹"经世"的本意，失去了对现实的指导意义，很难做到学以致用。因而自明中叶以后，理学走上了末路。明清之际，士大夫中的优秀分子和新兴的士民代表，反对空谈，主张关心时政。其中以顾炎武、黄宗羲、王夫之为最杰出的代表。随着清朝的建立，早已失去生机的理学又被统治者拾起，但其关怀世运的一面却已不在，剩下的只是泛泛空谈。另外，由于清政府在思想上实行高压政策，尤其是盛极一时的"文字狱"，沉重打击了知识分子参政、议政的勇气，造成了一批批学者无奈地走上闭门治学之路，整日与考据为伴，不再关心议论政事。至此，在中国传统的知识分子中一直延续的经世致用思想走到了尽头。鸦片战争后，面对西方列强的入侵和深刻的社会危机，一批有识之士再一次掀起经世致用的思潮。

1826 年，以《皇朝经世文编》的出版为标志，经世致用的思想在清朝晚期被国人重新重视起来，促使人们根据客观国情和世情，向西方学习，这是贯穿于中国近代化初期的重要精神动力。此时比较著名的有陶澍、林则徐、龚自珍、魏源等，他们中有"卓著官声政声的督抚大吏"，也有"切于时务的下层官僚与文人学者"，他们作为知识分子的代表关注世事，以极大的社会责任感揭露矛盾，抨击时政，指责清王朝统治的腐败以及官僚队伍的无能、迂腐。在揭露问题的同时，他们要求"更法"，呼吁"改革"，提出了一系列改革措施。而且，以林则徐为代表的一些较有远见的知识分子，已经开始把目光投向了世界，出现了"开眼看世界"的新趋势。在《海国图志》中，魏源提出"师夷长技以制夷"的思想，这一思想一直贯穿于整个中国近代社会。

近代经世致用思想作为救亡图存、富国强兵的精神动力，在中国近代社会的历史发展中具有不可忽视的重大意义。这一思想顺应了历史发展的时代潮流，促进了近代社会的转型。正如王先明所言："在国门尚未完全打开，西方近代思想学说传入中国但并未被广大士子接受之前，近代经世致用思想无疑是最先进的。正是在此指导下，中国近代化的历史进程得以启动。近代军事工业、民用工业、新式教育等相继发展起来。张之洞'究经世之务''以实用为归'，促进洋务运动进一步深化。"从 19 世纪 60 年代初开始到 90 年代结束，历时 30 多年的洋务运动，其内容包括买枪炮、造轮船、开工厂、训练新式海陆军、设立新式学堂、派遣留学生等等，西方的科学技术以前所未有的速度输入中国。洋务运动在中国产生过不可忽视的影响。洋务派不仅继承了林则徐、魏源等人"师夷长技以制夷"的思想，而且把这种思想付诸实践。长远来看，洋务派不能完成民族自卫及民族振兴的根本目标，但它促成了以激进的反传统精神为基本特征的新一代知识分子阶层的兴起，促进了康有为、梁启超领导的维新运动的兴起和发展，并通过他们的失败，把人们向西方学习的目光从纯技术引向科学，从科学引向体制，从体制引向方法论，引向世界观。

综上，经世思想是中国古代文化的精华，是历代知识分子一以贯之的价值取向。从思想史的轨迹来看，它在嘉道之际勃然再兴，成为近代民族意识觉醒的先导，而鸦片战争之后的民族危机又赋予经世思潮以新的时代重任，以林则徐的"开眼看世界"为开端，洋务派的自强求富、维新派的百日维新，这一系列的救国之举，无不是以传统的经世致用思想为其重要的内在动力。所以在讲民族意识觉醒和对国家出路的早期探索等内容时，可以以经世致用作为一个贯穿线索指出其内在动因，同时也要说明由于经世致用思想和早期探索者自身的双重局限性，最终没有成功地找到一条有效的救国救民的道路。

（参考郭歌：《中国近代经世致用思想及其历史影响》，《理论观察》2013 年第 4 期；王先明：《"经世学"与近代"新学"的发端》，《社会科学战线》2000 年第四期；百度百科：经世致用，https：//baike.baidu.com/item/经世致用？fromModule＝lemma_ search−box）

（二）康有为的维新变法思想——《新学伪经考》与《孔子改制考》

《新学伪经考》刊行于 1891 年。"新"是指王莽的国号，"新学"指古文经学。在书中，康有为将自东汉以来一直被奉为经典的古文经《左传》《逸礼》《毛诗》《易经》等都斥为"伪经"。认为是刘歆为帮助王莽篡汉而伪造的，只是新莽一朝之学，故称"新学"。康有为认为"新学"绝非孔子的"真传"，因为它们湮灭了孔子的"微言大义"和"托古改制"原意。虽然《新学伪经考》的观点并不完全符合历史事实，但是康有为从根本上对维护封建统治的理论依据提出了挑战，动摇了人们对封建传统观念的迷信。他否定了古文经学认为孔子"述而不作"的主张，主张探索孔子的微言大义，是对当时保守知识分子的挑战，使知识界获得一次思想上的震动，起到了解放思想的作用。正因如此，该书遭到封建顽固派的激烈攻击，清政府曾数次查禁它。

《新学伪经考》和《孔子改制考》是姊妹篇，前者破旧，后者立新。前者否定了王莽新朝以来的儒家经典的真实可靠性，从而动摇了占统治地位的封建意识形态；后者树立了一个"托古改制"的孔子形象，为变法拉起一面作掩护的大旗。《孔子改制考》完成于 1892 年，刊行于

1898 年，是康有为在其弟子陈千秋、梁启超等人协助下完成的。如果说《新学伪经考》旨在否定历代统治者尊崇的儒家经典，那么《孔子改制考》则正面创立了维新变法的理论依据。康有为指责刘歆湮灭了孔子的微言大义，那么孔子的微言大义是什么呢？在《孔子改制考》中，康有为石破天惊地宣称：孔子的微言大义是"托古改制"。按传统说法，《诗》《书》《礼》《乐》《易》《春秋》六经是孔子删改之作，康有为却一反传统，认为孔子以前的历史都是茫昧无稽的，先秦诸子提出伏羲、尧舜等人物都是为了宣传自己的思想主张，假托自己的主张古代曾经实施。六经是孔子为了"托古改制"而亲自写成的作品。这样，孔子就由传统中述而不作的保守的封建圣人变成了依托古制改革现行制度的"素王"。"托古改制"就是把自己想要建立的社会制度，假托古代曾经实行过，借以争取人们的信服。康有为利用"至圣先师"孔子的权威，来为他的维新变法理论辩护，并用这种理论向清朝统治者提出了变法维新的政治要求。

在书中，康有为还把西方资产阶级的进化论和中国儒家的"三世"说附会在一起，认为社会历史是沿着"据乱世""升平世""太平世"的顺序逐渐前进的。所谓"三世说"，原出自古代儒家今文经学派的经典《春秋公羊传》，其内容很简单，就是主观地把人类社会划分为依次发展的"据乱世""升平世""太平世"三个阶段。康有为认为三世说"为孔子非常大义"，需要重新详加阐发。他说："乱世者，文教未明也；升平者，渐有文教，小康也；太平者，大同之世，远近大小如一，文教全备也。"又说："《春秋》始于据乱，立君主；中至升平，为立宪，君民共主；终至太平，为民主。"他认为当时封建君主专制制度统治的中国社会是"据乱世"，而要达到所谓的"太平世"，即资产阶级民主共和制度的社会，就必须先对"据乱世"进行改革，建立君主立宪制度的"升平世"。很显然，康有为的"三世说"已完全不同于《公羊传》的"三世说"，他赋予古老、简单、抽象的"三世说"以崭新、丰富、具体的内容，借以说明从地主阶级专政的君主专制制度到资产阶级得以参政的君主立宪制度，再到资产阶级取得全面统治的民主共和制度的历史发展方向。尽管康有为的这种比附并不科学，但他利用鲜明的进化论历史观，论述历史不断发展的趋势，直接冲击了顽固派"敬天法祖"的守旧思想，为变法维新提供了历史根据。

正因为《孔子改制考》书中牵强附会的奇异议论，引起顽固守旧势力的惊恐。他们攻击说，康有为托古改制理论，"明似推崇孔教，实则自申其改制之义"，是"假素王之名号，行张角之秘谋"，他们要求清政府将该书毁版，并处死康有为。最后，《孔子改制考》被清政府下令焚毁。

（参考郑大华：《晚清思想史》，湖南师范大学出版社 2005 年版；王处辉主编：《中国社会思想史》，中国人民大学出版社 2009 年版。）

六、逆向课程思政

（一）针对过控、电气工程及其自动化、计算机、机械等专业，结合洋务运动相关内容，使学生认识到近代中国工业化进程的特殊性，激励学生自强报国，增强建设社会主义现代化强国的使命感

1840 年之后，中国面临前所未有的深刻的危机，受此影响，有识之士纷纷开始反思中国与西方的差距。当时很多人认为，中国跟西方的差距在器物层面，比如机器制造、船舰火炮等等，洋务运动正是在这样的时代背景与认知之下发生的，它是基于当时中国人对中西差距的比较与反思，目的是挽救清政府的危亡。这场学习西方的运动，给中国带来的影响是非常深刻的，它是中国工业化进程的起点，不仅带来生产工具的变革，也是大机器生产代替手工业生产的劳动组织的变革，是生产方式和生产关系的变革。总之，随着洋务运动兴起，以近代工业化为主体的早期现代化进程也由此启动。虽然说这一步走得并不坚实，并不平衡，可是立足于当时中国的具体国情，我们也就会理解为什么这一步走得如此艰难，也会明白这一步迈出的重要意义。过控、电气工程及其自动化、计算机、机械等专业都属于工科，因此针对工科专业的学生讲述洋务运动中国近代工业化进程起步的时候更多加入了一些企业发展细节和历史沿革、今昔对比的分析，同时联系到对中国式现代化问题的理

解，希望学生在理解中国近代工业化起步的具体时代背景的前提下也认识到这个过程的艰难，增强学生自强报国、建设社会主义现代化强国的责任感和使命感。

（二）针对汉语言、社会学等人文社科类专业同学，可适当加入"大同"理想、"小康"社会等内容，使学生从文化视角理解中国特色社会主义道路

大同、小康的理想社会作为儒家所推崇和向往的美好的理想社会模式以及人们对殷实、宽裕的理想生活的追求，是中国优秀传统文化的精华。这一思想在后来的历史进程中不断得到发展，近代以来首先是洪秀全在《天朝田亩制度》中描述了一个"有田同耕，有饭同食，有衣同穿，有钱同使，无处不均匀，无人不饱暖"的理想社会模式，接着康有为又在《大同书》中进一步将人类社会的进化归结为据乱、小康、大同三个阶段，并用资产阶级政治模式改造了古代小康社会思想。在此之后，孙中山发出了"振兴中华"的号召，确立了"天下为公""世界大同"的最高理想，提出了三民主义，并从其"民生论"出发，构想了一个带有乌托邦色彩的福利保障社会的蓝图。为了将中国建设成为一个强大的现代国家，孙中山在《建国方略》一书中精辟地分析了民主政治与社会发展、经济发展的辩证统一关系，在中国历史上第一次比较系统地论述了中国现代化发展模式和发展道路。

虽然在不同的历史时期人们对大同小康的具体内容有不同的描述，并且都存在着严重的空想色彩，但在本质上这些思想都体现了人们对"共同富裕"的努力追求，正是因为中国传统的大同小康思想与社会主义思想在许多方面的相似以及这种内在的联系，使得中国在选择现代化道路上具有深厚的历史文化渊源。因此，在针对汉语、社会学等人文社科类专业的教学中，可以以此为切入点，使学生在认识中国近代道路探索历程的基础上，理解社会主义道路的传统文化基础，理解中国特色社会主义道路理论不仅是对马克思主义的继承和发展，更是对中国传统文化的继承和创新，进而坚定社会主义和共产主义的理想信念，在社会主义现代化建设的过程中努力奋斗。

（参考蒋均时：《大同小康的理想社会思想与我国社会主义现代化道路的选择》，《求索》2003 年第 6 期。）

七、案例精选

（一）案例一：天京事变

1856 年 8 月中旬，杨秀清借天父下凡，召洪秀全到东王府，说："尔与东王均为我子，东王有咁（意为这样）大功劳，何止称九千岁？"（杨当时为九千岁）洪秀全答道："东王打江山，亦当是万岁。"杨进而说："东世子岂止是千岁？"洪再次退让："东王既万岁，世子亦便是万岁，且世代皆万岁。"并答应在杨秀清生日（阴历八月二十五日）正式举行封典。一国不能有两个"万岁"，杨秀清既然不仅自己，且其儿子也要称万岁，就等于要洪秀全让位。洪秀全深知事态的严重，密诏当时在江西的韦昌辉、在湖北的石达开和在镇江的秦日纲等速回。9 月 1 日深夜，韦昌辉带了三千精兵赶回天京，在先已回京的秦日纲配合下，迅速控制城内要道，包围东王府。9 月 2 日凌晨，韦昌辉、秦日纲带着随从入东王府，杀死杨秀清。这天是太平天国天历七月二十七日，后来被定作"东升节"（东王升天节）。

杨秀清被杀后杀戮本应停止了，但韦昌辉却乘机扩大事态，进而发动一场血腥的大屠杀。他将东王府内所有的男女老幼统统杀害，接着又残杀留在天京的东王部下各级文武及其家属，历时两个月，前后被杀者达二三万人，其中有许多太平天国的骨干。

9 月中旬，石达开从湖北赶回天京，不满韦昌辉滥杀无辜。韦昌辉又起杀心要杀害石达开，石达开当夜逃出天京。韦昌辉将其留京家室全部杀死，并派秦日纲率兵出城追石达开。石达开跑到安庆，召集四万大军，宣布讨伐韦昌辉，并要洪秀全诛韦昌辉，否则就要班师回京靖难。这时，韦昌辉的暴乱早已引起洪秀全和朝内广大将士的愤慨，而他越发疯狂，公然围攻天王府。洪秀全乃循广大将士之请，下诏诛韦昌辉，交战两天，粉碎韦昌辉的抵抗，11 月 2 日将他逮捕处死，派人将其首级送安徽，交石达开验看。

石达开于 11 月底回到天京。这时，他已是除洪秀全以外首义诸王中唯一的幸存者了。他虽只 26 岁，却极有军事、政治才干，为敌所怕，为己所尊。他回京时"众人欢悦"，推举他提理政务。洪秀全封他为"电师通军主将义王"，命他执掌军政大事。应该说，如果当时石达开与洪秀全和衷共济，那么，太平天国仍然可以重新形成一个团结有力的领导核心。但可惜的是，洪秀全经过惊心动魄的杨秀清逼封、韦昌辉暴乱以后，对外姓重臣深怀戒心，见到石达开回朝受到众人热烈拥戴，顿生疑虑不悦之心，乃封其长兄洪仁发为安王、次兄洪仁达为福王，明为辅助，实为监视石达开。洪仁发、洪仁达又皆贪鄙无能，毫无威信，他们对石达开嫉妒、挟制，以至有阴图戕害之意，引起石达开强烈不满和不安。洪秀全没有妥善处理好与石达开的关系，这是有过错的。但石达开也并未作出认真努力，来消除洪秀全的疑虑，竟不顾大局，贸然决定出走（后兵败大渡河，被清廷处死）。

韦昌辉暴乱和石达开出走，给太平天国带来极大的损害，成为太平天国由盛而衰的分水岭。

（参考陈旭麓主编：《近代中国八十年》，上海人民出版社 2019 年版。）

（二）案例二：天津机器制造局

天津机器制造局是在奕訢授意下，由清室贵族、三口通商大臣崇厚于 1867 年在天津创办起来的。

天津机器制造局的筹建实际上经历了前奏、初创、扩充三个阶段。

早在 1862 年，崇厚在雇用外国军官训练洋枪队时，就曾在洋人支持下，学习外国制作枪炮的技艺，并进行仿造。同年 9 月，试铸炸炮，造成 2 尊，"装子试放，甚为猛利"。10 月份，又"试铸大小炸炮，先后造成十尊"。这可以说是天津机器制造局建立的前奏阶段。

为了防止汉族地方武装力量的过分膨胀，清政府根据奕訢建议，委派崇厚负责主持津局的筹建工作。从 1867 年至 1870 年，是天津机器制造局的初创阶段。在筹办津局的过程中，崇厚主要依靠了一个名为密妥士的英商。此人为崇厚出谋划策，崇厚则对他言听计从，从采买机器，到雇觅工匠，直至筹建安装机器，一切唯密妥士是赖。1867 年在天津海光寺建立了一个机器厂和炼铁厂，称为西局。因机器不够，第二年，又通过江苏巡抚丁日昌，从上海祺记、旗昌两洋行买到了车床、刨床、直锯及卷锅炉铁板机器等 8 种设备。1869 年夏，又在天津城东贾家沽地方设立了火药局，又称东局，局内装有向外国订购的以制造火药和铜帽为主的各项机器。东局、西局相继建成，使天津机器制造局具有了一定的规模。清政府对天津机器局的设想，"最初只打算装置制造火药与铜帽的机器和设备"，以后又"希望叫天津机器局所制造的火药能供给全中国。等到这个机器局上了轨道，便打算叫它开始制造枪炮"。

1870 年后，天津机器制造局进入了扩充的新阶段。津局的扩充是和李鸿章分不开的。原因是这年发生了震惊中外的天津教案，6 月底，清政府派崇厚出使法国，9 月初旬，调任李鸿章为直隶总督，于是天津机器局的局务大权从崇厚转入李鸿章之手。

李鸿章一接手办津局，就不失时机地将它紧抓不放，使津局与原已在他手中的江南、金陵制造局皆权操诸己。为了整顿和扩充津局，李鸿章做了不少工作。一方面他上奏清廷，"西洋军火日新月异，不惜工费，而精利独绝，故能横行于数万里之外"，要清政府也应不惜代价，"认真取法"；另一方面则将天津机器局与江南、金陵两局作比较，说江南、金陵两局制造轮船、枪炮、弹药已经取得成效，而天津机器局仅是"规模粗具，垣屋尚须加修，机器尚须添制，火药亦尚未开造，自应就此基绪，逐渐扩充"，得到清中枢同意。李鸿章在人员和厂房建置两方面着手整顿、扩充，他将其亲信沈保靖从江南制造局调到天津机器局负总责，认为这样做，"视闽局专任税务司法人日意格，津局专任领事官英人密妥士，将成尾大不掉之势，似稍胜之"，提出"如雇用洋匠，进退由我，不令领事税务司各洋官经手，以免把持"。这些当然无可非议。李鸿章为将津局的实际大权转移到他的手中扫清了障碍。不仅如此，李鸿章还任命大批南方人到机器局里来，而把北方的旗人和汉人逐批解雇。当时曾有人评述道："李鸿章的这种政策如果继续下去，再过半年机器局里将要连一个北方工人或学徒都留不住了，而机器局则将完全由忠于李鸿章的南方人所把持。其结果一定是中央政府在军火和军器的制造与修理方面完全得依靠李鸿章了。"以后的历史事实的确证明了清政府对李鸿章的依赖性越来越大。

天津机器局建局数十年，耗去了千余万两巨款，曾是李鸿章视为命根子的淮系军械库。但在 1900 年的八国联军侵略战争中，天津机器局遭遇了毁灭性的破坏。到 1908 年，天津机器局的东、西两局都已经"扫地无存"了。

（参考夏东元：《洋务运动史》，华东师范大学出版社 2010 年版。）

（三）案例三：昙花一现的新政

1898 年 6 月 11 日，光绪皇帝登上天安门，亲临颁发"明定国是"诏书。然而，光绪皇帝的维新是在顶着重重阻碍与压力的情况下进行的，特别是在慈禧太后"等着瞧"的心态和密切注视下进行的。所以，维新伊始，便注定了它的挫折。

6 月 16 日，光绪皇帝在颐和园仁寿殿正式召见康有为。康有为请求光绪皇帝统筹全局，"先开制度局而变法律"，并说他研究了各国变法情形，西方各国经过了 300 年才富强起来，日本维新 30 年就强了，中国好好变法，3 年就可以自立。鉴于阻力重重，康有为进言道："皇上可以就权力能够做到的先做，虽然不能尽变，如果扼要地做几桩大事，也可以救中国。不过现在的大臣大都老朽守旧，不懂世界大势，也难以一下学会新东西。靠他们变法，是没有希望的。望皇上能提拔有思想有才干的小臣，破格录用，办理新政。"

经过这次召见，光绪帝对康有为非常赏识，给了康有为四品军机章京上行走之职，可随时把自己的意见奏递给皇上。

光绪帝任命梁启超以六品衔办理大学堂译书局事务。光绪帝还做了一件引人注目的人事安排，这便是在军机处选拔了所谓军机四卿，以年轻的维新人士谭嗣同、林旭、杨锐、刘光第四人为军机处章京，办理新政事务。

光绪皇帝按照自己的设想，依靠维新派，颁布了一条条新政"上谕"。这些"上谕"主要涉及经济、军事和文教方面的改革。光绪帝在经济方面，命各省设立商务局，命各地方官振兴农业，颁布《振兴工艺给奖章程》，命赶修芦汉铁路、粤汉铁路、宁沪铁路；在军事方面，命各省陆军改练洋操，以新法练军，同时进行裁军，推行保甲制度；在文教方面，创设京师大学堂、专门学堂，各省设中小学堂，废八股为策论，设经济特科，翻译新书；至于在政治方面，相对而言则显得软弱，只提出了裁减机构与官吏，鼓励官民论政，允许臣民有一定的言论自由和一定的出版自由，令各省保荐人才等。从6月到9月，短短3个月，光绪帝颁布的新政法令竟达200多条。

然而，由于后党势力的阻挠，光绪皇帝颁发的一道道谕旨，无法真正贯彻下去。到后来，诸项新政"上谕"竟然无法传达出宫，最后竟至"政令不出午门"。此外，废八股、裁军队、节饷银、令旗人自谋生计等举措，触动了很多人的实际利益，也引来一片反对声。

从6月到9月，是新政陆续颁布的过程，也是新旧两党复杂斗争的过程。以慈禧太后为首的后党与光绪帝的帝党势力发生了几次大的正面冲突。为了打击光绪帝，后党首先从人事安排上剪除了光绪皇帝的羽翼。就在光绪帝"诏定国是"后的第4天，慈禧太后便下令革除了光绪帝的师傅、帝党的中坚翁同龢的一切职务，并将其驱逐出京。不仅如此，慈禧太后又迫令光绪帝下谕，凡二品以上大臣授予新职，均要到颐和园皇太后处谢恩；又任命后党骨干荣禄署直隶总督，控制了军权。变法期间，光绪帝曾12次赴颐和园去见慈禧太后，目的在于不使慈禧太后对变法不高兴而导致新政的夭折。但这一切，并未改变后党顽固势力对新政的仇视抵制。

1898年9月21日，慈禧太后发动政变，再次"临朝听政"，接着，下诏捉拿康有为等归案正法，并将新政所行诸事一一推翻，然后指派20名亲信太监，护送光绪帝往中南海瀛台幽禁。

（参考罗平汉、陆明主编：《近代中国的故事（之三）：洋务运动和戊戌维新的故事（下）》，中共党史出版社2004年版。）

八、学习思考题简答

☆太平天国农民起义失败的原因和教训是什么？

第一，农民阶级不是新的生产力和生产关系的代表，无法克服小生产者所固有的阶级局限性，缺乏科学思想理论的指导，没有先进阶级的领导，因而无法从根本上提出完整的、正确的政治纲领和社会改革方案。第二，太平天国后期无法制止和克服领导集团自身腐败现象的滋生，大大削弱了太平天国的向心力和战斗力。第三，太平天国军事战略上出现了重大失误。第四，太平天国是以宗教形式来发动组织群众的，但是拜上帝教教义不是科学的理论，不能够正确指导农民斗争，反而给农民战争带来了危害。第五，太平天国未能正确对待儒学。第六，太平天国对西方资本主义侵略者还缺乏理性的认识。

太平天国起义及其失败表明，在半殖民地半封建的中国，农民具有伟大的革命潜力，但其自身不能担负起领导反帝反封建斗争取得胜利的重任。单纯的农民战争不可能完成争取民族独立和人民解放的历史任务。

☆洋务运动的历史作用表现在哪些方面？

第一，在客观上对中国的早期工业和民族资本主义的发展起了某些促进作用。洋务派以"自强""求富"为口号，兴办军事工业和民用工业，在促进中国军事近代化的同时，客观上促进了中国民族资本主义的发展。第二，开启了中国教育近代化的进程，给当时的中国带来了新的知识，使人们开阔了眼界。洋务派创办了一批新式学堂，派出了最早的官派留学生，为洋务运动培养了一批新式人才，推动了中国的教育近代化，也为中国社会的近代化转型准备了一定的文化条件。第三，社会风气和价值观念开始变化。中国传统的重农抑商、重义轻利、商为四民之末的观念受到很大的冲击，商业和工商业者的地位开始上升，这都有利于资本主义的发展，有利于社会风气的转变。

☆如何理解戊戌维新的历史进步性？

第一，戊戌维新运动是一次爱国救亡运动。在民族危机进一步加深的时刻，维新派以救亡图存为目标，希望通过变法使中国摆脱资本帝国主义的侵略，走向独立富强的道路。因此维新运动激发了人们的爱国思想和民族意识，推动了中华民族的觉醒。第二，戊戌维新运动是一场资产阶级政治改良运动。维新派试图在政治上建立资产阶级君主立宪制，在经济上发展民族资本主义，这是符合历史发展趋势的。同时，从这场运动的发动主体来看，它已经不再是地主阶级的实权派，而是早期的资产阶级维新派。第三，戊戌维新运动是一场思想启蒙运动。维新派传播西方资产阶级社会政治学说，对封建思想进行猛烈的抨击，促进了人们的觉醒，有利于人们的思想解放。同时，其对近代中国的教育事业产生了积极影响，还影响到了社会风气和习俗的变迁。

第三章　辛亥革命与君主专制制度的终结

第一节　实践教学指导

一、实践教学目的

通过实践教学，使学生更清楚认识到辛亥革命的爆发有着深刻的历史背景，是在多种因素下合力促成的必然结果；同时通过大量的图片、史料和遗物等，让学生更直观、更真切地感受到辛亥革命在中华民族伟大复兴征程中所发挥的巨大历史作用，对中国社会变革所带来的深远影响。另外，亦可使学生更深入思考辛亥革命失败的原因和给后人留下的深刻教训与启示。

二、场馆（所）实践教学

（一）辛亥革命博物院实践教学

1. 辛亥革命博物院简介

辛亥革命博物院（辛亥革命武昌起义纪念馆）是湖北省、武汉市为进一步整合辛亥首义文化资源、打造辛亥首义文化品牌，于 2022 年 3 月在原辛亥革命武昌起义纪念馆、辛亥革命博物馆基础上组建的公益一类事业单位。分南、北两区，占地面积 4.2 万平方米，展厅面积 1.2 万平方米。该院是国家一级博物馆、第一批全国重点文物保护单位、全国百个爱国主义教育示范基地、全国青少年教育基地、全国中小学生研学实践教育基地、中国华侨文化交流基地、海峡两岸交流基地、国家国防教育示范基地、4A 级旅游景区。

该院共有文物藏品 3.5 万件（套），其中珍贵文物 512 件（套），含 20 件（套）一级文物。现有基本陈列和专题展览共 5 个："鄂军都督府旧址复原陈列""为天下先——辛亥革命武昌起义史迹陈列""共和之基——辛亥革命历史陈列""红楼鸟瞰·名人留踪""湖北谘议局史迹陈列"，每年举办临时展览 10 个左右。

（参考 https：//1911museum. org. cn/dan-wei-gai-kuang. html）

2. 辛亥革命博物院实践教学要点

（1）让学生了解辛亥革命爆发的历史条件、具体经过和伟大历史意义。

（2）让学生切身感受辛亥革命志士们为了推翻清王朝，建立资产阶级民主共和国所展现出的精神特质和崇高风范。如敢为天下先的首义精神，忧国忧民的爱国主义精神，为革命理想奋斗牺牲的献身精神，顺应时代潮流、变法图强的创新精神。

（3）增强学生的爱国主义情感，树立正确历史观，反对历史虚无主义错误观点。

3. 辛亥革命博物院实践教学组织方式

（1）"浸润式"小班现场教学

老师带队进行。提前让学生搜集相关材料；带学生现场教学，组织学生现场讨论；要求学生撰写实践报告，或制作微视频、摄影展、手绘展以及文学作品创作等；组织学生进行反思、交流。

（2）学生结组或个人前往

指导学生结组或个人前往辛亥革命博物院进行教学实践。要求学生撰写实践报告，或制作微视频、摄影展、手绘展以及文学作品创作等，组织学生进行反思、交流。

（3）网络或文献调研

要求学生结组或个人通过网络、文献进行辛亥革命的调查、研究，撰写相应的调研报告或心得体会，并组织学生进行反思、交流。

（4）智能教室情境模拟教学

组织学生通过智能教室进行辛亥革命情境模拟教学，要求学生撰写实践报告，并组织学生进行反思和交流。

（二）孙中山故居纪念馆实践教学

1. 孙中山故居纪念馆简介

孙中山故居纪念馆位于广东省中山市翠亨村，是以翠亨村孙中山故居为主体的纪念性博物馆，建立于 1956 年 11 月，其主体陈列有孙中山故居、孙中山生平事迹展览和翠亨民居展览等。孙中山故居是一幢赭红色二层三开间的砖木结构楼房，1892—1895 年，孙中山经常在这里生活、行医和从事革命活动，1912 年他辞去临时大总统后回乡也在此处小住。孙中山生平事迹展览利用文字、图片和实物系统地介绍中山先生的伟大一生，翠亨民居展览以原有旧民房为基础，仿建、复原清末翠亨村的一角，并辅以翠亨民俗展、农具展，展示了孙中山成长的社会环境与当地民俗风情。纪念馆内还辟有播放孙中山先生演讲录音的孙中山演讲厅、孙中山遗嘱亭等景点。

（参考 https：//www.gov.cn/test/2008-11/27/content_ 1161368.htm）

2. 孙中山故居纪念馆教学要点

（1）让学生了解孙中山为何要走上革命之路和成长为一代伟人的艰难历程。

（2）让学生切身感受一代伟人孙中山的精神品质和崇高风范。如热爱祖国、献身祖国的崇高风范，天下为公、心系民众的博大情怀，追求真理、与时俱进的优秀品质，坚韧不拔、百折不挠的奋斗精神。

3. 孙中山故居纪念馆实践教学组织方式

（1）"浸润式"小班现场教学

老师带队进行。提前让学生搜集相关材料；带学生现场教学，组织学生现场讨论；要求学生撰写实践报告，或制作微视频、摄影展、手绘展以及文学作品创作等；组织学生进行反思、交流。

（2）学生结组或个人前往

指导学生结组或个人前往孙中山故居纪念馆进行教学实践。要求学生撰写实践报告，或制作微视频、摄影展、手绘展以及文学作品创作等，组织学生进行反思、交流。

（三）南京中山陵实践教学

1. 南京中山陵简介

中山陵是中国近代伟大的民主革命先行者孙中山先生的陵寝及其附属纪念建筑群，面积8万余平方米。中山陵自1926年春动工，至1929年夏建成，1961年成为首批全国重点文物保护单位，2006年列为首批国家重点风景名胜区和国家AAAAA级旅游景区。

中山陵位于江苏省南京市玄武区紫金山南麓钟山风景区内，前临平川，背拥青嶂，东毗灵谷寺，西邻明孝陵，整个建筑群依山势而建，由南往北沿中轴线逐渐升高，主要建筑有博爱坊、墓道、陵门、石阶、碑亭、祭堂和墓室等，排列在一条中轴线上，体现了中国传统建筑的风格，从空中往下看，像一座平卧在绿绒毯上的"自由钟"，融汇中国古代与西方建筑之精华，庄严简朴，别创新格。

（参考 https：//baike．so．com/doc/4976280-5199195．html）

2. 南京中山陵教学要点

（1）让学生了解孙中山为中国民主革命所作出的重大贡献。

（2）让学生深刻认识到开展纪念孙中山活动的重要性和必要性。

（3）让学生继承和发扬孙中山的革命精神。

3. 南京中山陵实践教学组织方式

（1）"浸润式"小班现场教学

老师带队进行。提前让学生搜集相关材料；带学生现场教学，组织学生现场讨论；要求学生撰写实践报告，或制作微视频、摄影展、手绘展以及文学作品创作等；组织学生进行反思、交流。

（2）学生结组或个人前往

指导学生结组或个人前往南京中山陵进行教学实践。要求学生撰写实践报告，或制作微视频、摄影展、手绘展以及文学作品创作等，组织学生进行反思、交流。

（3）智能教室情境模拟教学

组织学生通过智能教室进行南京中山陵模拟教学，要求学生撰写实践报告，并组织学生进行反思和交流。

三、其他实践教学方式

1. 组织学生观看纪录片，如《纪念辛亥革命 100 周年》（六集）。要求同学们写观后感，并组织学生进行反思、交流。

2. 请研究辛亥革命的专家、学者等专业人士入课讲座。要求学生撰写心得体会，并组织学生进行反思、交流。

四、实践教学报告范例

"辛亥革命博物院"实践报告

辛亥革命是以孙中山为代表的资产阶级革命党人为实现民族独立、人民解放进行的一次伟大而艰辛的探索。社会实践是课堂理论学习的延伸和拓展，对于我们深入掌握该部分内容大有裨益。

1. 实践缘起

作为实践地点的考虑：首先，武汉素称"九省总汇之通衢"，悠久的历史、便利的交通、发达的商业等诸多因素的叠加是我们选择该地的先决条件。其次，辛亥革命博物院丰富多样的馆藏内容、鲜明的展览主题、多元化的展览功能为实践活动提供了资源和场地的保障。最后，党中央对有关辛亥革命纪念活动的高度重视，为我们及时学习贯彻落实党中央的方针政策提供了重要契机。

2. 实践过程

在"中国近现代史纲要"课王老师的要求和指导下，我们小组六人于 2023 年 10 月 5 日，利用国庆假期来到辛亥革命博物院进行实践学习。我们重点参观学习了博物院基本陈列部分中的"共和之基——辛亥革命历史陈列"板块：

第一展厅——晚清中国。介绍了辛亥革命爆发的深刻历史背景。具体而言：19世纪中叶以降，列强加速入侵中国的步伐。列强胁迫清政府签订了一系列不平等条约。列强间的争夺愈演愈烈，偌大的中国被瓜分豆剖。面对日益深重的民族危机和社会危机，觉醒的中国人开始顽强地探索救国复兴之路。洋务运动、戊戌变法、立宪运动显示了体制内变革的尝试；义和团运动、自立军起事则展现出民众救亡的力量。

第二展厅——革命缘起。介绍了以中山为首的革命党人逐渐走上革命道路的艰难历程和为此付出的巨大牺牲。具体而言：觉醒的知识分子在孙中山的旗帜下由爱国走向革命。兴中会、华兴会、科学补习所、光复会等革命团体相继成立，民主革命思想广泛传播。1905年中国同盟会成立后，领导发动了一系列武装反清起义，有力地推动了革命高潮的到来。各阶层人士为争取生存和尊严也与清政府、列强展开斗争。拒俄、抵制美货、收回利权运动，连年风潮不断，一场革命风暴即将来临。

第三展厅——武昌首义。介绍了武昌首义的具体过程和鄂军政府的成立情况。具体而言：1911年10月10日（农历辛亥年八月十九日）夜，湖北革命党人临危发难，通宵夜战，占领武昌，取得在共和旗帜下中国城市起义的第一次胜利。11日，中华民国军政府成立，推举黎元洪为都督，发布文告宣布"共和"，号召各省响应，推翻清王朝。11、12日，汉阳、汉口相继光复，十八星旗在武汉三镇飘扬。

第四展厅——创建共和。描述了中华民国临时政府成立的过程和《中华民国临时约法》的内容及意义。具体而言：武昌首义，全国景从。各地纷起响应武昌起义，成立军政府，宣布脱离清政府而独立。1912年1月1日，孙中山在南京宣誓就任中华民国临时大总统，中华民国南京临时政府宣告成立。

1912 年 2 月 12 日，清帝宣布退位，统治中国 260 余年的清王朝退出历史舞台，在中国延续 2000 余年的君主专制制度终结，民主共和国在中华大地上诞生。

第五展厅——辛亥百年。展示了三方面内容：一是百年来，不同时期官方和民间对辛亥革命的纪念情况。二是以大量图片展示了各地修建的纪念设施，烈士与名人墓地和旧址遗迹，表达对革命先烈的深情怀念和激励后人奋勇前进。三是展示了辛亥百余年来，武汉在经济、生态、科技和人文等领域取得的重大成果。具体而言：百年辛亥，风云激荡。辛亥革命推翻帝制、建立共和的伟业，彪炳千秋，为世人所缅怀。人们以各种方式纪念辛亥革命，保护修缮旧址遗迹，召开纪念会、开展学术研究，这是首义之城武汉的一大特质。

3. 实践感悟

一是深刻认识到了革命的重大意义。正如习近平总书记在纪念辛亥革命 110 周年大会上的讲话中指出："110 年前，以孙中山先生为代表的革命党人发动了震惊世界的辛亥革命，推翻了清朝政府，结束了在中国延续几千年的君主专制制度，近代以来中国发生的深刻社会变革由此拉开了序幕。这是中国人民和中国先进分子为实现民族独立、人民解放进行的一次伟大而艰辛探索。"同时，澄清了对某些问题的看法，有力反驳了一些历史虚无主义的观点。我们深刻认识到了辛亥革命爆发的历史必然性，辛亥革命不仅没有延缓中国的现代化进程，而且大大推进了中国的现代化，是中华民族发展史的里程碑。

二是有助于我们厚植爱国主义情感，增强为实现民族复兴而奋斗的精神动力。这次实践让我们在精神层面有了极大提升。从价值目标角度看，我们对辛亥革命精神有了全新的认识和把握。集中体现在天下为公、忧国忧民的爱国主义精神，百折不挠、舍生忘死的献身精神，顺应时代潮流、具备世界眼光的开放精神，等等。从个人成长成才角度看，让我们对自己有了一个更加清晰的定位。在参观"革命缘起"展览时，图片中呈现的一组组关于革命党人发动的历次武装起义的情形让我们感触颇深，感动于他们为推翻清王朝而勇于赴死的献身精神，钦佩于他们为实现心中的理想而不懈追求的意志品质。辛亥年间的革命烈士们以他们的行动和精神践行了自己的诺言。作为新时代的大学生，我们应当向革命志士们学习，向一代伟人孙中山看齐，将自己的小我融入实现民族复兴的大我中去，以"功成不必在我"的精神境界和"功成必定有我"的责任担当为实现社会主义现代化强国贡献自己的青春力量。

三是有助于我们培养团结合作的意识，增强班级凝聚力。我们都是大一新生，来自全国各地，平时和其他同学进行交流沟通的机会较少，而此次社会实践是以小组的形式来开展，这为我们彼此之间加深了解、沟通情感、增进友谊提供了非常好的契机。在访前的准备工作中，我们进行了有效分工，一起查阅了相关史料，进行了深入探讨，并精心做好了实践攻略。实践中，我们拍照打卡，驻足留念，相互帮助，相互提醒。实践后，我们发挥各自的长处和优势，一起进行总结和归纳，撰写心得体会和课件，并做好在期末课堂讲授结束前的展示工作。

习近平总书记指出："要高度重视思政课的实践性，把思政小课堂同社会大课堂结合起来。"我们这次社会实践既是落实习近平总书记重要讲话精神的生动体现，亦是贯彻马克思主义认识论原则——"理论与实践相结合"的拓展延伸。这次"走出去"的社会实践让我们获得了有益的学习素材，厚植了爱国主义情感，提升了精神境界。同时，也有着"引进来"的重大意义——由此加深了对武汉城市历史和文化的了解，这些经历对于我们坚定学习目标、激发前进的学习动力、提升综合素质具有积极的激励作用。

第二节　课程提质指导

一、习近平新时代中国特色社会主义思想引领本章教学要点

要点 1：孙中山先生是伟大的民族英雄、伟大的爱国主义者、中国民主革命的伟大先驱，一生以革命为己任，立志救国救民，为中华民族作出了彪炳史册的贡献。

时代造就伟大人物，伟大人物又影响时代。150 年前，孙中山先生出生之时，中国正遭受帝国主义列强的野蛮侵略和封建专制制度的腐朽统治，战乱频发，民生凋敝，中华民族陷入内忧外患的灾难深渊，中国人民处于水深火热的悲惨境地。在那个风雨如晦的年代，中华民族从未屈服，无数仁人志士前仆后继，探求救国救民的道路，进行可歌可泣的抗争。孙中山先生就是他们中的杰出代表。

——习近平：《在纪念孙中山先生诞辰 150 周年大会上的讲话》（2016 年 11 月 11 日）

要点 2：中国共产党人是孙中山先生革命事业最坚定的支持者、最忠诚的合作者、最忠实的继承者。在他生前，中国共产党人坚定支持孙中山先生的事业。在他身后，中国共产党人忠实继承孙中山先生的遗志，团结带领全国各族人民英勇奋斗、继续前进，付出巨大牺牲，完成了孙中山先生的未竟事业，取得新民主主义革命胜利，建立了人民当家作主的中华人民共和国，实现了民族独立、人民解放。

——习近平：《在纪念孙中山先生诞辰 150 周年大会上的讲话》（2016 年 11 月 11 日）

要点 3：由于历史进程和社会条件的制约，辛亥革命虽然没有改变旧中国半殖民地半封建的社会性质，没有改变中国人民的悲惨命运，没有完成实现民族独立、人民解放的历史任务，但开创了完全意义上的近代民族民主革命，打开了中国进步闸门，传播了民主共和理念，极大推动了中华民族思想解放，以巨大的震撼力和影响力推动了中国社会

变革。

——习近平：《在纪念孙中山先生诞辰 150 周年大会上的讲话》（2016 年 11 月 11 日）

要点 4：1840 年鸦片战争以后，中国逐步成为半殖民地半封建社会，国家蒙辱、人民蒙难、文明蒙尘，中华民族遭受了前所未有的劫难。从那时起，实现中华民族伟大复兴，就成为中国人民和中华民族最伟大的梦想。

为了拯救民族危亡，中国人民奋起反抗，仁人志士奔走呐喊，太平天国运动、戊戌变法、义和团运动、辛亥革命接连而起，各种救国方案轮番出台，但都以失败而告终。中国迫切需要新的思想引领救亡运动，迫切需要新的组织凝聚革命力量。

——习近平：《在庆祝中国共产党成立 100 周年大会上的讲话》（2021 年 7 月 1 日）

要点 5：孙中山先生和辛亥革命先驱为中华民族建立的历史功绩彪炳千秋！在辛亥革命中英勇奋斗和壮烈牺牲的志士们名垂青史！辛亥革命永远是中华民族伟大复兴征程上一座巍然屹立的里程碑！

抚今追昔，孙中山先生振兴中华的深切夙愿，辛亥革命先驱对中华民族发展的美好憧憬，近代以来中国人民梦寐以求并为之奋斗的伟大梦想已经或正在成为现实，中华民族迎来了从站起来、富起来到强起来的伟大飞跃，中华民族伟大复兴进入了不可逆转的历史进程！

——习近平：《在纪念辛亥革命 110 周年大会上的讲话》（2021 年 10 月 9 日）

二、教学目标

（一）知识目标

1. 了解辛亥革命爆发的历史条件、基本过程，正确认识进行资产阶级民主革命的历史必要性。

2. 了解三民主义的具体内容和资产阶级共和国建国方案，认识辛亥革命巨大的历史功绩及其对中国社会变革所产生的深远影响。

3. 掌握辛亥革命失败的原因和教训，正确认识资产阶级领导的旧民主主义让位于资产阶级领导的新民主主义革命是历史发展的必然趋势。

（二）能力目标

1. 引导学生深刻认识辛亥革命爆发的历史必然性，旗帜鲜明反对"告别革命论"的错误思潮，以培养学生的批判性思维。

2. 启发学生深刻掌握辛亥革命的巨大历史功绩及其对中华民族历史进程的巨大推动作用，以使学生树牢唯物史观。

3. 帮助学生深入分析辛亥革命失败的原因和教训，以提高学生运用辩证唯物主义思维分析问题和解决问题的能力。

（三）价值观目标

1. 通过讲授辛亥年间革命志士的英勇事迹，增强学生的爱国主义意识和历史使命感。

2. 通过讲解辛亥革命对推动中国社会变革的巨大作用，激发学生为实现中华民族伟大复兴而积极奋斗的历史责任感和自豪感。

3. 通过讲析辛亥革命失败的原因和教训，使学生深刻认识到一个基本结论：资产阶级共和国方案在中国行不通，完成近代中国两大历史任务有待无产阶级来完成。

三、教学重点与难点

1. 辛亥革命爆发的历史必然性。

2. 辛亥革命对中国社会发展产生的深远影响及其在中华民族伟大复兴征程中的历史作用。

3. 辛亥革命失败原因分析及其对后来者的历史启示和深刻教训。

四、关键问题引领与简答

（一）为什么说辛亥革命的爆发具有历史的必然性

辛亥革命的爆发是多重因素合力作用下形成的必然结果。这主要体现在以下几个方面：

第一，民族危机不断加剧是辛亥革命爆发的根本原因。1901 年，清政府与 11 国列强签订了空前屈辱的《辛丑条约》，成为中国近代史上赔款数额最大、主权丧失最严重的条款。中国的经济和军事命脉完全被帝国主义列强所把控，清政府彻底沦为"洋人的朝廷"。

第二，清末新政的破产是辛亥革命爆发的直接原因。晚清最后十年的改革是清政府为了应对风雨飘摇的统治而被迫采取的举措，因改革的最终目的不是解决民族危机和人民利益，而是为了爱新觉罗家族权贵自身的利益，最终的改革以"皇族内阁"的名义收场，让民众看清了清廷"假立宪，真集权"的实际目的，也让立宪派大失所望，坚定了革命派推翻清政府腐朽统治的决心。

第三，民众反抗风起云涌是辛亥革命爆发的基本原因。在清末的最后十年间，下层群众的反抗活动日盛，抗捐抗税、饥民暴动、秘密会社起事、罢工罢市、反洋教斗争等多种形式的民变层出不穷。据统计，从 1902 年至 1911 年，各地此起彼伏的民变多达 1300 余起，平均每两天半发生一次。辛亥革命前夕，民众对清政府的不满和愤怒已到了无以复加的地步。

第四，革命派的反清革命运动是辛亥革命爆发的主要原因。1894 年，孙中山提出了"振兴中华"的口号，并创建了近代中国第一个民主革命团体兴中会，开始了近代中国真正意义上的民族民主革命活动。此后，民主革命思想得到广泛传播，革命团体在全国如雨后春笋般创建，革命起义活动接踵而至。1905 年，中国同盟会成立，标志着中国资产阶级民主革命进入新阶段。在革命派长期不懈的努力下，武昌首义成功，终于敲响了清王朝灭亡的丧钟。

（二）孙中山何以成为辛亥革命的领导者和民主革命的先行者

19 世纪末 20 世纪初，中国外有西方列强步步紧逼，内有腐朽的清政府压榨、奴役，中华民族处于危机之中。此时，孙中山勇敢地站了出来，积极探索民主革命的新道路，作出了杰出的贡献。

第一，积极投身革命事业，立志推翻清朝的封建统治。童年时，清廷的腐败、人民群众英勇反抗的壮举，在他幼小的心灵里留下了深深的印记。后来，孙中山远赴夏威夷读书，具备了世界眼光，通过对比中西两种制度和文明，更加深刻感受到清廷的腐朽和愚昧。之后，孙中山又赴香港学习医学，其间，进一步丰富了自己的时政观。1894 年，孙中山北上天津，上书李鸿章失败，使其意识到清政府已经无可救药。

第二，建立了中国第一个资产阶级革命政党——同盟会，并制定了比较完整的革命纲领——"三民主义"。1894 年，孙中山在檀香山成立中国最早的民主革命团体兴中会，提出了推翻封建统治、建立民主共和国的革命纲领。1905 年，在日本东京创建中国同盟会，提出"驱除鞑虏，恢复中华，创立民国，平均地权"的主张。后将其概括为"三民主义"即"民族主义、民权主义和民生主义"。同盟会成立后，领导革命党人先后发动几十次武装起义，给清朝统治者以沉重打击。

第三，建立了亚洲第一个民主共和国——中华民国，当选临时大总统，并颁布一系列推动资本主义发展的政策和措施。1911 年 10 月 10 日，武昌起义取得成功，成立湖北军政府。同年底，孙中山回国，被各省代表会议推选为临时大总统。1912 年 1 月 1 日，孙中山在南京就职，建立了南京临时政府。之后，在孙中山领导下，南京临时政府制定了一系列代表资产阶级利益的政策和措施，促进了中国经济的发展和民生的改善。

第四，毕生投身革命事业，并在晚年实现历史性转变。1913 年，孙中山发动"二次革命"。后组建中华革命党。1915 年，孙中山两次发表宣言，号召全国人民与复辟帝制的袁世凯这个"独夫民贼"开展斗争。1917 年，孙中山南下广州，建立军政府，发动护法运动。其后，孙中山撰写《建国方略》，提出了改造和建设中国的宏伟蓝图。1917 年，俄国十月革命胜利，在苏联的帮助下，国共两党实现了合作。1924 年 1 月，孙中山主持召开国民党"一大"，确立"联俄、联共、扶助农工"三大政策，标志着其革命思想和革命事业进入到新阶段。

总之，孙中山为中国民主革命事业耗尽了毕生心血，建立了不可磨灭的历史功勋，极大地推动了中国社会的发展，为中华民族伟大复兴作出了重大贡献。

（参考徐奉臻等著：《中国近现代史纲要——重点难点理论与实践问题析微》，中国社会科学出版社2010年版。）

（三）为什么说孙中山领导的辛亥革命是中华民族伟大复兴征程上一座巍然屹立的里程碑

第一，从政治上看，推翻了封建势力的政治代表、帝国主义在中国的总代理清政府，沉重打击了中外反动势力。从此以后，帝国主义和封建势力再也不能在中国建立起比较稳定的统治，从而为中国人民革命斗争的发展开辟了道路。

第二，从制度上看，结束了自秦以来实行了2000多年的封建君主专制制度，建立起中国历史上第一个资产阶级共和政府。

第三，从思想上看，推动了中国人民的思想解放，民主观念深入人心。从此以后，"敢有帝制自为者，天下共击之"。正因如此，当袁世凯、张勋先后复辟帝制时，均受到了社会舆论的强烈谴责和人民群众的坚决反抗。

第四，从经济上看，革命后成立的中华民国临时政府颁布了一系列有利于资本主义发展的政策和法令，为资产阶级所期盼的产业革命的发展创造了有利条件。南京临时政府成立后，以振兴实业为目标，设立实业部，先后颁布了一系列有利于工商业发展的政策和措施，以推动民族资本主义经济的发展，使随后的几年成了资本主义发展的"黄金时代"。

第五，从社会方面看，采取改元、易服色、正风俗等措施，"变易民心"，引导民众告别旧时代、开创新生活。辛亥革命推动了中国的社会变革，促使中国的社会经济、思想习惯和社会风俗等方面发生了新的积极变化。革命政府还提倡社会新风，扫除旧时代的"风俗之害"。这些变化不仅改变了社会风气，也有助于人们的精神解放。

（参考李捷等：《〈中国近现代史纲要〉辅导用书》，高等教育出版社2020年版，第96页。）

（四）"非袁莫属"局面是如何形成的

第一，袁世凯的军事实力与政治手腕。袁世凯实际控制着清末"中国陆军的核心"——北洋军。同时他还善于玩弄两面手法，一面借革命党势力挟制清廷就范，一面又挟清廷势力与革命党交易，从而操纵南北和谈，牺牲清廷与革命党双方面的利益，自己坐收渔翁之利。

第二，民族资产阶级的推崇。袁世凯在清末新政中所塑造的革新形象得到了民族资产阶级的认可与信任。民族资产阶级希望"强人"袁世凯能够结束混乱局面，为民族资本主义的发展开辟道路。

第三，立宪派与旧官僚的拥戴。武昌起义后，袁世凯一时成为各政治势力公认的能够收拾局面的合适人选，而立宪派与旧官僚拥戴尤力。正如张謇日后所谓："辛亥之役，海内骚然；中外人士，咸以非洹上（袁世凯）不能统一全国。故南中各省拥护不遗余力。"

第四，外国势力的支持与帮助。武昌起义后，列强蓄意制造"非袁不可收拾"的舆论，给清廷施加压力，迫使清廷尽快起用袁世凯，使他得以东山再起。且以"中立"为幌子，在财政上对南京临时政府进行封锁，但对袁世凯给予极大的财力支持。

第五，孙中山、黄兴等革命党人的妥协与退让。孙中山、黄兴等革命党人对于袁世凯的认识与态度有一个逐渐转变的过程。当袁世凯背弃共和而专制自为的面目尚未暴露之前，他们尚且期望袁世凯起而反清，以期尽快完成全国统一，达到"以和平收革命之功"的目的。孙中山日后反思，认为"我的辞职是一个巨大的政治错误"，"为革命第一次失败之根源"。

（参考张海鹏、李细珠著：《中国近代通史》第五卷，江苏人民出版社 2006 年版。）

五、文化自信教育

（一）如何正确认识孙中山民生主义思想的来源和体现

《礼记·礼运》篇载："大道之行也，天下为公。"这是孔子在阐述自己政治理想时提出的，为人们刻画和描绘了最理想而崇高的政治目标，最远大而美好的社会愿景。孙中山自幼熟读儒家经典，深受中华优秀传统文化影响，孙中山曾言："余之谋中国革命，其所持主义，有因袭吾国固有之思想者，有规扶欧洲学说事迹者，有吾所独见而创获者。"传统文化中的平等、均富、民本思想成为其民生思想的重要来源。

孙中山在《建国方略》概括人类进化的目的时引用了孔子的"大道之行也，天下为公"的言论。孙中山提出"天下为公"的理念，并终身坚守和践行，体现了他对儒家"大同社会"的认同与继承，同时也反映了他具有"博爱平等，为普通大众谋幸福"的强烈愿望。他还研究了古代历史上其他经济思想，如井田制、王莽的王田改革、洪秀全的《天朝田亩制度》等，这些都对孙中山民主思想的产生发挥了重要影响。在此基础上，形成了孙中山民生主义思想，主要体现在：

第一，孙中山认为民生是一个主要"社会问题"——民生即人民的生活，涉及社会的生存、国民的生计、群众的生命。这种认识包含了社会经济生活的生产，也包含了人们对"生活""生命"的要求。孙中山以此出发，期望把中国变成一个"国富民强"、庄严灿烂的国家。

第二，孙中山致力于发展经济解决民生问题，提出"经济革命——社会革命"的课题。孙中山认为必须以经济的发展来解决人民群众穿衣、吃饭等现实问题，力求从经济上解决民生问题，提出"要全国四万万人都可以得衣食的需要，要四万万人都丰衣足食"。

第三，孙中山认为实现民生要消除贫富不均。孙中山在考察民生问题时，着眼于解决经济发展的贫富悬殊问题，提出了两项具体办法：一是平均地权，后来发展为"耕者有其田"；二是节制资本，发展资本主义物质文明。他后来着手制订一个宏大的发展计划，希望把中国建设成为富强的现代化的工业国家。

第四，孙中山认为解决民生要实行强国富民。要发展中国的经济，必须有独立自主的政治，必须废除不平等条约。在孙中山看来，解决民生问题必先从政治上来着手，打破一切不平等的条约，他反复告诫人们"惟发展之权，操之在我则存，操之在人则亡"。

三民主义学说初步描绘出中国还不曾有过的资产阶级共和国方案，

是一个比较完整而明确的资产阶级民主革命纲领。为了更好地让学生掌握三民主义学说的来源和建构过程，教师需要深入挖掘每部分内容所蕴含的深刻道理。正确认识孙中山民生主义思想的来源对于帮助大学生深刻理解三民主义学说具有重要的辅助作用。

（参考《孙中山民生思想及其现实意义》，团结报党派 e 家，2016年 10 月 11 日。）

（二）如何科学把握孙中山的对外开放思想

孙中山在致力于通过革命来改良中国政治的同时，十分关注中国的经济建设问题。为了有效克服近代中国经济发展中存在的资金不足、人才缺乏、技术落后这三大障碍，他主张借鉴美、日等国对外开放成功经验，"一变向来闭关自守主义"，"使整个国家毫无保留地对外开放"。孙中山对外开放思想主要包括以下几个方面：

一是洞察近代中国对外开放的必然性。他认为近代世界各国彼此开放、取长补短、互通有无是一种潮流。处于近世开放大潮中的中华民族只有"迎此潮流，行门户开放政策，以振兴工商"，才能逐渐缩短与世界先进国家的差距，最终达到"驾乎欧美之上"的目标。

二是以开放保主权，强调开放是维护近代中国主权的前提和手段，而不是丧权辱国的根源。他指出，晚清政府之所以丧权辱国，一个重要原因就在于缺少主动开放的精神。他主张中国人在开放问题上"放胆而自行公理，不必更有一毫畏惧心"。以积极自主的开放维护主权和在开放中积极维护主权，这就是孙中山在开放与主权关系上的积极态度。在提倡对外开放、学习西方的同时，他十分强调要结合中国的国情，反对将西方文明"全盘照搬过来"。他说，"我们有我们的社会"，中国只有"照自己的社会情形，迎合世界潮流去做，社会才可以改良，国家才可以进步"，否则"国家便要退化，民族便要危险"。开放是一种选择，对外开放、学习西方是"要学中国没有的东西"。对于欧美，中国只可以借鉴，但"不能完全效仿"。在对外开放中的"事事都是仿效外国"的崇洋媚外主义和"极端信仰中国要比外国好"的盲目排外思想都是错误的，都是与开放主义的真精神背道而驰的。

三是积极利用外资。他指出："凡是我们中国应兴之事业，我们无资本，即借外国资本；我们无人才，即用外国人才；我们方法不好，即用外国方法。"内容涵盖了外资的三种形式。在尽力发掘国内资金的同时，孙中山十分重视外资的利用，并把那种等中国有了足够的内资之后才去发展实业的论调斥为"迂缓"。为了全面推动中国工业化建设，他主张大规模吸引外国资金。利用外国资金最能体现他对外开放的精神和胆识。人才引进是孙中山开放主义战略的一个重要组成部分，在主张人才引进过程中，他提出了两点具有战略性眼光的建议：重视管理人才和以引进推动培养。另外，孙中山十分重视大机器生产在现代经济发展中的作用，他把资本与一定时代的技术设备相联系。认为中国只要能仿效欧美采用先进的生产技术，完全可以赶上欧美，步入现代化国家行列。主张引进资金、人才和先进技术设备，以加快中国工业化建设，构成了孙中山利用外国资金为核心的开放思想的基本内容。

孙中山的对外开放思想主题鲜明，视野开阔，博大深邃，立意高远，对于当下我们全面深化改革、完善大开放的格局和以中国式现代化推进中华民族伟大复兴具有重要的历史启示和借鉴意义。习近平总书记曾高度评价孙中山和辛亥革命的历史功绩："孙中山先生和辛亥革命先驱为中华民族建立的历史功绩彪炳千秋！"孙中山的对外开放思想无疑为大学生深刻理解习近平重要讲话的精髓和实质提供了丰富的案例。

（参考杨宏雨：《论孙中山的对外开放思想》，《社会科学辑刊》1997 年第 5 期。）

（三）如何深刻理解辛亥革命精神的当代价值

习近平总书记在纪念辛亥革命 110 周年大会上的讲话中指出："缅怀孙中山先生等革命先驱的历史功勋，就是要学习和弘扬他们为振兴中华而矢志不渝的崇高精神，激励和团结海内外全体中华儿女为实现中华民族伟大复兴而共同奋斗。"回顾 110 多年前的辛亥革命，以孙中山为首的辛亥志士们用血与火铸就的辛亥革命精神至今流淌在我们民族的血液里，闪烁着熠熠光辉。辛亥革命精神主要表现为天下为公、忧国忧民的爱国主义精神，为革命理想敢于奋斗、敢于牺牲的献身精神，顺应时代潮流、变法图强的创新精神，融合中西、放眼世界的开放精神，平均地权、节制资本的民生理想。

辛亥革命精神历久弥新，具有超越时空的重要价值，主要体现在以下几个方面：

第一，辛亥革命精神是中华民族精神的重要组成部分。它的形成与中华民族精神的传承培育密不可分，是中华民族精神在辛亥革命时期的爱国志士身上的忠实体现和典型体现。

第二，辛亥革命精神是增强中国文化自信的力量源泉。它是一笔宝贵的精神财富和丰富的政治资源，其中反抗旧制度、建立新制度的红色底蕴为孕育红色文化、坚定文化自信提供了沃土，为中国共产党带领人民创造美好的幸福生活奠定了坚实基础。辛亥志士们留下的创新、进取、爱国、为民的优良传统是激励我们永远前进的宝贵精神遗产。

第三，辛亥革命精神是近代中国红色道德记忆的重要代表。近代中国红色道德记忆是鸦片战争以来爱国志士在革命道路中展现的道德准则、道德思想、道德实践、道德人物等在人们头脑中留下的印象。近代中国红色道德记忆蕴含着鲜明的革命性，区别于旧中国道德记忆，具有鲜明的革命意识，凝结着无数中华儿女救亡图存的爱国情怀。辛亥革命时期，革命志士为实现革命理想进行了艰苦卓绝的斗争，以忧国忧民的爱国主义精神、敢于流血牺牲的献身精神与清政府顽强抵抗，在这一过程中形成的辛亥革命精神为近代中国红色道德记忆涂抹了鲜明的革命底色。近代红色道德记忆不是抽象的而是具体的，是一代又一代革命志士道德楷模的记忆、道德事迹的记忆，是无数鲜活的革命英雄的形象。辛亥革命志士如林觉民、方声洞、秋瑾等，是近代中国红色道德记忆的重要形象。辛亥革命精神不仅成为近代中国红色道德记忆的重要内容，也是近代中国红色道德记忆的重要代表和典型象征。

习近平总书记在纪念孙中山先生诞辰 150 周年大会上开宗明义地指出：“辛亥革命开创了完全意义上的近代民族民主革命，打开了中国进步闸门，传播了民主共和理念，极大推动了中华民族思想解放，以巨大的震撼力和影响力推动了中国社会变革。”深入理解辛亥革命精神的时代价值为大学生把握上述结论的精神要义提供了重要的学理支撑。

（参考郭国祥、杨媛：《辛亥革命精神的内在意蕴及其当代价值》，《湖北省社会主义学院学报》2022 年第 5 期。）

六、逆向课程思政

（一）"资产阶级共和国方案未能在中国实现"内容对汉语言文学专业大学生的学习启示与促进

辛亥革命时期，以孙中山为代表的民主革命派较系统地提出了资产阶级共和国方案，并一度建立了资产阶级共和国。但这个共和国只是昙花一现，资产阶级共和国方案很快成为历史的陈迹。导致该方案未能在中国实现的原因是多方面的，但其中一点就是资产阶级革命党人未能深刻认识到共和国方案在很大程度上是舶来品，而非像西方那样土生土长，使得该方案在中国要落地生根、开花和结果面临诸方面的挑战与困难。他们只是匆忙、草率地从西方思想武器库中搬来现成东西，未能考虑到中国的国情，如历史传统、文化结构、社会心态、风俗习惯等诸多因素，亦未能辩证地看待中国传统文化中的优秀成分，认为"中国百事不如人"。作为汉语言文学专业的大学生，在学习此内容时，既要看到西方文明的长处与优势，同时又要看到中华文明中的优秀成分，充分体会中华文明源远流长、博大精深、影响深远的三大特征，在对传统优秀文化创造性转化和创新性发展中坚定理论自信、制度自信、道路自信和文化自信，以实际行动投身于实现中华民族伟大复兴的征程中，展现无悔青春。

（二）"孙中山成长为一代伟人"内容对外语专业大学生成长成才的促进和激励作用

孙中山先生是伟大的民族英雄、伟大的爱国主义者、中国民主革命的伟大先驱，一生以革命为己任，立志救国救民，为中华民族作出了彪炳史册的贡献。孙中山之所以成长为一代伟人，是由多方因素造就和促成的，其中有一个因素就与他早年在海外求学经历紧密相关。孙中山早年系统接受了中国传统优秀文化的熏陶和濡染，已有深厚的儒家文化底蕴与修养。之后，又在其哥哥孙眉的帮助下到美国夏威夷求学，掌握了多种外语。孙中山凭借此优势，了解到西方文明的长处，体会到了清王朝的腐朽、落后与愚昧。此等经历使其逐渐具有了世界眼光、敏锐的政治意识和远大的理想抱负。孙中山海外求学的经历对于外语专业的大学生具有深刻的历史启迪。他们可以充分利用自己语言方面的优势，在条件允许的情况下到海外求学，传播和弘扬中华优秀传统文化，学习外国的技术和管理经验，既能增长见识，拓宽视野，又能历练自己，提升本领。学有所成后，回归祖国，将自己所学知识和技能运用于实际工作中，为建设富强、民主、文明、和谐、美丽的社会主义现代化国家作出自己应有的贡献。

七、案例精选

（一）案例一：革命派领导层政见分歧

革命党内部分歧从它诞生那一天起就存在，武昌起义爆发后则更加激烈。章太炎公开倡言"革命军起，革命党消"，要求取消同盟会。宋教仁虽然没有脱离同盟会，但也曾打算"选择同盟会中稳健分子，集为政党，变名更署，与同盟会分离"。他所欣赏的是葡萄牙式的革命，即革命之时宜速而短，革命之地宜于中央，革命之力宜借用政府军队。当临时政府成立后，孙、宋之间的裂痕更深了，宋教仁一度劝孙中山迁就袁世凯。参加武昌起义的同盟会会员孙武，则因在临时政府中得不到要职，与刘成禺等一批不得志的革命党人组织民社，推黎元洪为首领。可以说临时政府内只有黄兴还在维护孙中山的权威，就连孙中山指派的与北方谈判议和的代表伍廷芳也对孙中山颇有微词。革命党内部之涣散，由此可见一斑。

此外，一些革命党人在思想上、生活上蜕化变质，也影响了革命党的政治形象。孙中山曾说，"以为达到了做官的目的，革命事业便算了结。"因而，在新成立的南京临时政府中，"不仅原来的官僚政客，毫无生气；并且有些革命党人也在他们的影响下，开始蜕化，逐渐地失去革命意志，而一味追求个人的官职和利禄去了。"尽管孙中山在政府机构中极力培养廉洁和简朴的革命新风，如各地军政府在建立初期多实行低薪制。但许多资产阶级革命党人自认为革命已经成功，在思想上、生活上无力抗拒封建官僚习气的侵蚀，迅速蜕化成为新的官僚政客。如上海都督陈其美，就"恣情滥狎"，人称为"杨梅都督"，"进出必坐极华贵之汽车"，"成群结党，花天酒地，置军务于高阁"。

（参考李捷等：《〈中国近现代史纲要〉辅导用书》，高等教育出版社 2020 年版。）

（二）案例二：邹容《革命军》赏析

"扫除数千年种种之专制政体，脱去数千年种种之奴隶性质，诛绝五百万有奇披毛戴角之满洲种，洗尽二百六十年残惨虐酷之大耻辱，使大陆成干净土，黄帝子孙皆华盛顿，则有起死回生，还魂返魄，出十八层地狱，升三十三天堂，郁郁勃勃，莽莽苍苍，至尊至高，独一无二，伟大绝伦之一目的，曰'革命'。"

"革命者，天演之公例也；革命者，世界之公理也；革命者，争存争亡过渡时代之要义也；革命者，顺乎天而应乎人者也；革命者，去腐败而存良善者也；革命者，由野蛮而进文明者也；革命者，除奴隶而为主人者也。是故一人一思想也，十人十思想也，百千万人百千万思想也，亿兆京垓人亿兆京垓思想也。人人虽各有思想也，即人人无不同此思想也。居处也，饮食也，衣服也，器具也，若善也，若不善也，若美也，若不美也，皆莫不深潜默运，盘旋于胸中，角触于脑中，而辨别其孰善也，孰不善也，孰美也，孰不美也，善而存之，不善而去之，美而存之，不美而去之，而此去存之一微识，即革命之旨所出也……"

邹容以西方的"天赋人权""自由""平等""博爱"为思想武器，猛烈抨击了清王朝的黑暗和腐败，揭露了清政府对中国人民的压迫。《革命军》的中心思想是倡言资产阶级民主革命，指出进行民主革命是拯救中国的唯一道路。邹容明确宣布，革命之大义在于：永远摆脱"满洲之羁绊"，即推翻晚清专制王朝，建立中华共和国，还提出了 25 条建立资产阶级共和国纲领，从而为全国人民指明了革命前途。该书一经出版，立即风行一时，被誉为"中国近代的《人权宣言》"。孙中山称赞该书为"排满最激烈之言论",是一部"能大动人心,他日必收好果"的作品。该书的出版,为腐朽的清王朝敲响了丧钟,是辛亥革命史上一篇重要的战斗檄文。

（参考黄进华等主编:《中国近现代史纲要名篇名著导读》,中国社会科学出版社 2009 年版。）

（三）案例三:造成南京临时政府财政枯竭的诸多因素

一是列强控制海关税收。清政府的海关税收主要用来担保偿还外债和赔款,税款虽然由外籍税务司征收,但其保管和支付则完全由清政府委派的海关道或海关监督负责。武昌起义后,列强便加紧进行攫取中国海关税收控制权的活动,并逐渐控制了全部海关税收的管理权,以致偿付外债及赔款以外的大量"关余"被冻结。

二是独立各省无力供奉。南京临时政府虽然名义上控制十几个独立省区,但并没有实现真正的政治统一,所谓财政统一,其实也只是一句空话,独立各省对于中央政府没有丝毫的财政支持。财政部报告称:"本部收入的款,向以全国赋税为大宗。自光复以来,各州县经征款项,应划归中央政府者,虽早经本部通电催解,而各该省未照解前来,以致收入亦无从概算……惟有吁恳大总统,令行各省都督,念国计关系之重,将应解部款,从速催缴。"但各省自身财政支绌,"方忧自给不足,遑论供给政府"。

三是各种征募所得无几。两淮盐场为南京临时政府所控制,本可提供大宗盐税收入,但因战争影响,淮盐收入锐减,又因当时兼任两淮盐政总理的张謇加以阻挠,认为:"无论军饷若何紧急,不可于盐价商本内有丝毫挪移,所收盐税已经抵洋债者……千万不可擅行挪用,以免引起外交困难问题。"南京临时政府所采取的没收伪官财产和海外筹饷募款等应急措施,也是所得无多。海外华侨捐款助饷虽然踊跃,但数目极为有限。国内社团、商民捐款也是高涨,但数额不大。

四是发行内债收效甚微。南京临时政府计划发行军需公债 1 亿元,但实际发行额仅为 7371150 元;且债票多由各省都督预先领去,或以贱价出卖,或以抵发军饷,临时政府直接募得之款,主要来自南洋华侨,不过 500 万元。

五是筹借外债多无着落。孙中山与南京临时政府都很重视借外债，但由于列强不承认南京临时政府，根本不相信其有偿还债务的能力，致使临时政府几乎陷入告贷无门的境地。

（参考张海鹏、李细珠著：《中国近代通史》第五卷，江苏人民出版社 2006 年版。）

八、学习思考题简答

☆辛亥革命失败的原因和教训是什么？

从客观方面来讲，是因为在帝国主义时代，在半殖民地半封建的中国，资本主义的建国方案行不通。帝国主义绝不容许中国建立一个独立富强的资产阶级共和国。帝国主义与袁世凯为代表的大地主大买办势力以及旧官僚、立宪派一起勾结起来，从外部和内部绞杀了这场革命。

从主观方面来讲，在于它的领导者资产阶级革命派本身存在着许多弱点和错误。主要是：

第一，没有提出彻底的反帝反封建的革命纲领。他们没有明确提出反帝的口号，甚至幻想以妥协退让来换取帝国主义对中国革命的承认和支持。他们只强调反满和建立共和政体，并没有认识到必须反对整个封建统治阶级，致使一些汉族旧官僚、旧军官也混入革命阵营。受当时政治局势的左右和妥协思想的支配，革命党人最后甚至还把政权拱手让给了袁世凯。

第二，不能充分发动和依靠人民群众。由于中国民族资产阶级同封建势力有千丝万缕的联系，因而不敢依靠反封建的主力军农民群众。在革命过程中，资产阶级革命派虽然也曾联合新军和会党，从而在一定程度上动员了群众力量，但在清政府被推翻后，他们并没有进一步去领导农民进行反封建的斗争。

第三，不能建立坚强的革命政党，作为团结一切革命力量的强有力的核心。同盟会内部的组织比较松懈，派系纷杂，缺乏一个统一和稳定的领导核心。甚至有人主张"革命军起，革命党消"。有的还另建党派，自立山头。孙中山指出，辛亥革命之所以失败，"非袁氏兵力之强，实同党人心之涣"。

辛亥革命的失败表明，资产阶级共和国方案没有能够救中国，先进的中国人民需要进行新的探索，为中国谋求新的出路。

☆革命派在与改良派论战中是如何论述革命的必要性、正义性、进步性的？

第一，针对改良派有关革命会招致外国干涉瓜分从而"亡国灭种"、要爱国就不能革命的论点，革命派提出清廷是洋人的"鹰犬"，要爱国就必须革命，只有革命才能"免瓜分之祸"。

第二，针对改良派有关革命要"杀人流血""破坏一切"，故不可革命的说法，革命派指出，革命固然会有流血牺牲和破坏，但不革命"亦无和平，腐败而已，苦痛而已"，革命反而可以"救世救人"，革命不光有破坏，还与建设相辅而行。

第三，针对改良派有关中国"国民智力低下"、实行民主共和必导致亡国的论点，革命派论证中国的问题不是国民素质"恶劣"，而是"政府恶劣"，只有"兴民权改民主"，才是救中国的唯一出路，中国国民完全有能力建设民主共和。

第四，针对改良派有关中国不存在社会革命的可能、社会革命只能导致天下大乱的观点，革命派强调，必须通过革命，平均地权以实现土地国有，才能避免贫富分化等社会问题出现。

☆辛亥首义为何在武汉成功爆发？

第一，武汉三镇地处形胜，古来即被视为战略要地，亦是帝国主义竞相争夺的场地，使得中外矛盾比较突出，成为起义爆发的先决条件。对此，中外学者和政治家有诸多论述，如"以东南言之，重在武昌"说、"整顿乾坤多从江汉起"说、"东洋芝加哥"说、"湖北为今日中国中心点"说以及"今日天下形势在武昌"说。鸦片战争后，列强将侵略触角逐渐由沿海深入到内地，号称"九省通衢"的湖北武汉日渐成为列强争相夺取的重点城市。

第二，湖北新政"种豆得瓜"的效果为起义准备了物质条件和人才条件，成为起义爆发的客观条件。"种豆得瓜"描述了张之洞苦心经营的鄂省在其主观动机和客观效果上产生了严重背离。辜鸿铭晚年对辛亥革命的发生曾发表过妙论："民国成立，系孙中山与张香涛（张之洞）的合作。"在某种程度上揭示了两者之间的逻辑关系。

第三，湖北革命党人在武汉长期不懈的努力和经营，成为起义爆发的主观条件。20世纪初叶，湖北革命组织如雨后春笋般发展起来，如科学补习所、日知会、共进会和文学社等。革命党人细致入微的舆论宣传、埋头实干的工作作风和卓越的领导智慧最终点燃了革命起义之火。

第四，清政府错误的铁路国有政策导致全国保路运动风起云涌，成为起义爆发的外在条件。1911年，清政府宣布"铁路国有"，激起了保路风潮。"成都血案"掀起了全川武装暴动。清政府急忙从湖北调离新军入川镇压，造成武汉兵力空虚，为革命爆发创造了良好的外部条件。

第四章　中国共产党成立和中国革命新局面

第一节　实践教学指导

一、实践教学目的

通过实践教学，使学生更直观、更深刻感知具有初步共产主义思想的知识分子在马克思主义传播和建党中的作用，让学生切身体会到那个时代的青年人改造旧中国的决心和激情，从而激发当代青年的蓬勃朝气和进取精神；使学生全面了解中国共产党第一次全国代表大会召开的史实，深刻领会中国共产党成立的初心和伟大意义。

二、场馆（所）实践教学

（一）李大钊纪念馆

1. 李大钊纪念馆简介

李大钊纪念馆位于河北省乐亭县觅园街 1 号，占地 130 亩，建筑面积 8656 平方米。纪念馆馆名由江泽民题写。整个建筑风格融民族特色与现代建筑风格为一体，由黑、白、灰三种色系组成，古朴庄重典雅，彰显了李大钊的精神风范。8 根功绩柱，象征李大钊的丰功伟绩；8 块浮雕，展示李大钊主要革命实践活动足迹；38 级台阶，寓意李大钊走过的 38 年风雨历程。主要参观景区有：李大钊生平事迹陈列展览、李大钊廉洁风范展览、李大钊纪念碑林和李大钊故居。

李大钊生平事迹陈列展览分三个展厅，以翔实的资料配以现代化展示手段和多种艺术形式，全面系统地展现李大钊波澜壮阔的一生以及对中国革命做出的丰功伟绩。李大钊廉洁风范展览突出展现李大钊同志的廉洁风范及模范传承和现实意义。

李大钊纪念碑林由像亭、碑亭、碑廊等几部分组成，共有碑刻 59 块，汇集了李大钊部分手书、党和国家领导人为李大钊题词及国内部分书法家、艺术家缅怀和颂扬李大钊的书法作品和部分有关李大钊碑刻的复制内容，集爱国主义教育、人文景观与艺术欣赏于一体。

李大钊故居位于乐亭县大黑坨村中央，系李大钊祖父李如珍于 1881 年设计监造的，坐北朝南，占地面积为 1010.1 平方米，共有房屋 21 间，是一座具有明清以来乐亭县民房建筑风格的一宅两院的穿堂套院。这里不但是李大钊诞生和幼年、少年成长的地方，也是他和夫人赵纫兰成婚安家长期生活过的地方。直到 1920 年，为便于生活和工作，李大钊才把夫人和子女接到北京租房暂住。1927 年 4 月，李大钊牺牲后，赵纫兰带着年幼的子女从北京返回乐亭，在当年与李大钊共同生活过的屋子里又生活了 6 年。1933 年 4 月 23 日为李大钊举行公葬后，赵纫兰于同年 5 月病逝于北京。之后，李大钊的长女李星华、次女李炎华带着两个弟弟李光华和李欣华又在这座宅院里生活了多年。

（参考百度百科：乐亭县李大钊纪念馆，https：//baike.baidu.com/item.）

2. 李大钊纪念馆实践教学要点

（1）让学生了解伟大的马克思主义者、中国共产党的主要创始人之一李大钊同志波澜壮阔的一生，以及对中国革命做出的丰功伟绩。

（2）让学生切身感受到李大钊及其战友们改造旧中国的决心和激情，从而激发当代青年的蓬勃朝气和进取精神。

（3）让学生感受到李大钊对马克思主义坚定的信仰，从而使学生深刻理解中华民族和中国人民为什么选择了马克思主义。

3. 李大钊纪念馆实践教学组织方式

（1）"浸润式"小班现场教学

老师带队进行。提前让学生搜集相关材料；带学生现场教学，组织学生现场讨论；要求学生撰写实践报告，或制作微视频、摄影展、手绘展以及文学作品创作等；组织学生进行反思、交流。

（2）学生结组或个人前往

指导学生结组或个人前往李大钊纪念馆进行实践。要求学生撰写实践报告，或制作微视频、摄影展、手绘展以及文学作品创作等，组织学生进行反思、交流。

（3）网络或文献调研

要求学生结组或个人通过网络、文献进行李大钊纪念馆的调查、研究，撰写相应的调研报告或心得体会，并组织学生进行反思、交流。

（4）智能教室情境模拟教学

组织学生通过智能教室进行李大钊纪念馆情境模拟教学，要求学生撰写实践报告，并组织学生进行反思和交流。

（二）觉悟社旧址

1. 觉悟社旧址简介

觉悟社旧址坐落在天津市河北区宙纬路三戒里 49 号，是青色砖木结构的平房小院。觉悟社旧址占地面积 400 平方米，建筑面积 160 平方米，是一座由七间青砖平房组成的坐东向西小宅院，门首悬挂的觉悟社旧址匾额为邓颖超书写。

1984 年 9 月 16 日，经中共中央宣传部批准，在觉悟社旧址的基础上建成天津觉悟社纪念馆。觉悟社纪念馆内分复原陈列和辅助陈列两部分，再现了原三戒里 4 号的历史原貌，展出了当年社员抓阄使用的工具和学习生活用具及文献等珍贵文物。四间辅助陈列室中，展示了大量历史文献、文物和历史照片、绘画、雕塑以及模型等，如实地反映出当年觉悟社的战斗历程。

1919 年 9 月 16 日，周恩来、马骏、郭隆真、刘清扬、邓颖超等 20 人在天津市东南角草厂庵召开觉悟社成立大会，同时确定了该社的宗旨、任务、入社条件和组织形式等，随后社址选在河北区宙纬路三戒里 4 号（现三戒里 49 号）。同年 9 月 21 日，李大钊应邀来到觉悟社。周恩来向李大钊介绍了觉悟社革心·革新、自觉·自决的办社宗旨后，李大钊给予了充分肯定，称之为"中国历史上的一个创举"。

1920 年 1 月 20 日，由周恩来主编的觉悟社社刊《觉悟》正式出版。觉悟社研究新思潮，探讨救国救民的真理，积极参加革命斗争，成为当时天津反帝爱国运动的领导核心，在北方的革命社团中享有很高的声望。觉悟社在成立一年以后被迫停止活动。1920 年 11 月，周恩来、刘清扬、郭隆真等人先后赴法勤工俭学，马骏、谌志笃、邓颖超等人继续留在天津。后来，觉悟社的多数成员走上了革命道路，成为著名的无产阶级革命家。

觉悟社在中国共产党早期历史上有着重要地位，是党和人民永远敬仰的红色文化遗产、永远珍视的精神财富。觉悟社纪念馆的成立，不仅是对觉悟社历史、精神和成就的深刻铭记，也是今天对世人进行爱国主义教育和理想信念教育的最佳场所，让后人深刻感受 100 多年前那份属于中国先进分子的独特气质、那份属于中华民族的不朽传奇。

（参考百度百科：觉悟社旧址，https：//baike. baidu. com/item. ）

2. 觉悟社旧址实践教学要点

（1）让学生了解觉悟社产生的历史背景、创建过程、主要活动，以及在天津的马克思主义传播工作中，觉悟社发挥的重要作用。

（2）让学生切身感受到觉悟社的青年学生在那个动荡不安的年代扛起救国救民的历史责任的勇气，勉励学生要握稳历史的接力棒，以社会主义建设者和接班人的使命担当为实现中华民族伟大复兴努力奋斗。

3. 觉悟社旧址实践教学组织方式

（1）"浸润式"小班现场教学

老师带队进行。提前让学生搜集相关材料；带学生现场教学，组织学生现场讨论；要求学生撰写实践报告，或制作微视频、摄影展、手绘展以及文学作品创作等；组织学生进行反思、交流。

（2）学生结组或个人前往

指导学生结组或个人前往觉悟社旧址进行教学实践。要求学生撰写实践报告，或制作微视频、摄影展、手绘展以及文学作品创作等，组织学生进行反思、交流。

（3）网络或文献调研

要求学生结组或个人通过网络、文献进行觉悟社的调查、研究，撰写相应的调研报告或心得体会，并组织学生进行反思、交流。

（三）南湖革命纪念馆

1. 南湖革命纪念馆简介

1921 年 7 月 23 日，中国共产党第一次全国代表大会在上海秘密召开。会议中途，因遭到法租界巡捕的袭扰搜查而被迫停会。其后，中共一大代表们秘密转移到浙江嘉兴，在南湖景区的一条游船上继续举行了一天会议，南湖会议由此载入史册。

1959 年 10 月 1 日，在嘉兴南湖的湖心岛烟雨楼建成南湖革命纪念馆，仿制的中共一大纪念船，同时停泊在湖心岛烟雨楼前东南岸边。1985 年邓小平同志为南湖革命纪念馆题写馆名。进入新世纪，为更好保护、挖掘和利用南湖的红色资源，充分发挥南湖革命纪念馆作为全国爱国主义教育示范基地的作用，决定筹建南湖革命纪念馆新馆。2006 年 6 月 28 日，在庆祝中国共产党成立 85 周年之际，时任浙江省委书记的习近平为南湖革命纪念馆新馆奠基；2011 年 6 月 30 日，中国共产党成立 90 周年前夕，南湖革命纪念馆新馆落成开放。

南湖革命纪念馆新馆建筑总面积 19217 平方米，其中展厅面积 8000 平方米。建筑由"一主两副"呈"工"字形的三幢建筑组成，象征着中国共产党是中国工人阶级的先锋队。四周有 56 根檐柱，寓意 56 个民族紧密团结在党中央的周围；建筑外墙采用大规格青面砖，体现庄重大气的风格，兼具江南水乡韵味。主体建筑背面设有大型宣誓广场，可容纳千人集体宣誓。

南湖革命纪念馆基本陈列"红船起航"主题展览以中国革命红船起航为主题、以党的初心和使命为主线、以党的发展历程为脉络，聚焦中国共产党创建，特别是一大南湖会议，全面阐释一个大党与一条小船的关系，全面展现 100 年来，中国共产党在初心使命的砥砺下，带领全国人民取得革命、建设和改革伟大胜利的光辉历史，特别是中国特色社会主义进入新时代取得的根本性变革和历史性成就。基本陈列由"救亡图存""开天辟地""光辉历程""走向复兴"等 4 个部分、21 个单元组成，并设"中共一大代表人生轨迹""中国共产党党章发展历程"两个专题。展陈面积共 5600 平方米，展线全长 921 米，设置文物资料 1134 件、场景（壁式）26 处、雕塑 6 组、绘画作品 8 幅、多媒体（音视频）41 个、图表（地图）41 张、图片 676 张。

（参考南湖革命纪念馆，https：//www.nanhujng.com/）

2. 南湖革命纪念馆实践教学要点

（1）引导学生了解中国共产党第一次全国代表大会召开的历程，认真体会"坚持真理、坚守理想，践行初心、担当使命，不怕牺牲、英勇斗争，对党忠诚、不负人民"的伟大建党精神的深刻内涵。

（2）通过参观"红船起航"主题展览，使学生深刻理解历史和人民为什么选择了中国共产党。

3. 南湖革命纪念馆实践教学组织方式

（1）"浸润式"小班现场教学

老师带队进行。提前让学生搜集相关材料；带学生现场教学，组织学生现场讨论；要求学生撰写实践报告，或制作微视频、摄影展、手绘展以及文学作品创作等；组织学生进行反思、交流。

（2）学生结组或个人前往

指导学生结组或个人前往南湖革命纪念馆进行学习实践。要求学生撰写实践报告，或制作微视频、摄影展、手绘展以及文学作品创作等，组织学生进行反思、交流。

（3）网络或文献调研

要求学生结组或个人通过网络、文献进行南湖革命纪念馆的调查、研究，撰写相应的调研报告或心得体会，并组织学生进行反思、交流。

三、其他实践教学方式

1. 组织学生观看纪录片，如《苦难辉煌》，看完纪录片后要求同学们写观后感，并组织学生进行反思、交流。《苦难辉煌》多维度、全景式再现了自中国共产党成立到长征胜利和全面抗战爆发这一历史阶段，党团结和带领人民英勇奋斗的壮丽征程和革命精神，重点刻画了中国革命从大革命失败到土地革命战争兴起、从第五次反"围剿"失败到抗日战争兴起两次历史性转变。

2. 让同学们在课下自行观看重大革命历史题材电视剧《觉醒年代》，并在课堂上讲出观剧体会。《觉醒年代》展现了从新文化运动、五四运动到中国共产党建立这段波澜壮阔的历史画卷，讲述了觉醒年代社会风情和百态人生。该剧艺术地再现了100年前中国的先进分子和一群热血青年演绎出的一段追求真理、燃烧理想的澎湃岁月，深刻地揭示了马克思主义与中国工人运动相结合和中国共产党建立的历史必然性。

3. 请纪念馆、展览馆、党史研究专家等专业人士入课讲座，多方面地为学生提供了解历史事件或历史人物的渠道。

四、实践教学报告范例

"觉悟社旧址"实践报告

在"中国近现代史纲要"课老师的要求下，我和几位同学利用"五一"假期来到天津市河北区宙纬路三戒里的觉悟社旧址进行实践学习。觉悟社，曾经是中国革命思想策源地，是那个年代最为进步的学生的大本营。

1919 年，周恩来从日本留学回国后，参加了天津的五四运动，并领导天津学生进行了赴京请愿斗争。9 月 2 日，周恩来和郭隆真、张若名等 7 人一起坐火车从北京返津。在回津的火车上，他们热烈地交谈着，并对能够打破封建观念束缚，将以南开学校、高等工业学校等男校为主的天津学生联合会和以第一女子师范学校为主的女界爱国同志会两大爱国学生运动团体进行联合，进而形成统一的领导核心这一问题，进行认真的酝酿和讨论。最后，周恩来提出，"学习北京的经验，从两个团体中选出一些骨干分子，组成一个比学联等更严密的团体，从事科学和新思潮的研究，并出版一种刊物，作为引导社会的先锋"。这一提议得到了大家一致赞同。

回到天津后，周恩来往返奔走，不断与持各种观点的同学交换意见，求同存异，统一思想，进行了一系列的觉悟社筹建工作。1919年9月16日，周恩来参加在草场庵天津学联办公室召开的觉悟社成立大会，被推举为会议主持人，并起草觉悟社宣言。第一批社员由天津学生联合会和天津女界爱国同志会的男女各10名进步青年组成，包括谌志笃、马骏、周恩来、郭隆真、刘清扬、邓颖超等。

"觉悟"是当时进步青年中十分流行的一个名词，觉悟社宣言中写道："'觉悟'的声浪，在20世纪新潮流中，蓬勃得很厉害。我们中国自从去岁受欧战媾和的影响，一般稍具普通常识的人，也随着生了一种很深刻的'觉悟'；凡是不合于现代进化的军国主义、资产阶级、党阀、官僚、男女不平等界限、顽固思想、旧道德、旧伦常……全认他为应该铲除应该改革的。有了这种'觉悟'，遂酝酿成这次全国的'学潮'，冲动了全国的学生界，人人全想向'觉悟'方面走。"所以觉悟社的宗旨是本着"革心""革新"的精神，求大家的"自觉""自决"。周恩来在宣言中号召："社会上所有的人都向'觉悟'道路上走。努力！奋斗！"

觉悟社的社刊是《觉悟》，由周恩来担任主编。社员们废除姓名，用抓阄的办法决定各自的代号，再以代号的谐音作为化名对外工作，并在《觉悟》杂志上发表文章，如周恩来为伍豪（即5号），邓颖超为逸豪（即1号），赵光宸为"奈因"（即9号，用英文"nine"的谐音），马骏为"念久"（即29号，用廿和九的谐音）。因为20人是在50个号码（从1到50）中任意抓取代号，所以20名社员的代号不是连续的。

觉悟社成立后不久，就根据周恩来的提议，邀请北京大学教授、五四时期著名的马克思主义者李大钊来天津讲演，指导觉悟社的活动。李大钊对觉悟社不分男女的组合和出版刊物的做法非常赞赏，并建议大家好好阅读《新青年》和《少年中国》上的进步文章，分类研究各种学术问题，鼓励大家好好研究世界各国革命的新思潮。后来，觉悟社还先后邀请了徐谦讲《救国问题》、包世杰讲《对于新潮流的感想》、周作人讲《日本新村的精神》、钱玄同讲《白话文学》、刘半农讲《白话诗》。觉悟社还经常召开各种问题的讨论会，分组研究白话文学、学生根本的觉悟、妇女解放等新思潮专题。成员个人还献出自己的图书，建立图书馆，共同钻研新思潮的各种理论，探索改造中国社会的道路。

1919 年 10 月 10 日，周恩来参与主持天津各界四五万人在南开大学操场举行的共和纪念会，痛斥北洋政府镇压、逮捕爱国群众的行径。觉悟社社员邓文淑等冲破警察的包围，参与了声势浩大的示威游行。为抗议天津当局的迫害，周恩来起草《天津中等以上男女学校学生短期停课宣言书》，号召人们加强团结，奋起反抗。11 月 15 日，周恩来主持觉悟社特别会议，决定把觉悟社建成"预备牺牲、奋斗的组织""引导社会的先锋和作战的大本营"。12 月 21 日，周恩来主持觉悟社全体会议，总结觉悟社成立以来的工作，认为社员都具有奋斗精神，但缺乏同一的目标和持久的精神。27 日又决定觉悟社的目标和宗旨是：本着反省、实行、持久、奋斗、活泼、愉快、牺牲、创造、批评、互助的精神，求适于人的生活，并决定头一步从改造中国学生和改造自己入手。12 月 29 日，由周恩来执笔写成了《觉悟的宣言》和《觉悟》两篇文章，表明了觉悟社本着"持久""奋斗""牺牲""创造""批评""互助"等精神，探求适于"人"的生活的宗旨和铲除军国主义、党阀、官僚、旧道德、旧伦常的主张。不久，这两篇文章发表在1920 年 1 月 20 日出版的《觉悟》第一期上。

1920 年 1 月，觉悟社发动青年学生开展反对中日直接交涉和抵制日货的斗争，周恩来、郭隆真、马骏、张若名等被捕。刘清扬、邓颖超、谌志笃等觉悟社社员发动社会各界展开了广泛的救援活动。7月17日，周恩来等各界代表获释。8月初，周恩来在法租界的天祥里发起召开觉悟社年会。会议由周恩来主持，他总结了一年多来天津学生和各界救国运动的经验教训，指出今后的救国道路是要深入劳工群众，依靠劳动阶级，团结各地的爱国团体，采取共同行动，才能挽救中国的危亡。会议为期3天，会后14位社员合影留念，留下了那张众所周知的觉悟社成员合影照片。此后，在李大钊的指导和支持下，周恩来、郭隆真等一部分觉悟社成员赴法国勤工俭学。在法国，周恩来于1921年春加入了中共旅法小组，成为中国最早的共产主义者之一。而觉悟社的其他大多数成员也先后加入了中国共产党和社会主义青年团，成为革命的骨干力量。至此，觉悟社的集体活动宣告结束。

从1919年9月至1920年11月，觉悟社的集体活动虽然仅仅存在了一年多，但其作用和影响在近代中国青年运动史上占有极其重要的地位，是五四运动时期我国青年革命运动一面光辉的旗帜。

这次觉悟社旧址的实地参观考察以及对觉悟社成员相关资料的查阅，我们小组成员对在那个风雨如晦的年代里摇旗呐喊的热血青年们有了更加全面深刻的了解，使我们更加热爱天津这座由红色血液浇灌的城市，坚定了我们立志追随周恩来、邓颖超等众多革命先辈的脚步，为实现中华民族伟大复兴而奋斗的决心和信心。

第二节　课程提质指导

一、习近平新时代中国特色社会主义思想引领本章教学要点

要点1： 一个民族要走在时代前列，就一刻不能没有理论思维，一刻不能没有正确思想指引。中国共产党为什么能，中国特色社会主义为

什么好，归根到底是因为马克思主义行。马克思主义之所以行，就在于党不断推进马克思主义中国化时代化并用以指导实践。

——习近平：《在省部级主要领导干部学习贯彻党的十九届六中全会精神专题研讨班开班式上的讲话》（2022 年 1 月 11 日）

要点 2：在近代中国最危急的时刻，中国共产党人找到了马克思列宁主义，并坚持把马克思列宁主义同中国实际相结合，用马克思主义真理的力量激活了中华民族历经几千年创造的伟大文明，使中华文明再次迸发出强大精神力量。

——习近平：《在党史学习教育动员大会上的讲话》（2021 年 2 月 20 日）

要点 3：中国共产党载着红船的意愿，以立党为公、忠诚为民的奉献精神，努力维护好、实现好、发展好最广大人民的根本利益。"革命声传画舫中，诞生共党庆工农。"中国共产党从诞生那天起，从来就没有自己的私利，而是以全心全意为人民谋福利为根本宗旨。密切联系群众是我们党区别于其他任何一个政党的显著标志。依水行舟，忠诚为民，成为贯穿中国革命和建设全过程的一条红线，也是"红船精神"的本质所在……开天辟地、敢为人先的首创精神，坚定理想、百折不挠的奋斗精神，立党为公、忠诚为民的奉献精神，是中国革命精神之源，也是"红船精神"的深刻内涵。

——习近平：《弘扬"红船精神" 走在时代前列》（《光明日报》2005 年 6 月 21 日）

要点 4：一百年前，中国共产党的先驱们创建了中国共产党，形成了坚持真理、坚守理想，践行初心、担当使命，不怕牺牲、英勇斗争，对党忠诚、不负人民的伟大建党精神，这是中国共产党的精神之源。

一百年来，中国共产党弘扬伟大建党精神，在长期奋斗中构建起中国共产党人的精神谱系，锤炼出鲜明的政治品格。历史川流不息，精神代代相传。我们要继续弘扬光荣传统、赓续红色血脉，永远把伟大建党精神继承下去、发扬光大！

——习近平：《在庆祝中国共产党成立 100 周年大会上的讲话》（2021 年 7 月 1 日）

二、教学目标

（一）知识目标

1. 了解新文化运动的内容、意义和局限。理解中国先进分子对资产阶级民主主义产生怀疑的原因，了解俄国十月革命和五四运动对马克思主义在中国的传播的促进作用，了解中国早期马克思主义者的构成。

2. 了解中国共产党成立的历史背景、经过，理解伟大建党精神的内涵；了解第一次国共合作的基本情况及中国共产党在大革命中的作用；深刻理解中国共产党的初心使命及中国共产党成立的伟大意义。

（二）能力目标

1. 引导学生运用唯物史观正确认识中国共产党成立的历史必然性，全面了解工人阶级政党的成立是近代中国社会发展和革命发展的客观要求，是中国历史上开天辟地的大事变，从而提高学生分析问题，特别是辨识错误思潮的能力。

2. 帮助学生用辩证唯物主义和历史唯物主义的方法论分析问题，深刻认识历史和人民为什么选择了马克思主义、选择了中国共产党。

（三）价值观目标

1. 引导学生正确认识选择马克思主义的历史必然性，坚定马克思主义信仰。

2. 引导学生真正理解中国共产党的初心和使命，增强对中国共产党先进性的认识，坚定理想信念，坚定为实现中华民族伟大复兴而努力奋斗的决心。

三、教学重点与难点

1. 中国先进分子如何由学习西方转向东方、转向接受马克思主义。

2. 五四运动的意义和中国早期马克思主义者的产生。

3. 五四运动后新文化运动的发展。

4. 中国共产党的创建过程。

5. 中国共产党的初心和使命。

6. 中国共产党在大革命中的作用。

四、关键问题引领与简答

（一）世界范围的大变动对中国有何影响

中国的社会必须改造，这在当时先进分子中几乎已成为共识。但是，这个社会"怎么改"，"改成什么样"，大多数人对此认识并不十分清楚。正在这个时刻，世界范围发生的大变动强烈地吸引了中国先进分子的注意。

第一次世界大战是世界资本主义强国重新瓜分世界的战争。战争主要在同盟国和协约国之间展开。它席卷了世界上的30多个国家，卷入人口15亿，伤亡总人数超过2800万。这场空前残酷的战争，把资本主义制度固有的矛盾以极其尖锐的形式暴露出来。战争的空前残酷，战后社会的极度混乱，使世人为之震惊，引起对西方文明价值的怀疑。人们第一次从世界范围内感觉到资本主义制度已丧失光明的前途，失去了原有的吸引力。中国先进分子看到战后欧洲的破败景象后，对资本主义文明深感失望。梁启超怀着对中国现实问题的困惑前往欧洲考察，他目睹了欧洲所遭受的战争摧残和灾难，深感战后欧洲的破败和贫困。他在《欧游心影录》中说："全社会人心，都陷入怀疑、沉闷、畏惧之中，好像失了罗针的海船遇着风遇着雾，不知前途怎生是好。"欧洲的思想界都认为"西洋文明已经破产了"。正如李大钊所说："此次战争，使欧洲文明之权威大生疑念。欧人自己亦对其文明之真价不得不加以反省。"中国先进分子对西方资产阶级文明、资产阶级民主主义、资产阶级共和国的方案在中国的可行性产生了极大的疑问。

中国人学习西方一再碰壁，对资本主义方案产生了更大的怀疑。近代以来，中国人民一直以西方为榜样，向西方资本主义寻求救国救民的真理。正如毛泽东所说："帝国主义的侵略打破了中国人学西方的迷梦。很奇怪，为什么先生老是侵略学生呢？中国人向西方学得很不少，但是行不通，理想总是不能实现。多次奋斗，包括辛亥革命那样全国规模的运动，都失败了。国家的情况一天一天坏，环境迫使人们活不下去。怀疑产生了，增长了，发展了。"中国人学习西方的努力屡遭失败的事实，更使他们对资产阶级共和国方案产生了更大的疑问。

十月革命是一个具有划时代意义的世界性的历史事件。它昭示人们，资本主义制度并不是永恒的，无产阶级和其他劳动群众一旦觉醒起来、组织起来，完全可以依靠自身的力量创造出维护绝大多数人利益的崭新的社会制度。正当人们对西方资本主义文明产生怀疑之时，列宁领导的十月社会主义革命的爆发给处于苦闷彷徨中的中国人带来了民族解放的新希望，推动近代中国的知识分子把自己的目光从西方转向东方，从资产阶级民主主义转向社会主义。

（参考天津市中国近现代史纲要协同创新中心编写组编：《习近平新时代中国特色社会主义思想"三进"教学指导方案——中国近现代史纲要》，内部资料，2020 年印。）

（二）中国共产党诞生前马克思主义在中国的传播情况

1899 年，在马克思逝世 16 年后，上海《万国公报》刊载了由英国传教士李提摩太翻译的《大同学》，其中写道"其以百工领袖著名者，英人马克思也"，并介绍了《共产党宣言》"资产者与无产者"一节的相关内容。被搞错了国籍的马克思，名字第一次出现在中文报刊上。在此前后，孙中山、梁启超等也都逐渐了解并开始宣传介绍马克思、恩格斯及其著作。在当时的留日中国学生中，传播马克思主义也逐渐形成了一种风潮，有人将马克思主义中文译著"藏在他们的归国行李中，流传到湖南、四川、广东等地"；也有人，如朱执信、马君武、刘师培等，纷纷撰写马克思主义宣传文章或翻译马恩经典著作部分内容，在《民报》《译书汇编》《天义报》等报刊发表。被翻译成方块汉字的马克思主义真理与其他新思想一道，伴随"西学东渐"，于中华大地始露端倪。

1915 年 6 月，陈独秀留日归国，在跨国轮船上看到日本船警打骂中国学生，而周围同胞麻木不仁、不屑而避，愤然立志"让我办 10 年杂志，全国思想都会有改观"。3 个月后，陈独秀主办主编的《青年杂志》（后改名《新青年》）在上海创刊。9月15日，创刊号发表《敬告青年》一文，陈独秀在文中写道：今日之社会制度"倘不改弦而更张之，则国力将莫由昭苏，社会永无宁日"，正式吹响了新文化运动的号角，在中国社会掀起了一股思想解放的潮流。

1917年11月7日，俄国十月革命爆发。3天后，国内多家报纸报道了这一消息。十月革命的胜利，使中国先进分子看到了解决中国问题的出路。李大钊在中国大地上第一个举起了十月社会主义革命的旗帜，成为中国最早的马克思主义传播者。1918年7月开始，他连续发表《法俄革命之比较观》《庶民的胜利》《布尔什维主义的胜利》《新纪元》等文章和演讲，热情讴歌十月革命，并预言："试看将来的环球，必是赤旗的世界！"这一系列文章和演讲对马克思主义传播宣传起到了积极的推动作用。

1919年5月4日，星期天。在当天的日记中，鲁迅先生对天气的记载是一个字："昙。"意思是云彩密布的多云天气。就是在这一片风云中，发生了五四运动这场具有标志性意义的伟大事件，新民主主义革命由此发端。五四运动加速了马克思主义在中国的传播。1919年9月、11月，李大钊在《新青年》第六卷第五号、第六号连续发表《我的马克思主义观》一文，系统介绍马克思主义理论，在当时思想界产生重大影响，标志着马克思主义在中国进入比较系统的传播阶段。他还帮助《北京晨报》副刊开辟"马克思研究专栏"，并把他负责的《新青年》第六卷第五号编为"马克思主义研究"专号。杨匏安、李达等留日归来的先进青年，也纷纷撰写马克思主义研究宣传文章。张闻天、邵飘萍等也在国外著书撰文，介绍和宣传马克思主义学说，并在国内出版。

这一时期，《新青年》《每周评论》《民国日报》《建设》等报刊发表了200多篇宣传介绍马克思主义的文章。在北京、上海、天津、长沙、武汉等中心城市，《湘江评论》《觉悟》等新刊物，北京大学马克思学说研究会、长沙新民学会等新团体如雨后春笋般涌现，积极传播宣传包括马克思主义在内的新思想。1919年7月14日刊发的《〈湘江评论〉创刊宣言》中写道："时机到了！世界的大潮卷得更急了！"在这大潮中，马克思主义的微澜即将掀起开天巨浪！

（参考路军：《马克思主义在中国早期的传播宣传》，《百年潮》2022年第7期。）

（三）为什么说中国共产党的诞生是历史的必然

在中国共产党的成立问题上，有人鼓吹"早产论""莫斯科阴谋论"、共产国际"强行移植"等论调，这些说法都是错误的。中国共产党成立有其历史必然性。

1840年鸦片战争以来，中国逐渐沦为半殖民地半封建国家。帝国主义和中华民族的矛盾、封建主义和人民大众的矛盾成为中国社会的主要矛盾，求得民族独立和人民解放、实现国家富强和人民幸福成为中国人民必须完成的两大历史任务。由中国社会主要矛盾决定的这两大历史任务，实际上是对中国社会各个阶级及其代表人物或政党的考试。

在中国共产党之前，从洪秀全的太平天国运动，到地主阶层自救的洋务运动，再到康有为、梁启超的维新变法运动，都失败了。连孙中山领导的轰轰烈烈的辛亥革命也没有成功——南京临时政府只存在了三个月便夭折了。北洋军阀首领袁世凯在帝国主义和国内反动势力以及附和革命的旧官僚、立宪派的共同支持下，窃夺了辛亥革命的果实。在北洋军阀统治期间，军阀连年混战，政权频繁更迭8次，内阁多达32届，出任过总理的有34人之多，任职时间最长的只有一年，短的则只有几天。连年的军阀混战和政局的动荡不安，严重破坏了中国社会经济，人民生活于水深火热之中。

1912年前后的几年间，涌现出大大小小几百个政党，争权夺利，喧嚣一时。但大多数政党思想庞杂、组织涣散，在纷繁复杂的斗争中束手无策，不久就销声匿迹了。中国迫切需要有一个能够为彻底反帝反封建的民族民主革命指明正确方向、选择正确道路的先进政党。这就是中国共产党诞生的大背景，是历史必然性的依据所在。

五四运动前后，马克思主义在中国的广泛传播，为中国共产党的创建奠定了思想基础。1920年3月，李大钊在北京大学组织成立了马克思学说研究会，随后上海、武汉、长沙、济南也先后建立了马克思学说研究团体，展开了多样化的学习宣传活动，使传播马克思主义进入了有组织的状态。随着新思潮的涌起，百家争鸣、异说竞起，坚持马克思主义的建党骨干与形形色色的"主义"展开了三次论争，批驳了实用主义、无政府主义以及社会主义不适合中国国情的谬论，捍卫了马克思主义的纯洁性，确立起建党的指导思想。

中国工人阶级的成长和工人运动的兴起，为中国共产党的创建奠定了阶级基础。到五四运动前后，我国产业工人达到200万左右，而且集中在沿海沿江的大城市，形成了新兴的社会力量，另外还有1000多万手工业工人。更为重要的是中国工人阶级身受外国资本、封建势力和资本家三重压迫，有很强的革命性与斗争精神。据统计，从1870年至1911年的41年间，发生罢工106起，平均每年2.6起；从1912年至1920年的9年间，发生罢工226起，平均每年25起。觉悟不断增强的中国工人阶级，必然要寻求维护自身利益的政治代表，迫切期待着致力于工人阶级和劳苦大众解放的无产阶级政党的产生。

革命知识分子队伍和早期党组织的形成，为中国共产党的创建提供了组织基础。经过五四运动的洗礼，一批以救国救民为己任的先进知识分子成长为信奉马列主义的革命知识分子。他们热情地传播马列主义，同时又深入到工农群众中联络发动，正是在这个实践的过程中逐步促成马克思主义与中国工人运动的结合。作为这一结合的标志是1920年下半年在上海、北京、武汉、长沙、济南、广州等地先后成立的中国共产党早期地方组织。有了一大批建党骨干，又有建党组织活动的实践，一个全国集中统一的中国共产党的诞生也就顺理成章了。

综上所述，在灾难深重的半殖民地半封建的东方大国，开展革命斗争迫切需要先进的无产阶级政党领导，到20世纪20年代初在中国建立无产阶级政党的条件已基本成熟，正是这种必要性和可能性的同时具备，才构成了中国共产党诞生的历史必然性。中国共产党的诞生是历史的选择，人民的选择。争取民族独立、人民解放、国家富强的艰巨使命，历史地落在了无产阶级及其政党的肩上。

（参考李步前：《中国共产党的诞生是历史的必然——访著名党史

专家邵维正》，《学习时报》2017 年 6 月 26 日。）

（四）第一次国共合作为什么能够形成

中国共产党是 1921 年 7 月成立的。它从一开始就有几个鲜明的特点：第一，它以马克思列宁主义为指导，运用阶级分析的方法，党成立一年后就在中国历史上第一次明确地提出了反帝反封建的政治纲领，指明了中国的出路。第二，它从一开始就深入到占中国人口绝大多数的下层劳动群众中去，放手发动群众。第三，这个党的党员有着社会主义、共产主义的理想和信念，能够凝聚成一个生机勃勃的战斗核心。尽管它最初还很幼稚，还有这样那样的弱点，但这几个突出的优点是中国以往任何一个政党不曾有过的。但是，帝国主义和封建军阀毕竟是相当强大的力量，少数人的孤军奋斗或分散的各自为战都难以把它打倒，必须联合一切赞同民族民主革命的力量共同奋斗。这是国共合作能够实现的客观基础。

中国国民党是一个成分复杂、组织松散的资产阶级政党。在 1919年 10 月由国民党改称中国国民党以后，其成员有所增加，但并没有从组织上统一起来，没有举行过一次全国代表大会，也没有制定过统一的行动纲领。不过，它也有几个不容忽视的优点：第一，这个党在当时中国社会中有一定的威望。它的前身同盟会领导过推翻清朝政府的辛亥革命。它的领袖孙中山此后在极端困难的条件下一直不屈不挠地坚持反对外国侵略和本国军阀势力，在人们心目中是革命的象征。第二，这个党在广东有一块革命根据地。在这里，可以高举国民革命的大旗，可以允许革命力量公开活动，可以合法地开展工农运动。这在全国范围内是绝无仅有的。第三，这个党内有一批忠实于民族民主革命的人士愿意同中国共产党合作，如孙中山、宋庆龄、廖仲恺、邓演达、柳亚子等。通过他们，还可以团结一大批中间分子。

共产国际对促成国共合作也起了重要作用。从国民党方面看，它的领袖孙中山长期以来真诚地同情社会主义。他在屡经挫折特别是在陈炯明叛变后，公开声言："我党今后之革命，非以俄为师，断无成就。"他从西方国家得不到任何援助，而苏联却从财力、武器、军事政治顾问等多方面给予援助。国民党过去是不搞群众运动的，因此缺乏群众运动的领袖人物，中国共产党人在这方面弥补了它的不足。

在两党的合作方式上，中国共产党开始主张两党实行党外合作，建立民主联合战线。但是，孙中山只同意共产党员以个人身份加入国民党，而不接受党外联合的办法。曾经同孙中山谈过的共产国际代表马林认为，应当正视现实，接受孙中山的建议。中国共产党大多数领导人不赞同马林的主张，认为国民党是一个资产阶级政党，共产党员加入进去，就有丧失自己独立性的危险。为了解决这个问题，1922 年 8 月 29 日至 30 日，中国共产党中央执行委员会在杭州西湖举行会议，讨论共产党员加入国民党的问题。陈独秀、李大钊、蔡和森、张国焘、高君宇及马林、张太雷出席会议。马林根据共产国际的指示，建议中国共产党党员以个人资格加入国民党，实现国共合作。起初，与会的中央执行委员不赞成马林的建议。经过马林的解释和说服，并经过充分讨论，会议决定在孙中山改组国民党的条件下，由共产党少数负责人先加入国民党，同时劝说全体共产党员以个人名义加入国民党。

在国民党内，孙中山、廖仲恺等领导人积极主张改造国民党，以能够适应革命的需要。他们从陈炯明叛变的教训中体会到，要振兴国民党就必须吸收新鲜血液。这是孙中山要求共产党人加入国民党的主要原因。中国共产党最终接受党内合作的方式，除了因为自身是共产国际的一个支部必须服从其决定外，还因为对中国国情和革命性质有了进一步的认识，开始懂得进行民主革命必须与资产阶级革命派建立联合战线，以壮大反帝反封建的阵营和力量。

[参考金冲及：《生死关头——中国共产党的道路抉择》，生活·读书·新知三联书店出版社 2016 年版；中共中央党史研究室：《中国共产党历史》第一卷（上），中共党史出版社 2002 年版。]

（五）中国共产党在大革命中发挥了怎样的作用

大革命是在国共合作的条件下进行的，没有国共合作，不会在短时间内掀起这样一场革命。在这场革命中，中国共产党起着独特的、不可代替的作用。没有中国共产党，不会有这场大革命。

大革命是在反对帝国主义、反对军阀的政治口号下进行的，而提出这个口号的，正是中国共产党。1926 年初，在国民革命军政治部担任宣传科长的中国共产党员邝墉，创作了《北伐军歌》，在军内外广泛传唱，成为一首妇孺皆知的国民革命军歌曲。从歌曲的广泛传唱可以看出中国共产党人对国民革命的目标起了很好的宣传鼓动作用。

　　大革命是在以国共合作为基础的统一战线的组织形式下进行的，而中国共产党正是国共合作的倡导者和统一战线的组织者。周恩来说，当时，国民党不但在思想上依靠我们，复活和发展他们的三民主义，而且组织上也依靠我们，在各省普遍建立党部，发展组织。当时各省国民党的主要负责人大都是我们的同志。"是我们党把革命青年吸引到国民党中，是我们党使国民党与工农发生关系。国民党左派在各地的国民党组织中都占优势。国民党组织得到最大发展的地方，就是左派最占优势的地方，也是共产党员最多的地方。"

　　大革命是近代中国历史上空前广泛而深刻的群众运动，而中国共产党正是人民群众的主要发动者和组织者。经过共产党人的深入细致的工作，一向被视为一盘散沙的中国人民的力量逐步地组织起来、凝聚起来。1927 年 4 月中共召开五大时，中国共产党领导下的工会共拥有 280 万会员，产业工人基本上都已经组织起来了。农会则拥有 972 万会员，由于一个农户一般为五口之家，而入会时只写一个人的名字，所以农会联合的农民实际上已经达数千万之众。这就为国民革命的发展、广东战争和北伐战争的胜利奠定了群众基础。

　　大革命的主要斗争形式是革命战争。中国共产党人不仅帮助和推动了国民革命军的建立，而且在军队中进行了卓有成效的政治工作，积极提高国民革命军的素质，增强它的凝聚力和战斗力；共产党员在战斗中更是身先士卒，起着公认的先锋作用和表率作用（由中国共产党直接领导的、共产党员叶挺任团长的第四军独立团，在北伐中战功卓著，使第四军赢得了"铁军"的称号）；此外，共产党人还建立了一定数量的工农武装（工人纠察队、农民自卫军等），配合正规军作战，而上海工人的起义武装更是充当了解放上海的主力。

中国共产党对于大革命所作的独特的、重大的贡献，是当时人们所公认的。连国民党右派理论家戴季陶 1926 年 11 月在中山大学演说时也讲过"中国共产党好像机关车（按：指火车头），国民党好像货车，中国共产党加入国民党，好像人车货车套上机关车"这样的话。

（参考贾孔会：《四史教育融入中国近现代史纲要教学设计研究》，武汉大学出版社 2022 年版。）

五、文化自信教育

（一）伟大五四精神

五四运动以全民族的力量高举起爱国主义的伟大旗帜，孕育了以爱国、进步、民主、科学为主要内容的伟大五四精神，其核心是爱国主义。五四运动充分反映了青年群体在整个社会中的先锋作用，而五四运动形成的五四精神，也鲜明体现了青年人不懈追求国家独立、民族解放、人民幸福的精神境界。

1915 年 9 月 15 日，陈独秀在《新青年》发刊词《敬告青年》中高度赞扬了青年，他指出："青年如初春，如朝日，如百卉之萌动，如利刃之新发于硎，人生最可宝贵之时期也。青年之于社会，犹如新鲜活泼细胞之在人身。"1916 年 8 月 15 日，李大钊在《〈晨钟〉之使命——青春中华之再造》中指出："一切之新创造，新机运，乃吾青年独有之特权"，"盖青年者，国家之魂"。他还鼓舞青年："青年之文明，奋斗之文明也，与境遇奋斗，与时代奋斗，与经验奋斗。故青年者，人生之王，人生之春，人生之华也。青年之字典，无'困难'之字，青年之口头，无'障碍'之语；惟知跃进，惟知雄飞，惟知本其自由之精神，奇僻之思想，敏锐之直觉，活泼之生命，以创造环境，征服历史。"国家的希望，民族的未来，人民的幸福，在中国青年。

风华正茂的青年，是整个社会力量中最积极、最有生气的力量，是最富有想象力、最富有创造力的群体，他们富有深厚的家国情怀，勇于以实现民族复兴为己任。1957 年 11 月 17 日，毛泽东访苏期间在莫斯科大学礼堂接见中国留苏学生代表，他深情地向青年学生们说："世界是你们的，也是我们的，但是归根结底是你们的。你们青年人朝气蓬勃，正在兴旺时期，好像早晨八九点钟的太阳。希望寄托在你们身上。"邓小平也指出："科学的未来在于青年。青年一代的成长，正是我们事业必定要兴旺发达的希望所在"，"青年是我们的未来，我们的一切事业的继承者"，要"在全体青年中间发扬艰苦奋斗的正气"。习近平总书记强调，新时代中国青年要"以一生的真情投入、一辈子的顽强奋斗来体现爱国主义情怀，让爱国主义的伟大旗帜始终在心中高高飘扬"。五四运动孕育并形成的五四精神，就是对中国青年群体精神风貌的最好诠释。

（参考史为磊：《五四精神与中国青年的时代使命》，《大众日报》2019 年 5 月 10 日。）

（二）伟大建党精神

100 多年前，中国共产党的先驱们创建了中国共产党，形成了"坚持真理、坚守理想，践行初心、担当使命，不怕牺牲、英勇斗争，对党忠诚、不负人民"的伟大建党精神。党的二十大报告把"弘扬伟大建党精神"纳入大会主题，提出"弘扬以伟大建党精神为源头的中国共产党人精神谱系"。

始终坚持真理、坚守理想，不断用党的创新理论武装头脑、指导实践、推动工作。陈望道在翻译《共产党宣言》时，把粽子蘸着墨汁吃掉却浑然不觉，留下一段"真理的味道非常甜"的佳话。拥有马克思主义科学理论指导，是我们党坚定信仰信念、把握历史主动的根本所在。

始终践行初心、担当使命，中国共产党从登上中国政治舞台的那一刻起，就把为中国人民谋幸福、为中华民族谋复兴确立为自己的初心使命，我们必须牢记中国共产党是什么、要干什么这个根本问题，始终做走在时代前列的奋进者、开拓者、奉献者，走好新的赶考之路。

始终不怕牺牲、英勇斗争，全力战胜前进道路上各种困难和挑战。从"砍头不要紧，只要主义真"的夏明翰，到"为苏维埃新中国流尽最后一滴血"的陈树湘，再到以"钢少气多"力克"钢多气少"的志愿军将士，我们党之所以历经百年而风华正茂、饱经磨难而生生不息，就是凭着那么一股革命加拼命的强大精神。

始终对党忠诚、不负人民，实现好、维护好、发展好最广大人民根本利益。中共一大通过的党纲中明确规定：申请入党者必须是"愿成为忠实的党员者"。我们党一路走来，经历了无数艰险和磨难，但任何困难都没有压垮我们，任何敌人都没能打倒我们，靠的就是千千万万党员的忠诚；中国共产党来自人民，为人民而生，因人民而兴，人民是我们党的根基，是我们党最大的底气，是我们强党兴国的根本所在。

伟大建党精神是中国共产党创建历史和实践的产物，是中国共产党的精神之源，是中国共产党人精神谱系的开篇，展现了党的强大思想优势、政治优势、精神优势、道德优势，为中国共产党团结带领人民实现中华民族伟大复兴的中国梦提供了精神力量。

青年是国家的希望、民族的未来。在中国共产党团结带领人民向着第二个百年奋斗目标奋勇前进的新征程中，广大青年要大力弘扬伟大建党精神，以实现中华民族伟大复兴为己任，勇做走在时代前列的奋进者、开拓者、奉献者，为全面建设社会主义现代化强国贡献力量。

（参考张传泉：《在新征程更好弘扬伟大建党精神》，《人民日报》2023 年 1 月 11 日。）

六、逆向课程思政

（一）鲁迅与《狂人日记》对文学院学生的学习启示与促进

新文化运动的主要目的在于启蒙大众的思想，使人们从封建思想的束缚中解放出来，主要内容之一就是提倡白话文、反对文言文。1918 年 5 月 15 日，周树人以"鲁迅"之名在《新青年》上发表了第一篇白话小说《狂人日记》，这篇小说一发表就获得积极的响应和认可，被誉为中国现代文学的开山之作。《狂人日记》通过被迫害者"狂人"的形象以及"狂人"的自述式的描写，揭示了封建礼教的"吃人"本质，表现了作者对封建礼教为主体内涵的中国封建文化的反抗。该篇小说说穿了封建礼教吃人的历史，在小说结尾作者的发问"没有吃过人的孩子，或者还有？救救孩子……"，于绝望中寓着希望，将希望寄托在未来，寄托在孩子们身上。

在文学院上课时，我们可以结合学生学习过的中国现代文学课，让学生讲述新文化运动时期新文学的特点和代表作，增强其对新文化运动和五四运动基本内容和历史地位的认识。同时教师可重点讲述《狂人日记》以及鲁迅创作小说的原因，以增强学生们的社会责任感，使他们对文学作品与现实生活的联系体会得更加深刻，鼓励他们立志创作出反映新时代精神面貌的优秀文学作品。

（二）北伐军歌对音乐学院学生的学习启示与促进

在北伐战争时期，全国到处流传着北伐军军歌："打倒列强，打倒列强，除军阀，除军阀，努力国民革命，努力国民革命，齐奋斗，齐奋斗。打倒列强，打倒列强，除军阀，除军阀，国民革命成功，国民革命成功，齐欢唱，齐欢唱！"这首著名的军歌，激励着北伐将士冲锋陷阵，所向披靡，使各路军阀闻之而丧胆。作者就是中国共产党员邝鄘。

邝鄘，1897年出生于湖南耒阳县仁义乡邝家村的一户贫苦农民家庭。他在湖南省立第一中学读书期间，勤奋好学，思想进步，后在"五四"洪流中成长为新青年。1923年春，他加入了中国共产党。1924年夏，他受党组织派遣考入黄埔军校第一期，毕业后留校工作。1926年北伐时，他任国民革命军政治部宣传科长，提笔创作了北伐军军歌的歌词，并在军内外迅速传开。邝鄘在土地革命战争中战功卓著，在1928年的一次转战途中不幸被捕。牺牲前，他在敌人给他用来写自首书的纸上写下了八个大字："杀了邝鄘，还有邝鄘！"6月5日，邝鄘唱着自己创作的"打倒列强，打倒列强，除军阀，除军阀"的北伐军歌走上刑场，壮烈牺牲。

将北伐军歌及其作者邝鄘的故事讲给音乐学院的学生听，他们对邝鄘的革命精神以及为理想信念而牺牲的精神的感受必会更加深刻和强烈，从而激发他们在今后的创作过程中，关注国计民生，创作出饱含家国情怀的激动人心的歌曲。

七、案例精选

（一）案例一：中国共产党的早期组织及活动

1920 年 8 月，在上海法租界老渔阳里 2 号《新青年》的杂志编辑部成立了党的第一个早期组织，当时称"中国共产党"，发起人有陈独秀、李汉俊、沈玄庐、陈望道、俞秀松、施存统、杨明斋和李达，以陈独秀为书记。上海的早期组织成立之后，对各地共产主义者的建党活动起着联络和指导作用，成为中国共产党的发起组织，标志着共产党和共产主义的旗帜在中国大地上树立起来了。

同年 10 月，李大钊、张国焘等在北京成立共产党早期组织，当时称"共产党小组"。11 月成立共产党北京支部，以李大钊为书记。从 1920 年秋至 1921 年春，董必武、陈潭秋、包惠僧在武汉，毛泽东、何叔衡等在长沙，王尽美、邓恩铭等在济南，谭平山、谭植棠等在广州，都成立了共产党的早期组织。在国外，留日、留法的学生和华侨中的先进分子也成立了这样的早期组织。

党的早期组织成立之后，一方面推动马克思主义的研究和宣传。不仅出版了《共产党宣言》《科学的社会主义》中译本以及若干种介绍马克思主义的著作，如《马克思资本论入门》《唯物史观解说》等，而且同反马克思主义思潮展开论战，如问题与主义之争、关于社会主义的论战、与无政府主义的论战等，帮助一批进步分子划清社会主义同资本主义的界限、科学社会主义同其他社会主义流派的界限，走上马克思主义道路。另一方面，共产党早期组织的成员主动到工人中去进行宣传和组织工作。创办了一批专门供工人阅读的进行马克思主义启蒙教育的刊物，如上海有《劳动界》，北京有《劳动音》和《工人月刊》，济南有《济南劳动月刊》等。还创办了各种形式的工人学校，其中影响最大的是邓中夏在北京长辛店、李启汉在沪西小沙渡分别开办的劳动补习学校。这个过程中，不仅锻炼了初步确立共产主义信念的知识分子，也让一部分工人受到马克思列宁主义的教育而提高了阶级觉悟。

1920 年 11 月，上海党的发起组织制定了《中国共产党宣言》，阐述共产主义者的理想、共产主义者的目的和阶级斗争的最近状态。各地的共产主义者对建党的有关问题展开了讨论。1921 年 6 月初，共产国际代表马林和共产国际远东书记处代表尼科尔斯基先后到达上海，并与上海的共产党早期组织成员讨论尽快召开全国代表大会事宜。正式成立中国共产党提上了日程。

（参考贾孔会：《四史教育融入中国近现代史纲要教学设计研究》，武汉大学出版社 2022 年版。）

（二）案例二：党的一大的召开

1921 年 7 月 23 日，中国共产党第一次全国代表大会在上海法租界望志路 106 号（今兴业路 76 号）开幕。

参加会议的代表有：上海的李达、李汉俊，北京的张国焘、刘仁静，长沙的毛泽东、何叔衡，武汉的董必武、陈潭秋，济南的王尽美、邓恩铭，广州的陈公博，旅日的周佛海；包惠僧受陈独秀派遣，出席了会议。他们代表着全国 50 多名党员。共产国际代表马林和尼科尔斯基出席了会议。陈独秀和李大钊因事务繁忙未出席会议。由于会场受到暗探注意和法租界巡捕搜查，最后一天的会议转移到浙江嘉兴南湖的游船上举行。

党的一大确定党的名称为"中国共产党"。大会通过了中国共产党第一个纲领，明确"革命军队必须与无产阶级一起推翻资本家阶级的政权""承认无产阶级专政，直到阶级斗争结束""消灭资本家私有制"以及联合第三国际。中国共产党一经成立，就旗帜鲜明地把社会主义和共产主义规定为自己的奋斗目标，坚持用革命的手段实现这个目标。

党的一大通过了中国共产党第一个决议——《关于当前实际工作的决议》，规定党在当前的中心任务是组织工人阶级，加强对工人的领导，注意在工人和其他劳动人民中发展党员，在反对军阀官僚的斗争中，维护无产阶级的利益。

党的一大决定设立中央局作为中央的临时领导机构，选举产生了以陈独秀为书记的中央局。

党的一大宣告中国共产党正式成立。中国共产党的成立，是近代中国历史发展的必然产物，是中国人民在救亡图存斗争中顽强求索的必然产物，是实现中华民族伟大复兴的必然产物。中国共产党作为中国最先进的阶级——工人阶级的政党，不仅代表着工人阶级的利益，而且代表着整个中国人民和中华民族的利益。它从一开始就坚持以马克思主义为行动指南，始终把为中国人民谋幸福、为中华民族谋复兴作为初心和使命。

党的一大召开于 1921 年 7 月，而在战争年代档案资料难寻，具体开幕日期无法查证。因此，1941 年在党成立 20 周年之际，中共中央发文正式规定，7 月 1 日为党的诞生纪念日，并沿用至今。

（参考本书编写组：《中国共产党简史》，人民出版社 2021 年版。）

（三）案例三："从前是牛马，现在要做人!"——安源工人罢工口号

"从前是牛马，现在要做人"，是中国共产党成立后领导的中国工人运动第一个高潮中，安源路矿工人大罢工过程中提出的一个旗帜鲜明的口号。这个口号体现了毛泽东提出的"哀而动人"原则，集中反映了当时中国工人阶级悲惨的生活境遇，表达了他们要求做"人"、要做"主人"的强烈愿望，从而赢得了社会各界的同情与支持。这一口号也成为这一时期中国工人运动的标志性口号。

在党的领导下，从 1922 年 1 月开始，到 1923 年 2 月止，掀起了工人运动的第一个高潮，在近 13 个月的时间里，全国发生大小罢工 100 余次，参加人数在 30 万以上。"从前是牛马，现在要做人"，就是此次高潮重要组成部分的安源路矿工人大罢工的总口号。

安源路矿是德国、日本资本控制的汉冶萍公司的一部分，共有工人1.7 万人。工人们深受帝国主义和封建主义的残酷剥削与压迫，生活非常困苦。1921 年秋冬，时任中共湖南支部书记的毛泽东两次到安源调研。年底，湖南党组织派李立三等到安源开展工作。1922 年 2 月，建立了中共安源支部。同年 5 月，安源路矿工人俱乐部成立。9 月初，毛泽东再次来到安源，对罢工作了部署，提出了"哀兵必胜"的策略，争取社会舆论的同情，孤立路矿当局。接着，刘少奇到安源加强对罢工

的领导。

经过充分的准备，安源路矿工人于 9 月 14 日举行大罢工，根据毛泽东的意见，提出了"从前是牛马，现在要做人"的口号，得到了各地工会的声援和社会舆论的同情。安源路矿工人俱乐部发表《萍乡安源路矿工人罢工宣言》，提出保障工人权利、增加工资、改善待遇等 17 项条件。

路矿当局迫于工人罢工和社会舆论的压力，不得不满足工人所提的大部分条件。安源路矿工人罢工取得完全胜利，提高了党组织在工人中的威信，工人俱乐部成员迅速由罢工前的 700 余人发展到 1 万余人。这是中国共产党第一次独立领导并取得完全胜利的工人斗争。

（参考刘志新：《百年党史关键词》，人民日报出版社 2021 年版。）

八、学习思考题简答

☆五四运动前新文化运动的历史意义？

五四运动前的新文化运动是一场旨在改造中国人国民性的思想启蒙和文化革新运动，是辛亥革命在思想文化领域的延续，开启了中国人在思想文化层面寻求救国真理的新探索。

第一，新文化运动在政治上和思想上给封建主义一次前所未有的沉重打击，加速了中国人民的觉醒，在社会上掀起了一股思想解放的潮流，是一场对近代中国思想文化有重大影响的资产阶级民主主义改良运动。

第二，新文化运动敢于否定两千年来封建正统思想的权威地位。使人们开始独立思考，敢于接受新思想，为五四运动奠定了思想基础，客观上为马克思主义的传播创造了条件。

第三，新文化运动也存在一些局限性。如资产阶级民主主义并不是有效的思想武器，改造人的国民性与改造社会环境的革命实践脱离，存在形式主义分析问题的方法等。

☆十月革命是怎样推动中国的先进分子从资产阶级民主主义转向社

会主义的？

第一，十月革命发生在其国情与中国相同（封建压迫严重）或近似（经济文化落后）的俄国，因而对中国先进分子具有特殊吸引力。

第二，十月革命诞生的社会主义俄国号召反对帝国主义，并以新的平等的态度对待中国，有力推动了社会主义思想在中国的传播。特别是1919年苏维埃俄国第一次对华宣言声明放弃沙俄在中国攫取的一切特权，更引起人们很大的震动。

第三，十月革命中俄国工人、农民和士兵群众的广泛发动并由此赢得胜利的事实，给予中国先进分子新的革命方法的启示，推动他们去研究这个革命所遵循的主义。

☆国民大革命失败的原因有哪些？

从客观方面来讲：（1）反革命力量的强大。（2）资产阶级发生严重的动摇、统一战线出现剧烈的分化。（3）蒋介石集团、汪精卫集团先后被帝国主义势力和地主阶级、买办资产阶级拉进反革命营垒里去了。

从主观方面来说：（1）由于中国共产党处在幼年时期，对于中国革命的基本问题，党做了有益的探索并初步提出了正确的思想，但还没有能力独立地运用马克思列宁主义，妥善解决中国革命的一系列理论问题和实际问题，在统一战线、武装斗争和党的建设三个基本问题上都没有经验。（2）中共中央领导机关在大革命的后期犯了以陈独秀为代表的右倾机会主义的错误，自愿地放弃对于农民群众、城市小资产阶级和中等资产阶级的领导权，尤其是放弃对于武装力量的领导权，使党在大革命的危急时刻完全处于被动地位。

第五章　中国革命的新道路

第一节　实践教学指导

一、实践教学目的

通过实践教学，使学生认清国民革命失败后国民党政权的本质，懂得"农村包围城市，武装夺取政权"这一独创性的理论，是中国共产党集体智慧的结晶，毛泽东作出了杰出的重大贡献，实现了"第一次结合"。与此同时，使学生认识到：中国共产党坚持一切从中国实际出发，创造性地把马克思列宁主义基本理论与中国革命具体实际相结合，从而丰富教学手段，扩展学生视野，加强知识与实践同构，促进历史与现实的联结，增加思政教学实效性。

二、场馆（所）实践教学

（一）南昌八一起义纪念馆实践教学

1. 南昌八一起义纪念馆简介

南昌八一起义纪念馆是为纪念 1927 年 8 月 1 日中国共产党领导进行的南昌起义而建立。馆址位于江西省南昌市南昌"八一"起义指挥部旧址内，包括南昌八一起义总指挥部、贺龙率领的第二十军指挥部、叶挺率领的第十一军指挥部、朱德创办的军官教育团和朱德旧居等 5 处。

纪念馆共保存藏品原件 1295 件，复制品 1416 件，还布置了旧址原貌陈列和辅助陈列。其中，总指挥部的二、三楼内，陈列有"南昌起义的决定""南昌起义""南昌起义部队南进和井冈山会师"等 3 个部分，展出照片 150 张，图表 15 个，绘画 10 幅，模型 1 座，实物 70 余件。第二十军指挥部旧址内的"贺龙同志的生平照展"，扼要地介绍了贺龙战斗的一生；第十一军指挥部旧址内的"起义中的第十一军"陈列，介绍了该军在中国共产党的领导下，从第四军独立团到参加南昌起义的战斗和发展历程；军官教育团旧址内的"朱德同志创办的军官教育团""朱德同志生平照展"两个陈列，扼要地介绍了军官教育团的革命斗争历史和朱德伟大的一生；花园角二号朱德旧居内的"南昌起义中的朱德同志"，较详细地介绍了他在南昌起义中的功绩。南昌起义总指挥部的三楼北端，还辟有"周恩来同志永远活在我们心中"专题陈列。

南昌八一起义纪念馆创立于 1956 年，1959 年 10 月 1 日正式向公众开放，随后被国务院列为全国重点文物保护单位。其陈列的五处革命旧址，包括南昌起义总指挥部旧址、贺龙指挥部旧址、叶挺指挥部旧址、朱德军官教育团旧址和朱德旧居，见证了中国共产党武装反抗国民党反动派的起义历程。纪念馆年均接待游客超 180 万人次，目前馆中陈列有照片、文物、泥塑、浮雕等多种形式的展品 3800 余件，游客可以从微信公众号上提前预约，免费参观。同时，为了给游客更好的游览体验，纪念馆在公众号内上线 VR 展示陈列馆、数字文物展示系统和旧址群数字化展览等板块，并在馆内设有全息投影和 VR 动画，通过数字化手段，生动还原真实历史，传播好、弘扬好红色文化。

南昌八一起义纪念馆在搞好基本陈列和展示的基础上，认真地做好爱国主义基地建设。纪念馆以优异的展出教育人、鼓舞人，取得了很大的成绩，是"南京军区青年官兵革命传统教育基地""江西省爱国主义教育基地""少先队'创五星雏鹰行动'教育基地""南昌市爱国主义教育基地""全国中小学生爱国主义教育基地""全国爱国主义教育示范基地"等，每年参观的观众达 15 万人次。为了提高爱国主义教育效果，南昌八一起义纪念馆采取"请进来""走出去"的多种形式办展览。近年来，先后在北京、上海、重庆、辽阳等地展出，收到了良好的宣传效果。

（参考南昌八一起义纪念馆官网；南昌八一起义纪念馆：《军旗升起的地方——八一南昌起义展览巡礼》，人民出版社 2004 年版。）

2. 南昌八一起义纪念馆实践教学要点

（1）让学生了解在大革命失败后，中国共产党建立人民军队，坚持革命斗争的基本史实。

（2）让学生认识中国革命新道路的具体含义，深刻认识到开展武装斗争、创建人民军队的极端重要性。

（3）让学生逐步认识党和国家的重要领导人、共和国开国将帅，学习他们身上所凝聚和体现出的革命精神，掌握中国共产党和全国人民极其宝贵的精神财富。

3. 南昌八一起义纪念馆实践教学组织方式

（1）"浸润式"小班现场教学

老师带队进行。提前让学生搜集相关材料；带学生现场教学，组织学生现场讨论；要求学生撰写实践报告，或制作微视频、摄影展、手绘展以及文学作品创作等；组织学生进行反思、交流。

（2）学生结组或个人前往

指导学生结组或个人前往南昌八一起义纪念馆进行教学实践。要求学生撰写实践报告，或制作微视频、摄影展、手绘展以及文学作品创作等，组织学生进行反思、交流。

（3）网络或文献调研

要求学生结组或个人通过网络、文献进行南昌八一起义纪念馆的调查、研究，撰写相应的调研报告或心得体会，并组织学生进行反思、交流。

（4）智能教室情境模拟教学

组织学生通过智能教室进行南昌八一起义纪念馆情境模拟教学，要求学生撰写实践报告，并组织学生进行反思和交流。

（二）鄂豫皖苏区首府革命博物馆实践教学

1. 鄂豫皖苏区首府革命博物馆简介

鄂豫皖苏区首府革命博物馆坐落在信阳市北京路和 107 国道交会处，占地 3 万平方米，2007 年 4 月 28 日建成开馆。博物馆按时代顺序陈列展览，以上千幅文字图片和数百件实物对应的方式，全面展示鄂豫皖革命根据地形成、发展和不断壮大的过程，着重介绍了从大革命时期到解放战争时期各个历史阶段发生在鄂豫皖大地上的重大历史事件。鄂豫皖革命根据地是仅次于中央苏区的全国第二大革命根据地。1928 年 6 月，黄麻起义后起义部队开辟了鄂豫边革命根据地。1930 年 6 月，鄂豫皖边区第一次工农兵代表大会在陈店王湾举行，鄂豫皖边区苏维埃政府成立。至此，鄂豫皖革命根据地正式形成。鄂豫皖根据地鼎盛时期，东望安庆，西扼京汉，北临淮河，南濒长江，建立了 26 个县级革命政权，人口 350 万，主力红军发展到四五万人。

鄂豫皖苏区首府革命博物馆现已成为全国首批国防教育示范基地、河南省爱国主义教育示范基地、河南省廉政教育基地。其中，英雄广场是新县县委、县政府于 2001 年到 2002 年，投资 800 多万元建成的综合性娱乐广场，占地面积 6000 平方米；"红旗飘飘"主题雕塑通高 21 米，喻示着 1926 年新县第一个党小组诞生至 1947 年成立新县人民政府这 21 年间鄂豫皖革命根据地斗争连绵不断，火种不灭，红旗不倒；兵器园位于英雄广场北侧，主要陈展有飞机、坦克、大炮等兵器。主展馆有 8 个展厅，包括基本陈列"风云大别山"和专题陈列"将军摇篮""千里跃进大别山""今日新县"等，反映了鄂豫皖革命根据地经历创建与统一、巩固与发展、坚持与保卫等几个阶段，一直到迎来全国革命胜利的历史。展厅内部陈列采用声光电先进技术手段，陈列水平已达到全国县级博物馆一流水平。馆内还陈列有中国工农红军的第一架飞机"列宁"号和全国唯一保存下来的当年书写在青砖墙上的《中华苏维埃第一次全国代表大会土地法令草案》等珍贵文物。将帅馆是全国红色旅游"1231"重点工程，建筑面积 5440 平方米，由新县县委、县政府规划兴建，将陈展在鄂豫皖苏区工作和战斗过的 347 位开国将帅的生平事迹。

目前，主体工程已竣工，正在进行陈列布展。

2019 年 9 月 16 日，习近平总书记踏上这片红色土地，专程来到鄂豫皖苏区首府烈士陵园和革命博物馆。习近平总书记指出，红军后代、革命烈士家属传承革命精神有说服力和感染力，要把先辈们的英雄故事讲给大家听，讲给年青一代听，激励人们坚定不移跟党走，为实现美好生活而奋斗。

（参考新县人民政府官网；《踏上红色土地，习近平深情讲述这番话》，央广网。）

2. 鄂豫皖苏区首府革命博物馆实践教学要点

（1）让学生了解鄂豫皖苏区首府的形成与发展。

（2）让学生切身感受土地革命时期中国共产党领导创建的规模较大的根据地的精神力量。

（3）让学生反思鄂豫皖苏区"家家有红军，村村有烈士，山山埋忠魂，岭岭书丰碑"的深层次原因。

3. 鄂豫皖苏区首府革命博物馆实践教学组织方式

（1）"浸润式"小班现场教学

老师带队进行。提前让学生搜集相关材料；带学生现场教学，组织学生现场讨论；要求学生撰写实践报告，或制作微视频、摄影展、手绘展以及文学作品创作等；组织学生进行反思、交流。

（2）学生结组或个人前往

指导学生结组或个人前往鄂豫皖苏区首府革命博物馆进行教学实践。要求学生撰写实践报告，或制作微视频、摄影展、手绘展以及文学作品创作等，组织学生进行反思、交流。

（3）网络或文献调研

要求学生结组或个人通过网络、文献进行鄂豫皖地区调查、研究，撰写相应的调研报告或心得体会，并组织学生进行反思、交流。

（三）遵义会议纪念馆实践教学

1. 遵义会议纪念馆简介

遵义会议纪念馆是为纪念中国共产党历史上具有伟大历史意义的遵

义会议而建立的，也是贵州省唯一的国家一级博物馆。场馆位于贵州省遵义市红花岗区子尹路 96 号，原系国民党二十五军第二师师长柏辉章的私邸，占地面积 60000 平方米，拥有馆藏文物 1551 件。其中原物 726 件，复制品 667 件，仿制品 158 件。

遵义会议纪念馆由遵义会议会址等 11 个纪念场馆组成。其中，遵义会议会址建于 20 世纪 30 年代初，建筑为砖木结构、中西合璧的两层楼房。1935 年 1 月初，中国工农红军长征到达遵义后，中华苏维埃共和国中央革命军事委员会总司令部与一局即驻在这幢楼房里。1 月 15 日至 17 日，遵义会议就在主楼楼上原房主的小客厅举行。这次会议集中解决了当时最迫切的具有决定意义的军事问题和组织问题，事实上确立了毛泽东在党中央和红军的领导地位，开始形成以毛泽东同志为核心的新一代中央领导集体，对党、红军及中国革命的发展影响深远，遵义会议也由此成为中国共产党历史上一个生死攸关的转折点，遵义会议会址被国务院列为第一批全国重点文物保护单位。

遵义会议纪念馆以复原陈列为主，先后复原展出了遵义会议会址，遵义红军总政治部旧址，毛主席旧居，苏维埃国家银行旧址，遵义红军警备司令部旧址，遵义会议期间秦邦宪、李德住处，遵义会议期间邓小平住处等 7 处等革命旧址的复原陈列。另外还举办了陈云与遵义会议、李卓然与遵义会议、彭雪枫将军展览、张爱萍将军生平事迹展等临时展览，使纪念体系不断延伸，景区功能不断完善，为全国爱国主义教育和革命传统教育发挥巨大的作用。

自建馆以来，遵义会议纪念馆不断弘扬遵义会议精神，拓展爱国主义教育功能，充分发挥社会主义教育基地作用，先后被选定为"全国优秀社会教育基地""全国青少年教育基地""全国百个中小学爱国主义教育示范基地""100 个爱国主义教育示范基地"。近年来，还被中央宣传部、中央文明委、财政部、文化部等部门评为全国文化工作先进集体、全国精神文明创建先进单位、全国红色旅游工作先进单位、全国文明单位、全国文化体制改革工作先进单位、国家首批一级博物馆等。

（参考贵州省人民政府官网；吕其庆：《英烈初心》，人民出版社

2019年版；遵义会议纪念馆：https：//baike. so. com/doc/5374812 -
5610868. html）

2. 遵义会议纪念馆实践教学要点

（1）让学生了解遵义会议在中国共产党革命历史上的关键地位。

（2）让学生切身感受中国共产党确立了毛泽东在全党全军的领导
地位，使党重新走上了马克思主义的正确轨道。

（3）让学生反思"两个确立"对中华民族复兴的重要意义。

3. 遵义会议纪念馆实践教学组织方式

（1）"浸润式"小班现场教学

老师带队进行。提前让学生搜集相关材料；带学生现场教学，组织
学生现场讨论；要求学生撰写实践报告，或制作微视频、摄影展、手绘
展以及文学作品创作等；组织学生进行反思、交流。

（2）学生结组或个人前往

指导学生结组或个人前往遵义会议纪念馆进行教学实践。要求学生
撰写实践报告，或制作微视频、摄影展、手绘展以及文学作品创作等，
组织学生进行反思、交流。

（3）网络或文献调研

要求学生结组或个人通过网络、文献进行遵义会址的调查、研究，
撰写相应的调研报告或心得体会，并组织学生进行反思、交流。

三、其他实践教学方式

1. 组织学生观看纪录片，如《长征》《星火》《红色摇篮》等。要
求同学们写观后感，并组织学生进行反思、交流。

2. 请纪念馆、展览馆等专业人士入课讲座，如《中国共产党怎样
开辟革命新道路》，要求学生撰写心得体会，并组织学生进行反思、
交流。

四、实践教学报告范例

"遵义会议纪念馆"实践报告

在"中国近现代史纲要"课老师要求下，我和几位同学利用国庆假期来到遵义会议纪念馆进行实践学习，收获颇丰，达到了实践教学目的。

1. 前言

红色旅游是中国共产党领导人民在革命和战争时期所留下的丰功伟绩而形成的纪念地，以其作为传承革命历史、革命精神和革命事迹的载体。近年来，红色旅游发展逐渐呈上升趋势，不仅有利于弘扬伟大的民族精神，而且对加强广大青少年的思想道德教育有促进作用。假如说中国共产党历史是一部革命战争史，那么遵义就是这部战争史书上的闪亮一段。遵义会址旧址是在战争期间为遵义人民留下的一笔宝贵的革命历史文化遗产，为今日的遵义人民以及所有中国人留下了一片红色记忆——不要忘记我们先烈所走过的路和珍惜他们留下的宝贵财富。

2. 调查方法

首先我们通过问卷调查提了一些问题，对遵义会址的旅客进行了调查。也对现场相关人员进行了访问，并且在现场照了一些照片，最后对结果进行了分析。

（1）查阅相关资料，做好调查计划；

（2）到会址进行问卷调查并进行拍照；

（3）进行信息汇总分析。

3. 实践内容

我们此次考察重点调研了位于子尹路的遵义会议旧址、位于老城杨柳街的红军总政治部旧址以及位于新城幸福巷的遵义会议期间毛泽东、张闻天、王稼祥住处等。通过对这些红色线路的考察，我们发现遵义市旅游资源丰富，既有自然形成的景观，也有历史留下的古迹，概括起来就是八个字"绿色""红色""古色""特色"，其中，以"红色"最为耀眼。

4. 实践感悟

通过参观，我们深刻感受到革命的艰辛和伟大，深刻认识到我们党所经受的磨难和考验，在思想深处也得到了一次难忘的革命传统教育洗礼。

（1）坚定信仰。信仰是人的精神支柱。到达遵义之前，党和红军处于极度危难之中，外有敌人围追堵截，内有"左"倾教条主义，革命形势极为严峻。革命先驱几乎天天都在为中华民族的前途命运深深思索，为行军路线激烈辩论，加之人数锐减、物资匮乏、缺吃少穿、挨冻受饿，我党我军时刻面临覆灭危机。在这生死存亡的紧要关头，革命先烈没有动摇对马克思主义的政治信仰和对革命事业的必胜信念，在辩论中坚持信仰，在绝望中寻找希望，最终步履维艰到达遵义。

遵义会议精神启示我们，面对恶劣环境，生存绝境，只要有崇高的革命精神和坚定的政治信念，什么艰难险阻都能战胜。当前，面对国际形势风云变化，对坚定马克思主义信仰，对高举旗帜、看齐追随，提出了更高标准和要求。最根本的是要抓好中国特色社会主义理论体系这个奠基工程，突出学习贯彻习近平总书记系列重要讲话精神这个重点，切实坚定"四个自信"，强化"四个意识"，练就"金刚不坏之身"；最重要的是坚定忠诚于党的信念，持续不断抓好党的教育，一切行动听党话、跟党走；最紧要的是做好提气鼓劲的工作，抓好习近平总书记重要论述的学习，以改革实践成果让大家认清，有党中央和习近平总书记坚强领导和强烈使命担当，我们坚信"两个一百年目标"一定会实现。

（2）实事求是。我们党在理论上的每一次重大突破，在实践上的每一次重大发展，都是坚持解放思想、实事求是的结果。长征途中，由于博古、李德坚持"左"倾教条主义错误路线，造成第五次反"围剿"失败。遵义会议上，博古、李德拒绝批评，不承认错误，毛泽东、张闻天等同志用事实说话，用革命斗争正反两方面的实践经验教训来说服人，对博古、李德"左"倾路线和错误军事战略方针进行有力批评，以毛泽东同志为代表的正确路线和军事战略得到与会大多数同志的拥护和支持。遵义会议上，我们党实事求是分析解决革命问题，一切从实际出发纠正了错误路线，从而带领红军胜利到达陕北，开辟了光明前景。

遵义会议精神启示我们，什么时候我们坚持实事求是精神，革命事业就能顺利发展；什么时候背离实事求是精神，革命事业就会陷入曲折。创造性地而不是教条地、实事求是地而不是脱离实际地解决问题，这是遵义会议留给我们的宝贵精神财富。当前，"面子"工程、"亮点"工程、"特色"工程、"迎检"工程大行其道，"短平快"的工作模式和方法备受推崇，调研起来好看、汇报起来好听、经验做法好写成为心照不宣的"潜规则"，与传承下来的实事求是优良作风完全背离，甚至遗忘殆尽。解决上述问题，关键在于牢牢把握实事求是原则，敢于解放思想，尊重客观规律，坚持一切从实际出发，勇于探索实践，要把闯险关蹚新路的冒险精神、扛重任担风险的担当精神、敢质疑不自满的创新精神融于具体实践当中。

（3）民主团结。发扬党内民主，采取正确的集中，是我们党克敌制胜的光荣传统和宝贵经验。遵义会议前，毛泽东多次受到"左"倾路线的打击和排挤，甚至被剥夺了军事指挥权，第五次反"围剿"失败和长征初期蒙受重大损失的惨痛教训，使全党终于认识并接受了毛泽东的正确主张，为遵义会议的胜利召开奠定了基础。会议取消"三人团"，选举产生了新的领导班子，改选了军事指挥领导人，确立毛泽东同志的领导地位。党性作风和领导权力的转折，指引党和红军四渡赤水，避实击虚，继而战胜了极端恶劣的自然条件，完成了二万五千里长征的伟大胜利。

遵义会议精神启示我们，坚持按照民主集中制原则来设定和处理问题，是从严治党、严守规矩最重要的一环，只有坚持集体领导，发挥好集体的智慧力量，才能实施有效的正确的集中。党的十八大以来，习近平总书记在作风建设方面，开展群众路线教育实践活动，"打老虎、拍苍蝇、捉狐狸"，打牢了广大领导干部"为官不易"的思想根基。新时期新阶段，我们要坚决贯彻习近平总书记关于作风建设的重要论述，坚持走群众路线，充分发扬民主，团结和依靠最广大的人民群众，最广泛地听取各级的意见建议，有力提升贯彻执行民主集中制的水平，不断增强党委领导的政治力、凝聚力、创造力。

我们常常想，希望有一天我们也能像他们一样在国家、党和人民需要自己的时候，贡献出我们应该贡献的才智，哪怕是生命。作为医学专业的大学生，我们不但要学习书本上的理论知识，更重要的是要应用于实践当中。唯有见识到理论与实际的差别，才能更好地将自己的医学知识运用到临床上。同时，我们也会将这次遵义会址实践经历永远珍藏并转化成为人生重大财富——弘扬革命文化、传承长征精神，是我们每一代人的责任和使命，我们将永远牢记在心。

第二节　课程提质指导

一、习近平新时代中国特色社会主义思想引领本章教学要点

要点 1：中国共产党载着红船的意愿，以立党为公、忠诚为民的奉献精神，努力维护好、实现好、发展好最广大人民的根本利益。"革命声传画舫中，诞生共党庆工农。"中国共产党从诞生那天起，从来就没

有自己的私利，而是以全心全意为人民谋福利为根本宗旨。密切联系群众是我们党区别于其他任何一个政党的显著标志。依水行舟，忠诚为民，成为贯穿中国革命和建设全过程的一条红线，也是"红船精神"的本质所在……开天辟地、敢为人先的首创精神，坚定理想、百折不挠的奋斗精神，立党为公、忠诚为民的奉献精神，是中国革命精神之源，也是"红船精神"的深刻内涵。

——习近平：《弘扬"红船精神" 走在时代前列》（2005 年 6 月 21 日）

要点 2：坚持党性原则是共产党人的根本政治品格，是政治工作的根本要求。政治工作必须坚持党的原则第一、党的事业第一、人民利益第一，在党言党、在党忧党、在党为党，把爱党、忧党、兴党、护党落实到工作各个环节。

——习近平：《充分发挥政治工作对强军兴军的生命线作用》（2014 年 10 月 31 日）

要点 3：井冈山是中国革命的摇篮。井冈山斗争的伟大实践，对中国革命道路的探索和抉择、对中国共产党和人民军队成长具有关键意义。井冈山时期留给我们最为宝贵的财富，就是跨越时空的井冈山精神。井冈山精神，最重要的方面就是坚定信念、艰苦奋斗，实事求是、敢闯新路，依靠群众、勇于胜利……今天，我们要结合新的时代条件，让井冈山精神放射出新的时代光芒，最重要的是坚定执着追理想、实事求是闯新路、艰苦奋斗攻难关、依靠群众求胜利。

——习近平：《让井冈山精神放射出新的时代光芒》（2016 年 2 月 3 日）

要点 4：伟大长征精神，就是把全国人民和中华民族的根本利益看得高于一切，坚定革命的理想和信念，坚信正义事业必然胜利的精神；就是为了救国救民，不怕任何艰难险阻，不惜付出一切牺牲的精神；就是坚持独立自主、实事求是，一切从实际出发的精神；就是顾全大局、严守纪律、紧密团结的精神；就是紧紧依靠人民群众，同人民群众生死相依、患难与共、艰苦奋斗的精神。

——习近平：《在纪念红军长征胜利 80 周年大会上的讲话》（2016

年 10 月 21 日）

要点 5：1927 年 8 月 1 日，南昌城头一声枪响，拉开了我们党武装反抗国民党反动派的大幕。这是中国共产党历史上的一个伟大事件，是中国革命史上的一个伟大事件，也是中华民族发展史上的一个伟大事件。

南昌城头的枪声，像划破夜空的一道闪电，使中国人民在黑暗中看到了革命的希望，在逆境中看到了奋起的力量。南昌起义连同秋收起义、广州起义以及其他许多地区的武装起义，标志着中国共产党独立领导革命战争、创建人民军队的开端，开启了中国革命新纪元。

——习近平：《在庆祝中国人民解放军建军 90 周年大会上的讲话》（2017 年 8 月 1 日）

二、教学目标

（一）知识目标

1. 了解中国共产党第一次全国代表大会的主要内容以及中国共产党成立的伟大意义。

2. 了解第一次国共合作及国民大革命的基本情况。

3. 了解南京国民政府的反动统治及中国共产党继续革命的必要性。

4. 了解中国共产党领导下的三大武装起义及革命重心转向农村的过程。

5. 理解"农村包围城市，武装夺取政权"理论的内涵。

6. 了解中国共产党探索革命新道路中的艰辛历程，理解长征胜利的伟大意义。

（二）能力目标

帮助学生提高运用科学的历史观和方法论分析革命过程、辨别历史是非和社会发展方向的能力。

（三）价值观目标

认识"农村包围城市，武装夺取政权"新道路是中国革命的正确选择，是中国共产党将马克思主义基本原理与中国革命具体实践相结合的伟大成果，坚信"没有中国共产党，就没有新中国，就没有中华民族伟大复兴"，坚定对党的领导的认同。

三、教学重点与难点

1. 如何切实使学生认识国民党政权的反动性质，从而懂得中国共产党领导土地革命的必要性和合理性。

2. 中国共产党开辟"农村包围城市，武装夺取政权"革命新道路的历程。

3. 中国共产党领导的三大起义，创建人民军队、根据地与苏维埃共和国的历史意义。

4. 中国共产党探索革命道路中出现的"左"、右倾错误，以及树立实事求是的科学历史观。

5. 如何认识中国共产党要领导革命走向胜利，就必须把马克思主义和中国实际相结合，实现马克思主义中国化。

6. 中国共产党人为什么一定要实现马克思主义中国化。

四、关键问题引领与简答

（一）为什么说国民党代表了大地主、大资产阶级的利益

南京国民党政府是在帝国主义的支持下建立的，从根本上说，国民党统治的建立，并没有使中国摆脱帝国主义的压迫，而是为外国侵略势力深入中国进一步敞开了大门。国民党统治时期，在中国的社会经济生活中占优势地位的仍然是封建经济。国民党统治建立以后，官僚买办资本急剧地膨胀起来，它又是中国的垄断资本，控制了全国的经济命脉。国民党的反动统治代表着帝国主义、封建主义和官僚资本主义的利益，在当时，推翻国民党的反动统治成为新民主主义革命的主要目标。

（二）为什么武装斗争是中国革命的主要形式

武装斗争是中国革命的主要斗争形式，武装的革命反对武装的反革命，是中国革命的特点和优点之一。

第一，半殖民地半封建的中国社会的基本国情，决定了中国革命只能以长期的武装斗争为主要形式。近代中国是一个半殖民地半封建社会，在其内部没有民主制度，外部没有民族独立，因此，中国革命无议会可利用，无组织工人罢工的合法权利。这种特殊的国情，决定了无产阶级及其政党一开始就面临着组织武装斗争的任务。第二，中国革命的敌人异常强大，也是异常凶残的，这就决定了中国革命必须用武装的革命反对武装的反革命。第三，敌我力量对比、帝国主义和国内各派军阀之间的矛盾、国内反动统治集团之间的矛盾以及中国政治经济发展的不平衡的状态，决定了中国革命的武装斗争将不可避免地要经历一个长期而曲折的过程。

（三）中国红色政权能够存在的原因是什么

中国是一个政治经济发展极不平衡的半殖民地半封建的大国，反革命营垒内部不统一并充满矛盾，因而使许多农村小块革命根据地能够在反革命政权的包围下产生、坚持和波浪式地向前扩大。经过第一次大革命影响和锻炼的工农兵士，为建立革命军队和红色政权准备了良好的群众基础。中国革命形势是跟着国内买办豪绅阶级和国际资产阶级的继续的分裂和战争，而继续地向前发展的。这就为小块红色区域的长期存在和发展提供了客观依据。

中国红色政权存在的原因有：第一，近代中国经济发展不平衡，没有统一的资本主义经济，自给自足的地方性农业经济广泛存在，这为红色政权的存在提供了必要的物质条件。第二，近代中国政治发展不平衡，广大农村是反动统治的薄弱环节，而农民又是革命的主力军，这又使红色政权获得了浓厚的阶级基础。第三，帝国主义国家的间接统治和相互间的斗争，造成了军阀割据的局面和连绵不断的军阀混战，这使红色政权获得了存在和发展的缝隙。第四，中国是一个大国，革命力量有广泛回旋余地。

（四）为什么说遵义会议是中国共产党历史上一个生死攸关的转折点

遵义会议事实上确立了毛泽东同志在党中央和红军的领导地位，开

137

始确立以毛泽东同志为主要代表的马克思主义正确路线在党中央的领导地位，开始形成以毛泽东同志为核心的党的第一代中央领导集体。遵义会议的鲜明特点是坚持真理、修正错误，确立党中央的正确领导，创造性地制定和实施符合中国革命特点的战略策略。这次会议的一系列重大决策，是在中国共产党同共产国际中断联系的情况下独立自主作出的，开启了党独立自主解决中国革命实际问题新阶段，在最危急关头挽救了党、挽救了红军、挽救了中国革命，是党的历史上一个生死攸关的转折点。

（五）"长征精神"的基本内容是什么

长征精神，就是把全国人民和中华民族的根本利益看得高于一切，坚持革命的理想和信念，坚持正义事业必然胜利的精神；就是为了救国救民，不怕任何艰难险阻，不惜付出一切牺牲的精神；就是坚持独立自主、实事求是，一切从实际出发的精神；就是顾全大局、严守纪律、紧密团结的精神；就是紧密依靠人民群众，同人民群众生死相依、患难与共、艰苦奋斗的精神。长征精神，是中国共产党和人民军队革命风范的生动反映，是中华民族自强不息的民族品格的集中展示，是以爱国主义为核心的民族精神的最高体现。长征精神为中国革命不断从胜利走向胜利提供了强大的精神动力。

五、文化自信教育

（一）毛泽东《七律·长征》诗词的形成及革命文化的融入

创作背景：这首诗写于1935年10月，中国工农红军为粉碎国民党反动派的"围剿"，也为了北上抗日，挽救民族危亡，从江西瑞金出发，开始了举世闻名的长征。这首七律是毛泽东作于红军战士越过岷山后，长征即将胜利结束前不久的途中。作为红军的领导人，毛泽东带领军队经受了无数艰难险阻和重重考验。如今，曙光在前，胜利在望，他心潮澎湃，满怀豪情地写下了这首壮丽的诗篇。

1935年2月25日凌晨，中革军委下达作战命令：冲过娄山关，再占遵义城。2月27日，红军占领遵义城。28日晨，红军在城南红花岗、老鸦山与赶来增援的国民党军激战，歼敌大部，并将敌赶到乌江以南。娄山关一战是红军自长征以来取得的第一次大捷。这次战役的胜利使红军摆脱了被动局面，粉碎了蒋介石企图在川、滇、黔边区全歼红军的妄想。2月28日傍晚，毛泽东来到云海苍茫的娄山关。此时正值农历的早春季节，娄山关上千峰万仞，重崖叠峰，寒风呼啸，松涛阵阵，战场上硝烟尚未散尽，血迹未干，骑兵的马蹄声急促而凌乱，远处传来的军号声低沉而悲壮。此情此景，毛泽东感慨万端，吟出了长征中最为悲壮的著名诗篇《忆秦娥·娄山关》："西风烈，长空雁叫霜晨月。霜晨月，马蹄声碎，喇叭声咽。雄关漫道真如铁，而今迈步从头越。从头越，苍山如海，残阳如血。"在霜天残月的意象描写中，诗人抒发了征途寒苦、战斗曲折的凝重心情。通过对残阳余晖洒满群山万壑的壮美景色的描写，表现了红军跨越一切雄关险隘的豪情壮志，又寓意遵义会议后中国革命步入正确轨道，重新迈步向前。

出版历程：1936年10月底，斯诺带着十几本日记和笔记、30个胶卷回到北平。在其夫人协助下，斯诺把采访手记迅速整理成文，陆续发表在上海的《大美晚报》《密勒氏评论报》等报刊上。1937年初，他把这些发表了的英文打字稿提供给了燕京大学进步学生王福时。王福时和时任斯诺秘书的郭达、燕京大学学生李放等迅速把这些文稿译成中文，仅用两个多月的时间汇编成《外国记者西北印象记》，并于同年4月在北平秘密出版。此书内容大都是斯诺的文章和访谈，斯诺还为这本书提供了32幅照片、10首红军歌曲和毛泽东《长征》一诗的手迹。《长征》一诗以《毛泽东所作红军长征诗一首》为标题，单独刊登在《外国记者西北印象记》一书的封三上。在该书《毛泽东——苏维埃的台柱》部分，斯诺写道："他更提到红军如何举行了向西北的长征。关于这次长征，他写了一首古典的诗。"这是有关毛泽东诗词作品最早的文字记载。

融入方式：长征是苏维埃革命的终点，是全民族抗战的起点，也是中国共产党革命文化的重要标识。目前，大多数史著和历史学家都把1934年10月中央红军撤离苏区称为"长征开始"，甚至称之为"二万五千里长征"。但事实上，红军的战略大转移并不是一开始就被称为"长征"的，将当年红军的战略大转移统一称为"长征"，有一个历史发展过程。对于其中蕴含的文化自信教育内容融入教学，可从回顾、赏析与探究三方面深入：

1. 回顾。在课上讨论交流后，使学生明确红军不怕万里长征路上的一切艰难困苦，把千山万水都看得极为平常。绵延不断的五岭，在红军看来只不过是微波细浪在起伏，而气势雄伟的乌蒙山，在红军眼里也不过是小小泥丸在滚动。金沙江浊浪滔天，拍击着高耸入云的峭壁悬崖，雾气蒸腾；大渡河险桥横架，晃动着凌空高悬的根根铁索，寒意阵阵。更加令人喜悦的是踏上千里积雪的岷山，红军翻越过去以后个个笑逐颜开。

2. 赏析。"红军不怕远征难，万水千山只等闲。"这两句是全诗的总纲，写得极有气势。它高度概括了红军在毛泽东和党中央的统率下于整个长征过程中所表示出来的亘古未有的英雄气概和百折不挠的勇毅精神。"远征难"三个字总括了红军长征途中所遇到的一切困难。"远征"是写长征行程之远，时月之长；"难"是写长征牺牲之大，经历之苦。面对一切艰难困苦，红军的回答是"不怕""只等闲"，这充分显示出红军战士钢铁般的革命意志和大无畏的英雄气概，也给全诗定下了轻快豪迈、气度不凡的基调。"五岭逶迤腾细浪，乌蒙磅礴走泥丸。"这两句紧承上句的"万水千山"，先具体写山。这样有意缩小人的视觉比例，正是为了反衬红军，突出表现红军敢于藐视并战胜一切困难的高大形象和精神伟力。"金沙水拍云崖暖，大渡桥横铁索寒。"这两句写水，既实写红军长征途中抢渡金沙江、飞夺泸定桥的两次战斗，又虚写红军长征途中跋涉的无数道急流险滩。"更喜岷山千里雪，三军过后尽开颜。"结尾这两句写长征的最后路程，是全诗的高潮。"更喜"两字，一方面表现了红军战士在极其艰苦条件下的乐观主义精神；另一方面表现了红军战士对美好的革命前途的向往和自信。这里的"三军"，专指"红一方面军、二方面军、四方面军"。在写这首诗时，红二、四方面军正在行军途中，还未越过岷山。但毛泽东希望并相信他们定能战胜天险，冲破敌人的围追堵截，克服张国焘的分裂主义，完成长征的任务，与红一方面军胜利会师。所以，"三军"一词，充分表达了毛泽东对红二、四方面军广大指战员的殷切希望和信任。

3. 探究。这首诗为我们展示了五幅"征难图"：腾越五岭，疾跨乌蒙山，巧渡金沙江，飞夺泸定桥，喜踏岷山雪。让学生谈自己最欣赏的一幅图，可以结合具体的诗句，从对典型场景和事例的描述，对中国共产党人和红军战士不畏艰险、藐视困难的革命英雄主义气概和革命乐观主义精神的感悟等方面来谈自己的体会。

（二）《可爱的中国》的撰写及革命文化融入

创作背景：《可爱的中国》是中国共产党杰出的无产阶级革命家、军事家——方志敏在监狱中完成的。在土地战争革命时期，方志敏创建了赣东北、闽浙赣革命根据地。1935 年 1 月，不幸被俘。同年 8 月，在狱中斗争了 8 个多月的方志敏被国民党反动派杀害，时年 36 岁。方志敏牺牲后，《可爱的中国》等手稿问世。

精神内涵：在《可爱的中国》篇章中，作者化名"祥松"，以祥松给朋友写信的方式，回顾了自己走上革命道路的心路历程，描绘了帝国主义入侵后的悲惨现实，论述了爱国与革命两者的统一。红军长征初期，面对艰险重重的局势，以方志敏为首的革命先烈为确保中央红军顺利实施战略转移，与国民党反动派展开了一场斗智斗勇的较量。在《我从事革命斗争的略述》篇章中，作者通过对红十军对敌斗争的叙述，彰显了广大红军指战员为了国家前途、民族命运而甘愿牺牲奉献的崇高精神。

即使生存环境非常恶劣，方志敏仍始终表现出一名革命者的浪漫主义精神和对待生死的乐观态度，这也使得他的作品更富有艺术感染力。作者以柔情的笔致细数中国的可爱之处。在这里，祖国母亲的地大物博、山河万千、丰富资源、多样文化一一呈现在读者面前。那发自内心的深情告白也是作者对自己奋斗人生的热情宣言和殷切期待，通篇没有一丝屠弱之气和伤感之情。那脍炙人口的精彩片段，至今仍不断激荡着读者的心魂："到那时，到处都是活跃跃的创造，到处都是日新月异的进步，欢歌将代替了悲叹，笑脸将代替了哭脸，富裕将代替了贫穷，康健将代替了疾苦，智慧将代替了愚昧，友爱将代替了仇杀，生之快乐将代替了死之悲哀，明媚的花园将代替了凄凉的荒地！这时，我们民族可以无愧色地立在人类的面前，而生育我们的母亲，也会最美丽地装饰起来，与世界上各位母亲平等地携手了。"这些以现实主义与浪漫主义相结合创作出的文字，处处涌动着生机与活力，诉说着革命先辈的初心与信仰。

思想渊源：方志敏有较深的国学基础，《可爱的中国》是优秀传统文化与革命文化紧密结合的代表作。以下是《可爱的中国》一些经典段落及其文化渊源。

1. "学而时习之，不亦说乎?"这句话出自《论语》中的《学而篇》，是由孔子所说。它强调了学习和思考的重要性，可爱的地方在于，它鼓励人们积极学习和不断提升自己的知识水平，同时也传达了乐于学习的态度。

2. "读万卷书，行万里路。"这句话源自明代画家董其昌的诗作。它表达了对知识和经验的追求，鼓励人们不断阅读和探索，从中获取智慧和启发。这个段落可爱的地方在于，它激励人们勇于冒险，尝试新事物，开阔眼界。

3. "千里之行，始于足下。"这句话出自《道德经》，是老子所说。它强调了行动的重要性。无论目标有多遥远，都需要从脚下着手，才能够迈出第一步。这个段落的可爱之处在于，它给予人们勇气和动力，告诉我们只要开始，就能够实现伟大的目标。

4. "青山不改，绿水长流。"这是一句传统的谚语，表达了对自然和生活的深深热爱。它告诉我们，尽管世事变迁无常，但自然界中的山川、河流依然保持着它们的美丽和生机。这个段落的可爱之处在于，它传递了对大自然的敬畏之情，同时也提醒我们要保护和珍爱我们的环境。

5. "路漫漫其修远兮，吾将上下而求索。"这句诗出自屈原的《离骚》。它讲述了屈原的思想和人生追求，表达了对真理和智慧的渴望。

这个段落可爱的地方在于，它鼓励人们勇往直前，不断追求自己内心的远大目标。

6. "宁为鸡口，无为牛后。"这是一句描述人生态度的谚语。它告诉我们，宁可做小而洁的鸡嘴，不做大而臭的牛后。意思是说，宁愿过简单但自由的生活，也不愿被束缚在权力和地位下。这个段落的可爱之处在于，它教导人们追求内心真实的自我，而不是追逐虚浮的物质利益。

7. "人生自古谁无死，留取丹心照汗青。"这句话出自文学家文天祥的《过零丁洋》，它表达了对正义和永恒价值的追求。无论生命如何短暂，人们应该保持热爱、勇敢和真实，留下自己的深深印记。这个段落的可爱之处在于，它鼓励人们坚守自己的信念和价值观，为了真理而奋斗。

党的十八大以来，习近平总书记高度重视革命文化，反复强调要结合时代条件传承好、弘扬好革命精神。教师通过在课堂上分享《可爱的中国》经典段落，提示学生在后面课程中，把相关的中国共产党的优秀品质整理出来，进行不同时空的历史对照。在此基础上，揭示它们代表中国文化的精髓和灵魂，传承着智慧和美好的价值观，以此启迪学生继承和发扬革命英雄的爱国主义、乐观主义和奋斗主义精神，为新时代中国特色社会主义建设贡献力量。

六、逆向课程思政

(一)"革命文艺创作"内容与艺术专业大学生逆向课程思政

瞿秋白强调剧本创作直接关系到一台戏剧表演的成败，很注重剧本创作的大众化。他提倡集体创作，认为"集体创作，不但能多产生剧本，同时能很快提高每个人的写剧水平"。要求每个人应订出写作计划，并由剧团领导综合归纳，排成总计划。根据自己的写作经验，他认为应先学会写故事，再编剧本。他说，"先写故事是写剧本的最好的方法之一，但故事要有真实性和典型性，要注意收集故事"。他自己也动手写故事，他说："我不会写剧本，只能提供一些故事给你们。"其中有上海工人与巡捕、警察、红头阿三斗争的情形。他希望在收集故事的过程中，要真切地体验各种生活。剧团按照瞿秋白的指示精神，既有计划地安排集体创作，也鼓励个人创作，产生了许多较好的剧本。其中有《李保莲》《堡垒中的士兵》《追击》《你教我打手枪》《换哨》等话剧，以及《搜山》《突火阵》等舞剧，这些剧本为中国现代革命戏剧运动留下崭新一页。

革命精神、革命文化为艺术类学生开展专业学习注入精神灵魂。因此，对艺术专业学生的思政教育有多种方式，既有理论学习，也有实践活动。

首先，在理论学习方面，教师可以通过"革命文艺创作"问题结合艺术史、艺术理论等知识进行深度解读，引导学生对革命艺术及其背后的创作目的、精神意涵以及文化价值等问题进行深入思考，切身感受文艺创作在革命活动中发挥的重要作用。其次，在实践方面，教师可以"革命文艺创作"为主题组织学生参观艺术展览、举办艺术创作比赛等活动，让学生亲身体验艺术与思政教学结合的魅力。最后，在考试评分方面，教师可突出思政教学与艺术学习的深度结合，采用多元化的评价方式，既有考试评分，也有作品展示。教师可以要求学生结合"纲要"课教学内容进行艺术创作，并在课堂上展示作品，进一步增强对艺术专业学生的思想引领和价值提升。

（参考王铁山、刘福勤主编：《瞿秋白传》，人民出版社 2011 年版。）

（二）"苏区兵工厂"内容与机械专业大学生逆向课程思政

土地革命战争时期，在国民党的"围剿"与经济封锁中，为了苏区的生存和发展，为了打破敌人的"围剿"，军械、弹药制造，军服、药品等一系列军需工业，在闽西山坳傲然崛起。

初期的兵工厂，通常仅靠几个农村打铁匠白手起家，设备简单，靠几把铁锤、火钳和手拉风箱。如大革命失败后，共产党人郭滴人，几经周折请来广东刘益和等五位枪械师傅至山塘，在此创办了闽西共产党领导的最早的乡村红色兵工厂，用收购来的废铜铁，制造出第一批 17 支

144

单响土造枪。随后仿汉阳造步枪，以及制造手榴弹、子弹等。经过艰苦创建，初具规模，开始修理土枪土炮，制造单响枪，通过摸索，最后发展成能修理机枪、步枪，熬制土硝，翻造子弹、手榴弹的兵工厂。如1931年夏，"福建军区兵工厂"有工人140多名，一台旧式机床，一台制子弹壳的机器，主要制造子弹、三刃刺刀、枪托、毛瑟枪、马尾手榴弹、地雷等。1933年初，其和官田修械厂合并成立"中央兵工总厂"。

无论是革命、建设还是改革时期，工业都是国家与民族的脊梁。针对机械专业学生的思政课程，不仅仅是学习一定的党史知识和培养政治素养，更要求学生养成正确的人生观、价值观和社会责任感。只有把思政教育融入机械专业课程教育的方方面面，才能真正培养出德才兼备的优秀机械工程技术人才。

首先，机械专业是一个技术含量较高的学科，需要学生具备较强的创新能力和创业精神。在课堂教学中，可以引导学生了解相关科技成果和高新技术的发展动态，鼓励他们主动参与创新创业项目，锻炼他们解决实际问题的能力和团队协作意识，激励他们勇于创造、敢于挑战，为机械领域的科技创新和产业发展贡献自己的力量。其次，机械专业是一个实践性很强的学科，需要学生具备扎实的技术操作能力和工匠精神。在实践教学中，可以引导学生学习模范工匠的故事和业绩，激发他们追求卓越、追求完美的职业信念。还要注重课程实践环节的设计，让学生亲自动手进行机械零部件的设计、加工和装配，培养他们的动手能力和团队合作意识，锻炼他们克服困难、追求卓越的品质。

（参考《闽西苏区——崛起的军需工业支撑革命需要》，搜狐网。）

七、案例精选

（一）案例一：周恩来与南昌起义

据萧克回忆：周恩来同志是我非常崇拜的一个人，崇敬的一个人，他军事上也好，政治上也好，各个方面，都是全党全军的楷模，所以在他逝世的时候，我们在总后的门口站了一个小时，等待灵车通过。那个感情，那个压抑的心情是无法用语言来表达的。我们印象最深的是周恩来同志领导的南昌起义，打响了武装反抗国民党反动派的第一枪。朱德总司令对南昌起义有个评价：从此人民有了自己的军队，建立了人民的军队。秋收起义不同于南昌起义，南昌起义是一个大战役，我记得我们后来到会昌时还看到挖的战壕里，子弹壳啊，尸体啊成堆，这里是南昌起义部队与钱大钧决战的地方。那一仗没打好，部队退到广东去了。如果那个时候与江西农民结合起来搞根据地，那后来保存的部队还会多些啊！后来毛泽东同志领导秋收起义吸取了南昌起义的教训，打大城市不成，就上山当"山大王"，依托山区发展自己。建立武装以后，对人民军队怎么样建设党内有很大争论。

毛泽东同志讲，我们还是要建立人民的军队，这支军队是完成政治任务的集团，波浪式地发展，发展以后要建立根据地。不同意见的人说那样部队太苦了。这样争来争去，就在红四军七大上把毛泽东的军委书记选掉了，陈毅当了军委书记。以后，山头主义、农民意识、家乡观念等错误思想在部队蔓延。湖南的部队想回湖南，湘南的部队要回湘南，结果打了两个败仗，到红四军八大开会时，结论都没做，陈毅就到上海找周恩来。周恩来同志对当时的前委有一个指示，被称为"九月来信"，信的核心意思就是要让毛泽东同志来领导。周恩来那时认识到毛泽东是对的。周恩来当时是中央军委书记，都受他领导。陈毅把信带回来，接到信以后，毛泽东不来，说：你们糊里糊涂把我搞下去，现在又糊里糊涂要我上台，那不行，咱们要讲个清楚。他花了几天时间做准备，开了个古田会议。这个古田会议解决了我们建军的方针问题、路线问题、政策问题，到现在我们解放军还是按这个方针来做的。

（参考邓在军主编：《你是这样的人——回忆周恩来口述实录》，人民出版社 2013 年版。）

（二）案例二：农村根据地的诞生

在大革命失败以后，如果不承认中国革命应首先以乡村为中心，那就只有两种可能的选择：或者是放弃革命斗争而去同帝国主义者及其走狗妥协，如同鼓吹合法主义的托陈取消派那样；或者是在力量不够的时候同强大的敌人作决定胜负的战斗，如同犯"左"倾冒险主义错误的人们所主张的那样。这两者的性质有所不同，但其结局是相同的，那就是导致中国革命的失败。

在农村建立革命根据地，以农村包围城市、武装夺取政权的理论，是以毛泽东为主要代表的中国共产党人的集体创造，是党的集体智慧的结晶。它反映了 1927 年大革命失败以后中国革命发展的特殊规律，指明了中国革命走向胜利的唯一正确的道路。值得注意的是，南昌起义、秋收起义、广州起义等，开始时都是以占领中心城市为目标的。这些起义先后受到挫折以后，保留下来的部队经过摸索，都逐步转向了农村，并在那里开始了发动农民、开展土地革命、建设工农政权的斗争。党内许多从事实际工作的同志，经过实际斗争的教育，也开始形成了必须在乡村中坚持建设根据地的明确观念。

1930 年 4 月，有人在给《红旗》报写的信中就指出："现在就全国看来，农民运动的发展比较城市的工人运动要快得多。""在这一种情势之下，若我们依然是将大部分的力（量）都用在城市中，实不如用在农村中为好，在农村中一定得的效果更大。若是革命势力占据了广大农村之后，他还是可以联合起来包围城市，封锁城市，用广大的农村革命势力以向城市进攻，必然可以得着胜利。"当时全国各根据地的党组织从本地实际出发，将工作重点转入农村，在农村保存、恢复和发展革命力量的经验，都是构成农村包围城市、武装夺取政权理论的重要因素。而毛泽东则是总结和概括这些斗争的丰富经验，创立这一理论的最杰出的代表。

（参考中共中央党史研究室：《中国共产党历史（第一卷）》上册，人民出版社 1991 年版。）

（三）案例三：毛泽东写作《反对本本主义》

《反对本本主义》原题名为《调查工作》，写于 1930 年 5 月，是毛泽东同志在进行寻乌调查的同时，写的一篇对中国革命经验总结提炼暨系统全面论述调查研究问题的文章，也是一篇闪耀着真理光辉的马克思主义经典著作，20 世纪 60 年代公开发表时改成《反对本本主义》。

马克思主义是具有普遍性的真理，是无产阶级科学的世界观和方法论，但是马克思主义的"本本"里并不能为中国革命问题提供现成的答案，中国马克思主义者必须独立自主地去思考和研究适合中国革命的具体的方法论问题。这个时期，党需要认真总结革命斗争的经验教训，恰当地分析形势，制定出推动中国革命走向复兴的策略。然而，中国革命的复兴并不是一帆风顺的，当时党内笼罩着一种严重的"左"倾错误思潮。毛泽东时任红军党代表和中共湘赣边界特委书记，负责湘赣边界红军和根据地的革命斗争，处在这一特殊的位置上，他只能以调查研究来寻求切实可行的办法。

毛泽东对 10 年来中国革命的成败得失是进行了深刻思考的，他首先发现了导致中国革命不能顺利发展的问题症结，并以大无畏的理论勇气提出了"反对本本主义"的口号。只有确立了实事求是的思想路线，才能制定正确的政治路线、方针和政策，才能克服唯心主义、教条主义、本本主义。这一切又都取决于能否从实际出发、理论联系实际，即取决于能否做正确而系统周密的调查。从这一意义上说，毛泽东在《反对本本主义》中提出的"调查研究"就是中国共产党人克服唯心主义、教条主义，反对本本主义的指南针，它丰富和发展了马克思主义的辩证唯物主义认识论，为马克思主义中国化找到了"实事求是"的思想路径。这也正如周恩来所说："《反对本本主义》讲的是马克思主义世界观，也是方法论。"

（参考孙建华：《马克思主义中国化思想通史（第一卷）》，人民出版社 2019 年版。）

（四）案例四：毛泽民创办第一个国家银行

在大革命前，安源地区的合作社是为工人开设的，股本由工人凑集。几个铜板，几块光洋，不论多少都可以入股。经毛泽民艰苦努力，奔走宣传，"实行平价，廉价出售"，使合作社不断发展。经营范围从日杂用品、小百货到油、盐、酱、醋、米等等，还有进步书刊。毛泽民组织建立了店规、簿记，还发动店员到处采购，要求购回适用、经济的物品。他自己还跑到长沙、汉口购回工人们急需的物资。合作社的商品价格比私人商店便宜一半至一半以上，工人们可以拿钱购货，也可以用土特产品兑换货物。生意越做越兴隆，工人们入股更加踊跃，入股总额由开始的几百块光洋上升到13000多元，几乎人人有股金。

由于价格便宜，品种较全，工人都到合作社购买廉价适用的物品，致使安源街上的米店、钱摊无人问津。这可气恼了奸商，他们妄图用抢购、套购的办法破坏合作社。毛泽民采取向工人发放购货卡片，按需购买的措施，挫败了奸商的阴谋，使合作社一直稳步地向前发展。也是在这里，安源工人亲身体验到中国共产党是为人民谋利益的党，都愿团结在党的周围，同资本家、反动派作坚决的斗争。毛泽民在报告中说："合作社的意义与利益，已深深地印在工人们的脑筋中了。"

毛泽民接手瑞金国家银行工作时，面临着统一财政，调整金融，加强苏区经济建设，保障红军作战的艰巨任务。他白手起家，不到三个月时间，国家银行在1932年3月正式营业了。创建伊始，全部人员，连他自己在内，也不过几个人——一个会计、一个记账的、一个出纳员，还有个管总务的。大家文化都不太高，业务也不熟，在毛泽民手把手的帮助下，大家学会了记账、点钱、收支及来往账目等工作。解放后长期担任中国人民银行行长的曹菊如同志，也曾受到毛泽民同志的热情帮助和培养。毛泽民与财政部长林伯渠同志商量办了个训练班，培养财会人员，并亲自授课。他给同志们讲，我们是为工农持家，为红军理财的，一定要勤俭节约、勤俭建国。家穷要勤俭，国穷也要讲勤俭，道理一样。要不，就没得吃、没得穿，怎么谈得上打反动派呢？他还说："财经工作是管钱、管物的，不能差错分毫，要细心，要廉洁奉公……"在毛泽民等同志的培养、教育下，同志们的业务、思想提高很快，陆续地补充到了各级银行。

（参考人民出版社编辑部：《革命回忆录》，人民出版社1984年版。）

八、学习思考题简答

☆如何理解"农村包围城市，武装夺取政权"的历史必然性？

工农武装割据的理论（以农村为根据地，依靠农村革命力量逐渐发展壮大，最终进攻城市，夺取政权的一种革命战略）最早是由毛泽东同志提出的。在土地革命战争中，毛泽东领导的中国共产党以农村为基地，通过土地改革等举措逐步获取了广泛的农民群众支持，使革命力量得到存续。

农村包围城市的理念，强调了农村的革命力量和城市的革命力量都是必不可少的。然而农村作为革命的基地，具有得天独厚的优势，城市作为革命的目标，具有高度的领导力和组织力。通过农村力量的壮大，城市革命力量也会随之提升，这样，就可以在相对平稳的情况下，夺取城市政权，并最终取得革命胜利。

☆遵义会议的内容和历史意义是什么？

遵义会议集中全力纠正博古等人在军事上和组织上的"左"倾错误；肯定了毛泽东的正确军事主张；选举毛泽东为中央政治局常委；取消博古、李德的军事最高指挥权。

遵义会议结束了王明"左"倾错误在中央的统治，在事实上确立了以毛泽东为核心的新的党中央的正确领导。这是中国共产党第一次独立自主地运用马克思主义原理解决自己的路线、方针和政策问题，妥善地处理了党内长期存在的分歧和矛盾，是中国共产党从幼稚走向成熟的标志。这次会议在极其危急的情况下，挽救了党，挽救了红军，挽救了革命，成为党的历史上一个生死攸关的转折点。

☆中国共产党人开辟中国革命新道路是指什么？

"农村包围城市、武装夺取政权"，是中国共产党人总结大革命失败后领导红军和根据地斗争的经验，创造性总结出来的一条符合中国实际的革命道路。这一道路立足中国半殖民地半封建社会的国情，强调在敌我力量悬殊的情况下，必须先在农村建立根据地，积蓄革命力量，在条件成熟时夺取城市，最后夺取全国革命的胜利。毛泽东是这一道路的率先实践者，并且从理论上对其进行阐述，形成了农村包围城市、武装夺取政权的工农武装割据思想。这一思想的提出，是马克思主义在中国的创造性运用和发展，标志着毛泽东思想的初步形成。

☆中国共产党是如何总结历史经验、加强思想理论建设的？

1930 年 5 月，毛泽东就提出要注重调查研究，反对本本主义。长征胜利结束后，毛泽东、中共中央用大量的精力总结历史经验，加强中国共产党自身的思想理论建设。1935 年 12 月，毛泽东在瓦窑堡会议上作了《论反对日本帝国主义的策略》的报告，系统地解决了党的政治路线问题。

1936 年 12 月，毛泽东写了《中国革命战争的战略问题》，系统地说明了有关中国革命战争战略方面的诸问题。1937 年夏，毛泽东写了《实践论》《矛盾论》，深入论证马克思列宁主义基本原理同中国具体实际相结合的原则，科学地阐明了党的思想路线。以毛泽东为主要代表的中共中央所进行的理论工作，对党的政治路线、军事路线和思想路线进行了拨乱反正，从思想上、理论上武装了中国共产党人。

第六章　中华民族的抗日战争

第一节　实践教学指导

一、实践教学目的

通过实践教学，使学生直观感知日本发动灭亡中国的侵略战争以及残暴的殖民统治给中华民族带来深重灾难的历史史实，更为深刻地了解中华民族对抗外来侵略的过程，特别是中国共产党在抗日战争中发挥的中流砥柱作用。通过实践教学，总结回顾中华民族反抗日本侵略的斗争历程，以此进一步呈现中华民族抗日战争胜利的原因及其对世界和中国产生的重大意义。

二、场馆（所）实践教学

（一）中国人民抗日战争纪念馆

1. 中国人民抗日战争纪念馆简介

中国人民抗日战争纪念馆位于北京市丰台区卢沟桥宛平城内街 101号，占地面积 35000 平方米，建筑面积 36100 平方米，是全国唯一一座全面反映中国人民抗日战争历史的大型综合性专题纪念馆。中国人民抗日战争纪念馆的文物藏品以 1931 年至 1945 年抗日战争时期的各种历史文献和相关实物为主，同时也收藏自 1874 年以来日本侵略和占领台湾的各类文物，内容涉及军事、政治、经济、文化、社会等历史侧面。

中国人民抗日战争纪念馆的基本陈列，以 2005 年举办的"伟大胜利 历史贡献——纪念中国人民抗日战争暨世界反法西斯战争胜利 60 周年主题展览"为主，辅以景观、油画、雕塑、幻影成像、影视片等展示手段，表现了在中国共产党倡导建立的抗日民族统一战线旗帜下，以国共合作为基础，全国各族人民共同抵抗日本帝国主义侵略的历史，揭露了日本侵略者在侵华战争中犯下的滔天罪行。除了基本陈列外，纪念馆从建馆以来，还先后推出了"日军 731 细菌部队罪行展""台湾同胞抗日斗争图片展""中国战区中美苏空军联合抗日史实展"等 34 个专题陈列。这些专题展览不仅是基本陈列的补充和深化，而且为进一步加强爱国主义教育发挥了重要作用。

（参考百度：https：//baike. baidu. com/item/% E4% B8% AD% E5% 9B%BD%E4%BA%BA%E6%B0%91%E6%8A%97%E6%97%A5%E6% 88%98% E4% BA% 89% E7% BA% AA% E5% BF% B5% E9% A6% 86/ 1777646？fr=ge_ ala）

2. 中国人民抗日战争纪念馆实践教学要点

（1）让学生直观了解抗日战争爆发的背景、中华儿女团结抗战的奋斗历程以及抗日战争取得胜利的原因及意义。

（2）让学生切身感受日本帝国主义的侵略给中华民族带来的深重苦难。

（3）启迪学生继承和发扬伟大的抗战精神，并自觉将爱国意识融入强国实践和报国行动之中。

3. 中国人民抗日战争纪念馆实践教学组织方式

（1）"浸润式"小班现场教学

由任课老师带队指导进行。提前布置实践作业，包括了解中国人民抗日战争纪念馆的背景并搜集准备资料；带领学生进行现场教学，提出"为什么中国共产党是抗日战争的中流砥柱""如何看待国民党正面战场的抗战"等问题组织学生讨论；实践归来要求学生撰写实践报告，或制作微视频、摄影展、手绘手工以及相关文艺作品创作等；组织学生进行思考与交流。

（2）学生结组或个人前往

指导学生结组（3—8 人）或个人单独前往中国人民抗日战争纪念馆进行参观实践。要求学生撰写实践报告，制作微视频、摄影展、手绘手工以及相关文艺作品创作等，组织学生进行反思、交流。

（3）线上实践指导

教师指导学生通过线上实践参观"中国抗日战争胜利网"，进行"抗战人物""抗战档案""抗战家书"的搜集和整理，撰写调研报告或心得体会；教师组织学生进行交流和自我总结。

（二）冉庄地道战遗址

1. 冉庄地道战遗址简介

冉庄地道战遗址位于河北省保定市清苑区冉庄镇冉庄村，是抗日战争中的一处重要战争遗址。遗址整个保护区面积为 30 万平方米，重点保护区为 26 万平方米。

冉庄地道战遗址的地道及工事以冉庄村十字街为中心，有东、西、南、北主干线，长 2.25 千米。另有南北支线 13 条、东西支线 11 条和通往外村的联村地道 4 条，全长约 16 千米。地道分为作战用的军用地道和供群众隐蔽用的民用地道。在抗战时期全村 450 户，当时地道口405 个，其中用于作战的地道口 30 个，通往外村突围的地道口 3 个。遗址地道内各种地下设施共有 23 种，256 处之多。冉庄地道一般宽 0.7 至0.8 米，高约 1 至 1.5 米，上距地面 2 米多，地道最宽的地方也只能勉强同时通过 2 人。地道设计巧妙，构造复杂，设施完备，设有指挥部、储粮室、休息室、陷阱和厕所，并装有照明灯和路标，地道的出入口灵活多变，多设在墙根、牲口槽、炕面、锅台、风箱、井口等处，地道还与水井相通，既通空气又可取水。地道四通八达，高房工事、地平堡、小庙、碾子、烧饼炉、墙体等做成工事和掩体，都由地道连接起来。

纪念馆供实践参观的主要内容有：冀中冉庄地道战展厅、地道遗址及地下作战设施和地上遗址保护区。冉庄地道战遗址是中华民族抵御外侮的历史见证，是人民战争取得胜利的历史见证，是中华民族英勇斗争精神的历史见证。

154

（参考百度：https：//baike.baidu.com/item/%E5%86%89%E5%BA%84%E5%9C%B0%E9%81%93%E6%88%98%E9%81%97%E5%9D%80/5588829？fr＝ge_ ala）

2. 冉庄地道战遗址实践教学要点

（1）让学生了解冉庄地道战遗址修建的背景、改良过程及其在抗战中发挥的作用。

（2）让学生切身感受中华儿女抵抗日本侵略的英勇事迹和智慧力量。

（3）启迪学生思考中国共产党领导敌后游击战争在抗战时期发挥的中流砥柱作用，增强对中国共产党的政治认同。

3. 冉庄地道战遗址实践教学组织方式

（1）"浸润式"小班现场教学

由任课老师带队指导进行。提前布置实践作业，搜集冉庄地道战遗址的相关资料；带领学生进行现场教学，提出"从冉庄地道战看共产党'游而不击'论""游击战在抗日战争中发挥的作用"等问题组织学生讨论；实践归来要求学生撰写实践报告，或制作微视频、摄影展、手绘手工以及相关文艺作品创作等；组织学生进行思考与交流。

（2）学生结组或个人前往

指导学生结组（3—8 人）或个人单独前往冉庄地道战遗址进行参观实践。要求学生撰写实践报告，制作微视频、摄影展、手绘手工以及相关文艺作品创作等，组织学生进行反思、交流。

（3）智能教室情境模拟考察

教师组织学生在智能教室进行"冉庄地道战遗址"情境模拟考察（内含 10 个场景），要求学生撰写学习心得；在智能教室中组织学生进行小组交流和观点阐述，教师进行点评和总结。

（三）中共中央北方局旧址纪念馆

1. 中共中央北方局旧址纪念馆简介

中共中央北方局旧址纪念馆坐落于天津市和平区黑龙江路隆泰里19 号，该旧址是中共中央北方局 1936 年 3 月至 1937 年 2 月在津的办公驻地。

中共中央北方局是中国共产党最早设立的一批中央地方局（1924年12月7日成立），后在革命中几经沉浮。1933年3月，中央派孔原（代名田夫）主持恢复北方局工作，领导河北、山东、山西、陕北特委和北平、天津工作。1936年3月，刘少奇到达天津。4月，重组北方局，刘少奇任书记。1937年七七事变后，北方局领导机关迁到太原。8月，中央指示杨尚昆与刘少奇在太原建立北方局领导机关，刘少奇任书记，杨尚昆任副书记。1941年初，杨尚昆去延安，北方局工作由彭德怀负责。1942年8月底，中央批准北方局以杨尚昆等七人为委员，杨尚昆未返回华北期间由彭德怀代理书记。1943年9月，彭德怀去延安，邓小平代理北方局书记。1945年8月，中央决定撤销北方局，分别成立晋察冀、晋冀鲁豫中央局。

刘少奇主持北方局期间，领导了华北抗日救亡运动，丰富发展了中国共产党统一战线工作理论，为党的沦陷区工作政策方针的制定奠定了坚实的基础。1982年，中共中央北方局旧址被天津市政府公布为市级文物保护单位。2005年9月，北方局旧址被辟为纪念馆，正式对外开放。2006年，旧址被天津市委、市政府公布为市级爱国主义教育基地。

（参考百度：https：//baike.baidu.com/item/%E5%8C%97%E6%96%B9%E5%B1%80/9383037）

2. 中共中央北方局旧址实践教学要点

（1）让学生了解在中国共产党领导下的北方局带领华北人民抗战的历史史实。

（2）让学生切身感受刘少奇主持中共北方局及领导华北抗日民族统一战线工作的生动事迹，深刻体会中国共产党在抗日战争中发挥的中流砥柱作用。

（3）启迪学生驳斥和反对历史虚无主义思潮，帮助学生辨别是非，树立正确的历史观和党史观。

3. 中共中央北方局旧址实践教学组织方式

（1）"浸润式"小班现场教学

由任课老师带队指导进行。提前布置实践作业，搜集中共中央北方局旧址建立发展的相关资料；带领学生进行现场教学，提出问题"中国共产党在抗日民族统一战线形成和发展过程中发挥了哪些作用"，组织学生讨论；实践归来要求学生撰写实践报告，或制作微视频、摄影展、手绘手工以及相关文艺作品创作等；组织学生进行思考与交流。

（2）学生结组或个人前往

指导学生结组（3—8人）或个人单独前往中共中央北方局旧址纪念馆进行参观实践。要求学生撰写实践报告，制作微视频、摄影展、手绘手工以及相关文艺作品创作等，组织学生进行反思、交流。

（3）网络或文献调研

要求学生结组或个人通过网络、文献进行中共中央北方局旧址纪念馆相关历史史实、红色故事、文物档案的调查、研究，撰写相应的调研报告或心得体会，并组织学生进行反思、交流。

（四）塘沽万人坑遗址

1. 塘沽万人坑遗址简介

塘沽万人坑遗址是日本侵略者残害、屠杀中国人民的铁证，1994年，万人坑纪念碑被天津市委、市政府命名为"天津市爱国主义教育基地"。

七七事变后，日本连年发动侵略战争，在国内大量征兵，造成劳动力严重缺乏，经济接近崩溃。为了维持战争，1940年，日本政府通过了一项"中国劳工移入内地"的政策，以诱骗和抓捕的手段，从中国劫运大量劳工去日本充当劳力。1943年，日伪在塘沽新港卡子门东部设立了劳工收容所，即塘沽劳工营。这是当时华北地区最大的劳工收容所之一，也是华北最大的劳工转运站。从华北各地抓来的劳工大多都集中到这里，经过登记、照相、验血、编队后，再转运到日本、朝鲜和东北等地。在这里，劳工们饱受刑罚、饥饿和疾病的折磨，过着非人的生活，经常有人死去。尸体被拉到离劳工营不远处的大坑内，草草盖上一些黄土完事，日积月累形成了阴森恐怖、惨不忍睹的"万人坑"。

1992年，塘沽区委、区政府综合考虑劳工营位置以及当时规划道路的需要，在新港路、新港一号路和新港二号路的交会处树立了一座

"万人坑纪念碑"，此地距离万人坑旧址大约600米。纪念碑碑座由凝重肃穆的黑色大理石砌成，形似一座茔冢，茔冢之下埋葬着成千上万名被日本侵略者迫害致死的劳工。碑座上镌刻着"万人坑纪念碑"六个遒劲大字以及字字血泪的碑文。碑身由一高两矮三根白色大理石镶面的石柱组成。高的达16米，像一把出鞘的利剑，直指苍穹，向世人控诉日本侵略者犯下的滔天罪行；两根矮的呈对向内倾，寓意人体被肢解、国土被宰割。三根柱石之间悬吊着一轮巨大的铜铸大圆环，似警钟又像花环，既表示对死难者的缅怀、悼念，又教育、警示后人惨痛历史不容忘记。

（参考天津市滨海新区公共文化服务百姓互动数字平台：http：//www. bhwh. gov. cn/home/content/detail/id/14762. html）

2. 塘沽万人坑遗址实践教学要点

（1）通过介绍侵略者在塘沽的残暴罪行，使学生认识到日本侵华给中华民族带来深重灾难的历史史实。

（2）带领学生切身体会"万人坑"的历史情境，帮助学生铭记历史，反对和抵制任何美化日本侵略的言论，启迪学生牢记历史使命，勇担时代新任。

3. 塘沽万人坑遗址实践教学组织方式

（1）"浸润式"小班现场教学

由任课老师带队指导进行。提前布置实践作业，搜集准备塘沽万人坑遗址相关资料；带领学生进行现场教学，提出问题"日本侵华给中华民族带来了哪些深重的灾难"，组织学生讨论；实践归来要求学生撰写实践报告，或制作微视频、摄影展、手绘手工以及相关文艺作品创作等；组织学生进行思考与交流。

（2）学生结组或个人前往

指导学生结组（3—8人）或个人单独前往塘沽万人坑遗址进行参观实践。要求学生撰写实践报告，制作微视频、摄影展、手绘手工以及相关文艺作品创作等，组织学生进行反思、交流。

（3）网络或文献调研

要求学生结组或个人通过网络、文献进行塘沽万人坑遗址相关历史史实、红色故事的调查、研究，撰写相应的调研报告或心得体会，并组织学生进行反思、交流。

三、其他实践教学方式

1. 组织学生观看纪录片，如《国军抗战全纪实》《大抗战》《张纯如：南京大屠杀》《东方主战场》《百炼成钢》。要求同学们写观后感，并组织学生进行反思、交流。

2. 推荐学生观看影视视频，如《太行山上》《地道战》《东京审判》《一九四二》《拉贝日记》《金陵十三钗》《南京！南京!》《八佰》。要求同学们写观后感，并组织学生在课上进行反思、交流。

3. 推荐学生阅读抗战著作，如《论持久战》《中国抗日战争史》《最漫长的抵抗——从日方史料解读东北抗战十四年》《西迁东还——抗战后方人物的命运与沉浮》《衣冠西渡——抗战时期政府机构大迁移》《中华民族的人格》《东京审判：正义与邪恶之法律较量》。要求同学们写读后感，并组织学生在课上进行反思、交流。

4. 请学者、纪念馆、展览馆等专业人士入课讲座，要求学生撰写心得体会，并组织学生进行反思、交流。

四、实践教学报告范例

"中共中央北方局旧址纪念馆"实践报告

在"中国近现代史纲要"课（以下简称"纲要"）老师的要求下，我和五位同学结成实践小组，于 2024 年 5 月 1 日来到中共中央北方局旧址纪念馆进行实践学习。本次实践主要从以下几个方面进行总结。

1. 历史变迁：中共中央北方局的发展演变

中共中央北方局是中国共产党最早设立的一批中央地方局，曾于 1924 年、1930 年两次成立，但都随着革命形势演变而撤销。1935 年 6 月，在中共河北省委的基础上，中共中央再次重组北方局。为了贯彻党中央瓦窑堡会议精神，推动华北抗日救亡运动，建立抗日民族统一战线，彻底转变白区工作路线，1936年4月初，在刘少奇主持下重新组建了中共中央北方局。重组后的北方局，由刘少奇任书记，彭真任组织部长，陈伯达任宣传部长。1945年8月，随着抗日形势的变化，中央决定撤销北方局，分别成立晋察冀、晋冀鲁豫中央局。1982年，中共中央北方局旧址被天津市政府公布为市级文物保护单位。2005年9月，被辟为纪念馆，正式对外开放。2006年，旧址被天津市委、市政府公布为市级爱国主义教育基地。

2. 红色故事：刘少奇在天津领导北方抗日救亡运动

（1）裁缝铺"化身"中共北方局。1936年初春，刘少奇从陕北长途跋涉2000公里来到天津主持北方局工作。来津后，他先是以大茶商的身份住进了北洋旅馆。几经周折，他在时任天津市委书记林枫的帮助下，成为在家养病的南开大学的"周教授"，住进了位于旧法租界隆泰里19号"惠兴德成衣局"的二楼。楼下的"惠兴德成衣局"是一个裁缝铺，专门制作中式服装。地下工作者可以装作定制服装的顾客出入这里。刘少奇在这里居住的地方，屋内有一张木板床、一个小方桌、两把藤椅、四把木椅和一个煤球炉，后来为适合居室主人的身份，又添了一个大衣柜。他在津工作期间，严格按照中央的规定，生活上极为简朴，在这里从容领导北方人民开展了一系列抗日救亡运动，树立了党在白区的工作典范。

（2）促进形成抗日民族统一战线。刘少奇在主持北方局工作期间，先后以陶尚行、吕文、KV等笔名在党内外刊物上发表了一系列理论文章、报告及通讯，全面总结了党在国民党统治区工作的经验和教训，积极宣传党的抗日民族统一战线的理论和政策，极大地提高了党内外的政治认识，使党的抗日民族统一战线的方针更加深入人心。刘少奇还采取了一系列措施，积极进行华北地区各地党组织的恢复、整顿和重建工作。

在刘少奇的部署下，天津和整个北方地区国民党统治区抗日救亡运动蓬勃开展，抗日民族统一战线工作取得明显进展。天津民众救国会、天津工人救国会、天津农民救国会、天津学生救国联合会等抗日救国团体纷纷成立，在此基础上又成立了天津市各界救国会，形成了一个包括全市各阶级、各阶层的广泛的抗日民族统一战线。中共天津市委还组织发动了声势浩大的"五二八"反日示威大游行，中国共产党员深入到工厂、农村、学校、街头进行抗日宣传，有力地打击了日本帝国主义的侵略气焰。

（3）拓展抗日救亡宣传阵地。为加强抗日救亡的宣传，扩大党的影响力和感召力，北方局在天津除继续秘密出版《火线》外，又出版了一批直接受党领导的报刊。如《华北烽火》《世界》《国际知识》《抗日小报》等。其中，《华北烽火》是中共中央北方局机关刊物，1936年6月20日在天津创办，由知识书店公开发行。这些刊物创办后，中国共产党充分利用这一阵地宣传党的思想政策，针对某些人对与中国共产党合作抗日的种种误解，深入地分析了当时政治形势的新变化以及充分解释了实行广泛的抗日民族统一战线的正确性与重要性，推动了华北地区抗日救亡运动的蓬勃发展。

3. 以史为鉴：实践感悟与精神启发

没有中国共产党的领导，我们就不可能取得那场伟大战争的全面胜利。在抗日战争中，中国共产党在国内矛盾尖锐、国家积贫积弱的艰苦条件下，领导全国各族人民经过十四年艰苦卓绝的浴血奋战，打败了日本侵略者，取得了百年以来反抗外来侵略的第一次胜利，推进了中华民族伟大复兴的历史进程。抗日战争的胜利，是在中国共产党倡导的抗日民族统一战线旗帜下全民族打败日本军国主义侵略的伟大胜利，也是世界反法西斯战争的重要组成部分。抗日战争的胜利对争取世界和平产生了巨大影响。也正因为如此，抗战胜利后中国的国际地位大大提高，并在世界政治中发挥举足轻重的作用。

然而，"二战"结束至今，日本历届政府从未主动承担发动侵略战争的责任，甚至有议员宣称"'二战'时日本只同美、英交过战，并未向亚太地区各国发动过侵略战争"；他们企图抹杀历史事实，说"日本没有制造南京大屠杀""慰安妇从事的是光荣的职业"等罔顾事实的假话；他们不但拒绝向中国及其他受害国谢罪和赔偿，甚至日本首相及公职人员还连年参拜靖国神社，为战争罪犯招魂；日本政府有关部门还多次肆意篡改历史教科书，掩盖历史罪证……

而通过此次参观实践，使我们认识到必须理性看待日本对中华民族造成的深重灾难，坚决抵制任何美化日本侵略的行径和言论，正视历史，驳斥历史虚无主义思潮。因此，在中国日益强大的今天，我们仍需要铭记历史。从抗日战争中我们可以看出：落后就要挨打，综合国力疲弱就要受辱。一个民族要自强、自立，就要具备强大的综合国力和经济实力，强盛才能立于不败之地。改革开放以来，我国的国际地位不断提高，关键在于我国的综合实力不断增强。一个国家和民族如此，一座城市、一个区域也是如此。只有经济实力和综合竞争力不断增强，才会有繁荣和富足，才会占据发展的制高点，才会有更美好的未来。这同时证明了，无论是在抗战时期，还是在社会主义建设时期，中国共产党都是领导全国人民不懈奋斗的核心力量。纪念抗战，我们要感谢党、拥护党，坚定不移地跟党走。

同时，在此次实践过程中我们还深刻学习了伟大的抗战精神。作为新时代的新青年，继承发扬伟大的抗战精神，就是要脚踏实地，做好本职工作；就是要坚定共产主义远大理想，树立正确的世界观、人生观、价值观；就是要恪尽职守、爱岗敬业，在工作中精益求精，勇于创新；就是要勤奋学习，刻苦钻研业务，在工作中发挥更大作用，努力作出新的更大贡献；就是要敢为人先，创优争先，以自身的创新发展，以敢于挑战前人、超越前人的勇气，开创各项事业发展的崭新局面。因此，我们要将伟大的抗战精神内化于心、外化于行，立志干大事、勤于干实事、肯于干小事、善于干成事，在推进中华民族伟大复兴的历史进程中强势发力，建功立业。

第二节 课程提质指导

一、习近平新时代中国特色社会主义思想引领本章教学要点

要点 1：中国人民抗日战争和世界反法西斯战争，是正义和邪恶、光明和黑暗、进步和反动的大决战。在那场惨烈的战争中，中国人民抗日战争开始时间最早、持续时间最长。面对侵略者，中华儿女不屈不挠、浴血奋战，彻底打败了日本军国主义侵略者，捍卫了中华民族5000 多年发展的文明成果，捍卫了人类和平事业，铸就了战争史上的奇观、中华民族的壮举。

——习近平：《在中国人民抗日战争暨世界反法西斯战争胜利 70 周年纪念大会上的讲话》（2015 年 9 月 3 日）

要点 2：在抗日战争时期，在民族危亡的历史关头，共产党以卓越的政治领导力和正确的战略策略，指引了中国抗战的前进方向，坚定不移推动全民族坚持抗战、团结、进步，反对妥协、分裂、倒退。共产党高举抗日民族统一战线的旗帜，坚决维护、巩固、发展统一战线，坚持独立自主、团结抗战，维护了团结抗战大局。共产党人勇敢战斗在抗日战争最前线，支撑起中华民族救亡图存的希望，成为全民族抗战的中流砥柱！

——习近平：《在纪念中国人民抗日战争暨世界反法西斯战争胜利75 周年座谈会上的讲话》（2020 年 9 月 3 日）

要点 3：抗日战争时期，九一八事变后，中日民族矛盾逐渐超越国内阶级矛盾上升为主要矛盾。在日本帝国主义加紧侵略我国、民族危机空前严重的关头，党率先高举武装抗日旗帜，广泛开展抗日救亡运动，

促成西安事变和平解决，对推动国共再次合作、团结抗日起了重大历史作用。七七事变后，党实行正确的抗日民族统一战线政策，坚持全面抗战路线，提出和实施持久战的战略总方针和一整套人民战争的战略战术，开辟广大敌后战场和抗日根据地，领导八路军、新四军、东北抗日联军和其他人民抗日武装英勇作战，成为全民族抗战的中流砥柱，直到取得中国人民抗日战争最后胜利。这是近代以来中国人民反抗外敌入侵第一次取得完全胜利的民族解放斗争，也是世界反法西斯战争胜利的重要组成部分。

——2021年11月11日中国共产党第十九届中央委员会第六次全体会议审议通过

要点4：共产党已走过百年奋斗历程。我们党立志于中华民族千秋伟业，致力于人类和平与发展崇高事业，责任无比重大，使命无上光荣。

中国始终坚持维护世界和平、促进共同发展的外交政策宗旨，致力于推动构建人类命运共同体。

——习近平：《高举中国特色社会主义伟大旗帜 为全面建设社会主义现代化国家而团结奋斗——在中国共产党第二十次全国代表大会上的报告》（2022年10月16日）

二、教学目标

（一）知识目标

1. 了解日本发动灭亡中国的侵略战争以及残暴的殖民统治给中华民族带来深重灾难的历史史实。

2. 了解抗日民族统一战线的形成过程、国民党正面战场的几次会战，客观评价国民党正面战场抗战。

3. 了解中国共产党在抗日战争中发挥的中流砥柱作用。

4. 了解中华民族抗日战争的胜利对世界和中国的重大意义。

（二）能力目标

1. 帮助学生树立正确的历史观、价值观、国家观、民族观，提高其历史使命感和责任感。

2. 通过学习掌握历史方法论，提高学生思考问题、分析问题和解决问题的能力。

（三）价值观目标

1. 正确认识中国共产党在全民族抗战中的中流砥柱作用，深刻理解中国共产党为什么能，历史和人民为什么选择中国共产党，更加坚定地在中国共产党坚强领导下为实现中华民族伟大复兴而不懈奋斗。

2. 客观看待日本帝国主义给中华民族带来的深重灾难，认识中华民族抗日战争在世界和平发展史上的深刻意义，思考中国共产党在人类命运共同体构建和演进中发挥的特殊作用。

3. 通过历史与现实、理论与实践、课内与课外有机融合，激发学生坚定对中国共产党领导下的政治认同和中华民族认同，提升政党认同、民族意识和爱国情怀。

三、教学重点与难点

1. 日本发动侵华战争实施的残暴殖民统治。
2. 抗日民族统一战线是怎样形成的。
3. 客观评价国民党正面战场的地位和作用。
4. 正确认识中国共产党是抗日战争的中流砥柱。
5. 中华民族抗日战争的原因和意义。

四、关键问题引领与简答

（一）谈谈你对青年"精日"现象的看法

所谓"精日"，即"精神日本人"的简称，特指极端信奉日本军国主义并在精神上将自己视作军国主义日本人的中国公民。"精日"者具体表现为盲目崇拜日本军国主义服饰、宣扬美化日本侵华战争、诋毁污蔑抗日英雄等，即"精日"现象。青年"精日"现象真实发生于我国的社会公共空间中，其实际上是一种不爱国行为的公开性表达，它折射的是一部分青年人对自身作为中国公民所应承担的爱国义务的严重抵牾和刻意背离。由于青年"精日"者缺乏对中国国民身份、中华文化、中国国家尊严和中国人民的基本认同和起码尊重，实际上已经丧失了一个爱国者所应具有的最基本品格。

"精日"现象背后都有一个共同的价值逻辑：历史虚无主义的价值叙事及其现实布展，与一部分青年人的价值取向发生契合，使得这部分青年人的爱国价值观被解构。这也使得青年对侵华史实的认识出现错误，比如罔顾日本侵华战争的严重罪行以及在占领区实行残暴的殖民统治。

青年"精日"现象严重误导了青少年群体对国家历史文化的基本认知，严重扭曲了青少年群体的国家观、民族观、历史观和文化观，严重消解了青少年群体的爱国主义精神，严重伤害了中国人民的感情、中华民族的尊严和中华人民共和国的国格，严重挑衅了中国共产党的执政合法性、中国民主主义革命的历史正当性、社会主义制度的优越性和中国特色社会主义道路的现实合理性。因此，必须通过增强历史认同为基点进行爱国价值观的引导塑造，完善爱国主义法律保障体系，对不爱国行为进行规制。

（参考阮博：《爱国主义视域下青年"精日"现象论析》，《中国青年研究》2019 年第 5 期。）

（二）全民族抗战的血肉长城是如何筑起来的

1935 年 8 月，中国共产党发出反对日本帝国主义侵略的宣言即《中国共产党为日本帝国主义强暴占领东三省事件宣言》，呼吁停止内战，一致抗日，推动了抗日救亡运动和抗日统一战线工作的发展。1935 年 12 月，瓦窑堡会议召开，毛泽东作了《论反对日本帝国主义的策略》的报告，奠定了抗日民族统一战线的理论基础。1936 年 5 月，中国共产党中央委员会发出《停战议和一致抗日通电》，明确放弃"反蒋"口号，首次直接向国民党提出建立抗日联合战线的建议。1936 年 9 月 1 日，中共中央发出党内指示，明确提出党的总方针应是逼蒋抗日。至此，中国共产党完成了从"反蒋抗日"到"逼蒋抗日"政策的转变。1936 年 12 月，西安事变的和平解决成为时局转换的枢纽，标志着十年内战的基本结束，为国共两党的再次合作创造了条件。1937 年 2 月，国民党在南京召开五届三中全会，表示同意国共两党进行谈判，对日本如让步"超过忍耐之限度"，则"处于抗战"，标志着国共合作的抗日民族统一战线初步形成。1937 年 7 月 15 日，中共代表周恩来交给蒋介石《中共中央为公布国共合作宣言》。9 月 22 日，国民党中央通讯社发表中共中央的宣言；23 日，蒋介石发表实际上承认中国共产党合法地位的谈话，标志抗日民族统一战线正式形成。

（三）为什么说中国共产党是抗日战争的中流砥柱

经历了大革命的失败后，中国共产党善于发动广大人民群众，实行全民族抗战。它以自己的坚定意志和模范行动，在全民族抗战中发挥了中流砥柱的作用。其原因主要有：

第一，中国共产党始终坚持全面抗战路线和持久战的方针。中国共产党强调，要打倒帝国主义关键在于实行全国军事总动员和全国人民总动员，把抗日战争发展成全民族的抗战。中国共产党最大限度地动员了全国军民共同抗战，成为凝聚全民族力量的杰出组织者和鼓舞者；全面抗战爆发后，以毛泽东为杰出代表的中国共产党人针对各种舆论，发表了《论持久战》，系统地阐述了抗日战争的特点、前途和发展规律，阐明了持久战的总方针，使全民族认清了抗日战争的性质和发展进程，对全国抗战起了积极作用。

第二，开辟敌后战场和抗日根据地，开展游击战争。全国抗战开始后，中国共产党领导的八路军、新四军进行了多次抗战，有力地配合了正面战场的作战。中国抗日战争由两个战场组成，国民党领导的正面战场和中国共产党领导的敌后战场。中国共产党在敌后建立抗日根据地，开展游击战争，有力地打击了日军，牵制了日军大量的军力，减轻了正面战场的压力，在促进战争转入相持阶段起了重要作用。尤其是在战争进入相持阶段后，正面战场的作战力下降，转入次要位置，而敌后游击战则成为主要的抗日作战方式。中国共产党还在抗日根据地大力进行民主政权建设、发展经济和文化干部教育，帮助根据地人民渡过难关，从而为党成为中流砥柱提供坚固的后方阵地。

第三，击退国民党的反共摩擦，巩固和壮大抗日民族统一战线。全面抗战期间，国民党先后发起三次反共高潮，人民军队都给予了坚决的反击，成功击退国民党。同时中国共产党坚持把中日矛盾放在首位，积极争取抗日合作，并制定了"发展进步势力，争取中间势力，孤立顽固势力"的策略和方针，始终坚持抗日统一战线。中国共产党人以自己最富于牺牲的爱国主义精神、不怕流血牺牲的模范行动，支撑起全民族救亡图存的希望，成为夺取抗战胜利的民族先锋。

第四，党建设成坚强领导核心。在中共六届六中全会上，党首次提出"马克思主义的中国化"这一概念。1939年、1940年之交，毛泽东撰写了《〈共产党人〉发刊词》《中国革命和中国共产党》《新民主主义论》等一批重要理论著作，系统提出和阐明了新民主主义理论。党通过开展整风运动，确立了实事求是的思想路线。1945年，中共扩大的六届七中全会原则通过了《关于若干历史问题的决议》，使全党对中国革命基本问题的认识达到了一致，增强了组织团结。七大的召开确立了毛泽东在党中央和全党的领导核心地位、毛泽东思想在全党的指导地位，为党后来不断从胜利走向胜利指明了正确方向、开辟了正确道路。加强党的建设，为党在抗战中夺取胜利提供了坚实的组织保障。

（四）如何看待"共产党游而不击论"

"共产党游而不击论"是历史虚无主义的谬论。

第一，中国共产党及其领导的八路军、新四军在抗日战争中取得的辉煌战绩有力驳斥了"共产党游而不击"的谬论。在全民族抗战的过程中，中国共产党发挥了中流砥柱作用，领导全国人民，指挥八路军、新四军和华南抗日武装等全国各地的革命抗日武装力量，对敌作战12.5万余次，消灭日、伪军171.4万余人，其中日军52.7万余人（从1931年9月至1945年9月，中国军民共歼灭日军150余万人），为坚持抗战、夺取抗战的最后胜利作出了不可磨灭的巨大贡献。

第二，中国共产党及其领导的八路军、新四军在抗日战争中对日军形成的战略牵制作用有力驳斥了"共产党游而不击"的谬论。在战略防御阶段，从全局看，国民党正面战场的正规战是主要的，敌后游击战是辅助的。

但是，中国共产党领导的敌后游击战的广泛开展和敌后抗日根据地的开辟，迫使日本侵略军不得不把用于进攻国民党正面战场的兵力抽调回来保守其占领区，从而对阻止日军的进攻、减轻正面战场压力、使战争转入相持阶段，起了关键性作用。战略相持阶段，中国共产党领导的敌后游击战成为主要的抗日作战方式。日本政府对国民党政府采取政治引诱为主、军事打击为辅的策略，并指挥侵华日军将主要兵力用于打击中国共产党领导下的人民军队。1939 年至 1940 年，华北地区的日军出动千人以上对敌后根据地的大"扫荡"就有 109 次，使用的总兵力达 50 万人以上。

第三，中国共产党所领导进行的抗日游击战争已不是一般意义上的配合中国国民党正面战场作战的战争形式，而是在抗日持久战争中起战略性、决定性作用的人民战争的实现形式。所谓"共产党游而不击"的论调，实际上是一种对抗日游击战争的偏见。

（参考李朝阳主编：《高校思想政治理论课教学问题与探索》，吉林大学出版社 2023 年版。）

（五）有人据国民党军总长何应钦编著的《八年抗战之经过》，认为抗日殉国的 200 多名将领中，中国共产党仅有 1 位八路军少将副参谋长左权，其余都属于国民党。所以，共产党不是抗日战争的中流砥柱，国民党才是。你如何看待？

这种看法是历史虚无主义观点，是错误的。首先，这种认识的偏差在于国共两党军衔体系不同，国民党军队人数远多于共产党领导的人民军队，且有完整的军衔体系。中国共产党领导的人民军队并无军衔体系，少数军衔是全民族抗战初期由国民党授予的。比如，第一二九师七七二团叶成焕团长在长乐村战斗中牺牲。长乐村战斗是八路军在抗战中歼日军最多的一仗，此战一举歼灭日军 2200 人。如此壮烈牺牲，而且在影响深远的一仗立下如此战功，不论是从我军历史上按他的师政委职务算，还是按国民党军追赠的做法算，叶成焕至少授予少将军衔是没有问题的吧？其次，据《新四军英烈志》记载，据不完全统计，新四军有350个团以上烈士牺牲，其中旅以上干部牺牲人数有45人。根据《中国人民解放军历史资料丛书》统计，八路军团以上干部共牺牲728人；新四军牺牲和病故的团副参谋长、政治处副主任以上以及职务与此相当的烈士共323人；华南人民抗日游击队团、大队级以上干部（含大队政训员、大队政治教导员、大队党代表）共牺牲171人；东北抗日联军牺牲的将领（含游击队时期大队以上主要领导、东北人民革命军和东北抗日联军团以上干部）共249人。最后，国民党军队爱国官兵英勇抗战、付出巨大牺牲，为抗战胜利作出了贡献。但在片面抗战路线指导下，巨大的牺牲并没有换来应有战果。且国民党军官牺牲很多是事实，但投敌数量多亦是事实。截至1943年，58名旅长以上将领投降。

因此，判断何者是中流砥柱，不能只从牺牲者数量来考察。关键要看在中华民族抗日战争中，何者始终毫不动摇地坚持抗日民族统一战线、团结带领人民群众抗战、艰苦斗争直到胜利。而上述否定中国共产党是中华民族抗日战争中流砥柱的观点是片面的、轻率的。

（参考抗日战争纪念网：https：//www.krzzjn.com/1182/47276.html）

五、文化自信教育

（一）延安精神

历史渊源：中华民族优秀的历史传统是延安精神的源泉，其中包含务实效、求变革的求真尚变精神，儒家传统的民本思想，拼搏进取、不畏艰苦的精神等。如孔子提倡"六经之旨与尘世之务"相结合，从而做到"大者以治天下，小者以为民用"。而康有为、梁启超等近代先进分子也提出"无百年不变之法""凡天地之间者，莫不变"等思想，延安精神也正是在继承了这些传统的基础上提出了解放思想、实事求是的思想路线，塑造了拼搏进取、不畏艰苦的精神。

基本内容：延安精神是红色革命精神之一，是中国共产党创造的一种革命精神。因其在革命圣地延安诞生，故名。主要内容包括：实事求是、理论联系实际的精神，全心全意为人民服务的精神和自力更生、艰苦奋斗的精神。本质是解放思想、实事求是。

思想内涵：延安精神包含自力更生、艰苦奋斗的创业精神；全心全意为人民服务的精神；理论联系实际、不断开拓创新的精神；坚定正确的政治方向，解放思想、实事求是的思想路线。

时代价值：首先，延安精神代表的正确政治方向，是中国人民实现民族独立和人民解放的方向，是中国人民摆脱贫穷实现富强的方向，是中华民族实现伟大复兴并为人类作出更大贡献的方向。其次，延安精神所体现的解放思想、实事求是的思想路线，是人们认识和改造世界的科学思想方法。再次，延安精神所贯穿的全心全意为人民服务的根本宗旨，是中国共产党的根本立场，是中国共产党人的根本价值取向。最后，延安精神所包含的自力更生、艰苦奋斗的创业精神，是中华民族自古以来始终秉持的自强不息奋斗精神的忠实传承，是人类社会进步发展中必须具备的重要精神要素。

2022年10月27日，习近平总书记在瞻仰延安革命纪念地时发表的重要讲话强调："要弘扬伟大建党精神，弘扬延安精神，坚定历史自信，增强历史主动，发扬斗争精神，为实现党的二十大提出的目标任务而团结奋斗。"延安是中国革命的圣地、新中国的摇篮，以毛泽东同志为核心的党的第一代中央领导集体，在抗日的革命斗争中积极探索根据地经济建设、政治建设、军事建设、文化建设，作出了一系列关乎中国革命前途命运的重大决策，培育铸造了宝贵的延安精神。延安精神永不过时。以习近平同志为核心的党中央结合时代特点和改革需要，团结带领全党全军全国各族人民进行了具有许多新的历史特点的伟大斗争，形成了辉煌的历史性成就，也是我们党不忘初心、牢记使命，大力传承和弘扬包括伟大延安精神在内中国共产党人精神谱系的结果。同学们要大力弘扬延安精神，将其自觉融入爱国行、强国志之中，为全面推进中国式现代化建设贡献力量。

（参考高飞：《论延安精神及其时代价值》，东北师范大学硕士学位论文，2010年；戴焰军：《延安精神的时代价值》，中共中央党校公众号：https：//baijiahao. baidu. com/s？ id = 1750699388548302699&wfr = spider&for = pc）

（二）伟大抗战精神

思想渊源：伟大的抗战精神源自中华民族几千年的文明创造的伟大的民族精神，包括天下兴亡、匹夫有责的爱国精神，厚德载物、海纳百川的团结精神，自强不息、坚忍不拔的奋斗精神，等等。抗战一开始，中国人就不畏强暴、奋起抗争，并且随着抗战的发展，深受传统民族精神熏陶的中华民族在抗日战争中逐渐形成了以爱国、团结、自强等为主要内容的伟大抗战精神。

基本内涵：第一，天下兴亡、匹夫有责的爱国情怀。爱国情怀是人们对自己祖国的一种深厚情感，是愿意为祖国奋斗献身的价值取向。在民族生死存亡之际，中国人民的爱国情怀被充分激发出来，举国上下用血肉筑起一座抵御侵略者的钢铁长城。第二，视死如归、宁死不屈的民族气节。民族气节是为了维护国家和民族尊严而永不屈服的精神品质和高尚追求。抗战时期，面对日本帝国主义的疯狂侵略，无数中华儿女奋起抗争、前仆后继，表现出了视死如归、宁死不屈的高尚气节。第三，不畏强暴、血战到底的英雄气概。英雄气概是为了祖国利益不惜流血牺牲的崇高精神。抗战时期，中国军民面对敌人的炮火勇往直前，面对死亡威胁义无反顾，表现出了中华儿女的英雄气概。第四，百折不挠、坚忍不拔的必胜信念。必胜信念是最终战胜日本侵略者的坚定信心和顽强信念。抗战不仅是武力的较量，更是民族意志与信念的较量。持续 14 年的抗日战争，中国人民在持久抗战中顽强抗击敌人，全国军民始终保持抗战必胜的坚定信心，百折不挠、坚忍不拔，最终打败穷凶极恶的日本侵略者。

当代价值：首先，弘扬抗战精神是推进现代化建设的必然要求。在今天现代化的道路上，必定会遇到各种各样的困难和问题，这就需要我们发扬知难而上、坚韧顽强的意志品质和坚定积极进取的必胜信念，战胜各种艰难险阻，实现民族复兴。其次，弘扬抗战精神是完成祖国统一大业的精神纽带。两岸同胞应共同继承和弘扬整个民族在抗战中所形成的以爱国主义为核心的抗战精神，以此为促进两岸情感交流与和平统一的精神纽带，战胜各种艰难阻隔，早日实现两岸人民企盼的和平统一。

最后，弘扬抗战精神是维护世界和平与促进共同发展的客观要求。一方面，我们应保持高度警惕，强烈谴责任何妄图打断中国现代化进程的险恶用心，保持中华民族的自信力；另一方面，还是应发扬抗战中的国际精神，加强同世界上所有爱好和平的国家与人民的团结与合作，同那些恶意破坏世界和平和国际安全的势力做坚决的斗争，维护这来之不易的和平局面。

抗日战争时期，广大中国青年与其他抗日军民一道，铸就、诠释了伟大的抗战精神。现在，中国共产党团结带领人民踏上了实现第二个百年奋斗目标新的赶考之路。作为新时代的中国青年，仍要传承红色基因，弘扬伟大抗战精神，把青春奋斗融入党和人民事业，继续朝着中华民族伟大复兴的中国梦奋勇前进！

（参考中共中央宣传部理论局：《纪念中国人民抗日战争暨世界反法西斯战争胜利 70 周年理论文章选》，学习出版社 2015 年版；李吉庆：《抗战精神及其当代价值》，《西南师范大学学报》2015 年第 6 期。）

（三）革命烈士书信节选

1. 赵一曼：迟到 21 年的家书

她留给儿子的遗书："母亲对于你没有能尽到教育的责任，实在是遗憾的事情。母亲因为坚决地做了反满抗日的斗争，今天已经到了牺牲的前夕了。母亲和你在生前是永久没有再见的机会了。希望你，宁儿啊！赶快成人来安慰你地下的母亲！我最亲爱的孩子啊！母亲不用千言万语来教育你，就用实行来教育你。在你长大成人之后，希望你不要忘记你的母亲是为国而牺牲的！"这封迟到的家书，在赵一曼牺牲 21 年后，由她的儿子从东北烈士纪念馆的档案中抄了下来。

2. 吉鸿昌：铁血英雄家国心

1926 年，还是旅长的吉鸿昌经人介绍认识了出身书香门第的兰州女子师范学校的女学生胡兰英。为了纪念妻子远嫁，吉鸿昌将胡兰英的名字改为胡红霞。此后，夫妻两人同甘共苦，恩爱无比。作为妻子，胡红霞非常支持他的革命活动，和吉鸿昌一起变卖财产衣物，为抗日前线筹集军火。1934 年 11 月，吉鸿昌在天津法租界被军统特务暗杀受伤，并遭逮捕。被捕之后，他给妻子留下遗书一纸。

红霞吾妻鉴：

　　夫今死矣！是为时代而牺牲。人终有死，我死您也不必过伤悲，因还有儿女得您照应。家中余产不可分给别人，留作教养子女干等用。我笔嘱矣，小儿还是在天津托喻先生照料上学，以成有用之才也。家中继母已托二、三、四弟照应、教（孝）敬，你不必回家可也。

鸿昌手启

1934 年 11 月 24 日

3. 张自忠致战友书

张自忠，国民党第五战区右翼集团军兼第三十三集团军总司令，著名抗日将领、民族英雄。在牺牲前的最后日子里，张自忠没有给家人留下只言片语，却给将士们写下了鼓舞士气的抗战家书。

写信人：张自忠

收信人：部下冯治安和诸兄弟

写信日期：1940 年 5 月 1 日

诸弟：

　　看最近之情况，敌人或要再来碰一下钉子。只要敌来犯，兄即到河东与弟等共同去牺牲。国家到了如此地步，除我等为其死，毫无其他办法。更相信，只要我等能本此决心，我们国家及我五千年历史之民族，决不至亡于区区三岛倭奴之手。为国家民族死之决心，海不清，石不烂，决不半点改变，愿与诸弟共勉之。

小兄张自忠手启

五一

革命书信承载着厚重的红色文化和精神基因，通过这些书信，我们能看到一个个饱含家国情怀、矢志爱国为民的伟岸灵魂在抗日战争中不屈不挠的奋斗历程。习近平总书记指出：“红色是中国共产党、中华人民共和国最鲜亮的底色。”红色文化体现着党的性质宗旨，承载着党的初心使命，具有深厚的历史底蕴和丰富的精神内涵。作为新一代的青年，我们应该从红色文化中汲取力量，弘扬与传承革命精神，奋勇拼搏，砥砺向前。

（参考中国青年出版社编：《革命烈士书信汇编本》，中国青年出版社 2015 年版。）

六、逆向课程思政

（一）“中日综合国力对比”内容对计算机、智能制造专业大学生的学习启示与促进

抗日战争中日本敢侵略我们，其重要原因在于日本是强国，综合国力远超过中国。特别是日本作为现代化的工业国家，建成了完整配套的军工业，装备基本系自产，装备统一，后勤补给方便，弹药供应充足。而中国军队的武器依赖进口，仅枪支便来自十几个国家，有“万国武器博物馆”之称。抗日战争也再次证明了“落后就要挨打”这一道理，作为计算机、智能制造专业的学生，其专业学习在当今科技发展的大潮下对增强中国综合国力、国防实力有重要作用，要更加深刻铭记中华民族饱受欺凌、奴役和压迫的历史，总结抗日战争时期中国因综合国力衰弱带来的深刻教训，在中国式现代化建设推进中，在中华民族伟大复兴的历史征程中，牢记专业学习的责任使命，力争将来为国家发展作出贡献。

（二）“战斗篮球队”内容对高水平运动队专业大学生的学习启示与促进

全面抗战爆发后，在中国共产党领导下的抗日根据地建设中，体育工作一直是十分重要的内容。由贺龙率领的八路军第一二〇师在晋西北创建抗日根据地，在打仗、生产之余，还大力开展体育活动。其中，“战斗篮球队”不仅是抗日战争时期的一支著名球队，而且在我国红色

体育史中，留下了浓墨重彩的一笔。今天，体育运动不仅有助于个人身体素质、精神毅力的锻炼，而且体育运动员站在专业竞技的舞台上还能为国争光，同时个人的身体素质和体育精神还关系到国家和社会的长远发展。作为高水平运动队专业的大学生应该从抗战时期的"战斗篮球队"汲取精神力量，积极学习他们的革命斗争和体育精神，在新时代认真学习文化知识、提升专业技能，争取在专业竞技舞台上为国争光。

七、案例精选

（一）案例一：南京大屠杀幸存者口述证言

1. 夏淑琴：我和妹妹是死人窝里拣出来的两个孩子。

我父亲跪在日本兵面前，恳求他们不要杀害其他人，也被日本兵用枪打死。母亲吓得抱着1岁的小妹妹躲到一张桌子下面，被日本兵从桌子下面拖出来，日本兵从母亲手中夺过小妹妹，把她摔死在地上，接着他们扒光了母亲的衣服，几个日本兵对母亲进行了轮奸，然后用刺刀把她杀死，并在她下身里塞进一只瓶子。

2. 常志强：孩子呀，再喝妈妈的最后一口奶。

日军用枪打死了我的父亲和两个弟弟，强奸并杀害了我11岁的姐姐戴桂珍。那时我母亲抱着2岁的小弟弟戴小来子，胸部被刺一刀，还不肯放下弟弟，接着日军又刺一刀，母亲丢掉弟弟，躺倒在地上，胸口咕咕地冒出了鲜血，小弟弟还爬着哭着要在母亲怀里吃奶。

3. 郭秀兰：日军用机枪向防空洞扫射，我和二妹侥幸活了下来。

父母带着我们三个姐妹和百十个邻居一起躲在现张龙桥不远处的一个防空洞中。可是，小孩的哭声还是吸引了日本兵的注意。他们顺着声音找到了防空洞，站在洞口用机枪扫射，大概扫了有半个小时。靠着洞口的一个穿着红棉袄的40多岁的妇女抱着她的儿子往外爬，被日本人发现了，日本人端着刺刀就往他们母子俩身上连戳了十几刀。

4. 倪翠萍：日军杀了我家七口人，我一辈子也忘不了。

我当时只有11岁，日本兵打中了我的肩胛骨，到现在我的肩胛骨上还能看见子弹的伤痕。我浑身流血，倒在地上昏迷不醒。我爷爷当时已有 70 多岁，碰见六七个日本兵，其中一个用枪托砸我爷爷的头，爷爷脑浆迸出，倒在水边，凄惨地死去。

5. 陈德贵：我在煤炭港集体屠杀中死里逃生。

我一个猛子栽到河里，在水底潜游到对面已被炸倒在河里的废火车厢里，这时我可以看见对岸的日本鬼子，鬼子看不见我，我躲在火车里亲眼看见十多个人的难民，被日本鬼子一批批枪杀，从早晨直到傍晚。还有六七百人，日本鬼子把他们一起赶至河口，用机枪集体射杀他们。

（参考蔡拥军、郭翔、张博群：《再喝妈妈最后一口奶！77 段南京大屠杀幸存者口述证言》，《人民日报》2014 年 12 月 13 日。）

（二）案例二："满铁"——日本侵华的"东印度公司"

1904 年，日俄战争后，攫取了巨大利益的日本政府决定效仿英国东印度公司的模式，建立"满铁"。九一八事变后，在中国东北，"满铁"拥有开办、经营企业的特权，垄断中国东北的煤炭、钢铁、交通、电气、石油、化工等工业和农林牧业。到 1937 年，"满铁"已建立了所属企业 80 家。以抚顺煤矿为例，煤的平均日产量由 1907 年的 400 吨增至 1916 年的 6000 吨，1939 年又增至 2 万余吨。为抢掠更多的煤，"满铁"只掘浅层，回采率只达 20%—30%，严重破坏矿区。抚顺产的煤，除"满铁"每年消耗 100 多万吨外，其余皆运销日本、东南亚等地。"满铁"还垄断经营中国东北多个城市的交通、供电、自来水、煤气、盐业等行业，攫取高额利润。"满铁"资本在设立当初是 2 亿日元，1920 年增加到 4.4 亿日元，1933 年增加到 8 亿日元，1940 年更增加为 14 亿日元。这些"财富"完全来自其对中国人民血汗的榨取。"满铁"成立后，立即组建了庞大的情报调查机构，在其后近 40 年的情报搜集活动中，积累了数十万份调查报告和档案文书。《满铁调查月报》等"满铁"调查部编印出版的社报、年报、月报等各类调查资料刊物的照片，无不透露出"满铁"作为情报机构的属性。

（参考蔡拥军、郭翔、张博群：《揭秘"满铁"：日本侵华的"东印度公司"》，中国青年网：https：//baijiahao. baidu. com/s？id=1710874 279716491213&wfr=spider&for=pc，2021-9-14. ）

（三）案例三：抗日英雄赵一曼——不负巾帼志　热血沃中华

赵一曼，原名李坤泰，又名李一超，1923 年冬，赵一曼加入了中国社会主义青年团，1926 年由团员转为中共党员，1933 年被任命为东北人民革命军第三军一师二团政委。

她领导游击队让日伪军接连退败，敌人惊恐地称她为"手持双枪、红装白马的密林女王"。1935 年 11 月，赵一曼在春秋岭战役中身负重伤，养伤期间被日军发现，再度负伤，昏迷被俘。为了击垮赵一曼的意志，从她嘴里套出有用信息，敌人轮番使用鞭打、吊拷、竹筷夹手指脚趾等酷刑。面对敌人的轮番审问，赵一曼怒斥道："你们这些强盗，可以让整座村庄变成瓦砾，可以把人剁成烂泥。可是，你们消灭不了共产党人的信仰！"

她向押解她的日本宪兵要来纸和笔，写下了最后一封信："母亲对于你没有能尽到教育的责任，实在是遗憾的事情。母亲因为坚决地做了反满抗日的斗争，今天已经到了牺牲的前夕了……我最亲爱的孩子啊！母亲不用千言万语来教育你，就用实行来教育你。在你长大成人之后，希望不要忘记你的母亲是为国牺牲的！"

"民众的旗，血红的旗，收殓着战士的尸体。尸体还没有僵硬，鲜血已染红了旗帜……高高举起呀！血红旗帜，誓不战胜终不放手……牢狱和断头台，来就来你的，这就是我们的告别的歌……"行刑前，赵一曼高唱《红旗歌》，高呼"打倒日本帝国主义！""共产党万岁！"枪声响起，南国女儿的一腔热血喷洒在了白山黑水的东北大地上。

战友朱新阳曾问赵一曼："你为什么叫赵一曼呢？"赵一曼答道："我喜欢'一'字，所以给自己起的名字都带个'一'字，一超，一曼，意思指一生革命，一心一意，一贯到底，绝不改变……"她曾在诗中写下自己为抗日不惜牺牲一切的坚定决心："誓志为人不为家，涉江渡海走天涯。男儿岂是全都好，女子缘何分外差。未惜头颅兴故国，甘将热血沃中华。白山黑水除敌寇，笑看旌旗红似花。"

（参考《抗日英雄赵一曼：不负巾帼志　热血沃中华》，央广网：https：//baijiahao.baidu.com/s？id=1675621321914827725&wfr=spider&

for＝pc，2020－8－21.）

（四）案例四：英雄母亲邓玉芬

邓玉芬，1891 年出生于密云县水泉峪村，后嫁到密云县张家坟村，一生务农。抗日战争和解放战争中，她舍家纾难，先后献出了丈夫和儿子共 7 位亲人，被誉为"当代佘太君"。1970 年 2 月 5 日病逝，享年79 岁。

1933 年长城抗战失败后，日本侵略者就把邓玉芬的家乡强行划入了伪满洲国。1940 年，八路军十团挺进密云西部山区。在邓玉芬的家门口，八路军宣讲抗日道理，字字句句都说到了她的心坎上。当年 6月，十团组织游击队。邓玉芬和丈夫商量：咱家有人，在打鬼子这件事情上，绝对不能含糊。就叫儿子打鬼子去吧！于是，邓玉芬的大儿子永全、二儿子永水成为白河游击队的首批战士，不久又毫不犹豫地把三儿子送了白河游击队。1941 年底，日本侵略者实行"三光"政策，制造"无人区"。邓玉芬响应党的号召，开展反"无人区"斗争。她叫丈夫把在外扛活的四儿子、五儿子找回来，在环境最残酷的时候，参加了抗日自卫军模范队。抗战胜利后，儿子小六儿也被妈妈送去当兵，1948年在攻打黄坨子据点的战斗中壮烈牺牲。

在这场救亡图存的伟大斗争中，男女老少齐动员。为了保卫家国，邓玉芬献出了一个妻子和母亲的至爱，这是抗战时期最普通的百姓代表，他们值得我们永远铭记。

（参考刘冕：《英雄母亲——邓玉芬》，人民网：http：//dangshi.people. com. cn/n/2015/0427/c85037－26908709. html.）

八、学习思考题简答

☆为什么说中国的抗日战争是神圣的民族解放战争?

中国抗日战争之所以是神圣的民族解放战争，主要是因为：第一，从世界意义上看，世界反法西斯战争是人类历史上规模空前的战争，战火遍及亚洲、欧洲、非洲和大洋洲，中国的抗日战争是世界反法西斯战争的东方主战场。中国人民抗日战争的胜利，对世界各国夺取反法西斯战争的胜利，维护世界和平的伟大事业产生了巨大促进作用。第二，从战争的性质上看，抗日战争是半殖民地半封建的中国和帝国主义的日本之间在 20 世纪 30 年代展开的一个民族反对另一个民族侵略、压迫、奴役的战争。中国进行的是正义的、进步的反侵略战争，是得道的；日本进行的是非正义的、野蛮的侵略战争，是失道的。日本侵略者肆意践踏中国的大好河山，屠杀中国军民，强行掠夺中国劳工，蹂躏和摧残妇女，进行细菌战和化学战，制造了南京大屠杀等一系列灭绝人性的惨案，犯下了令人发指的罪行，使源远流长的中华文明遭到了惨重破坏，使中华民族蒙受了巨大损失。第三，从战争的结果上看，中国人民抗日战争，是近代以来中华民族反抗外敌入侵第一次取得完全胜利的民族解放战争。中国人民彻底打败了日本侵略者，捍卫了中国的国家主权和领土完整，使中华民族避免遭受殖民奴役的厄运。中国人民抗日战争的胜利，促进了中华民族的觉醒，成为中华民族走向复兴的转折点，正是在中国人民抗日战争胜利的基础上，中国共产党领导中国人民取得了新民主主义革命的胜利。中国人民抗日战争，弘扬了中华民族的伟大精神，人民空前团结起来，使中华民族焕发出巨大凝聚力和旺盛生命力。

☆怎样评价国民党政府在抗日战争中执行的路线和正面战场的地位与作用？

国民党政府在抗日战争中执行的路线和正面战场的地位和作用体现在以下几个方面：

第一，国民党政府执行的是片面抗战路线，即不敢放手发动和武装群众，实行单纯的政府和正规军的抗战。在战略技术上，没有采取积极防御的方针，而是进行单纯的阵地防御战。这是由国民党政府的阶级本质和阶级利益所决定的，不仅使国民党正面战场节节失利，而且危害群众利益，使国民党政府孤立于人民群众之外。

第二，国民党领导的正面战场对抗日战争的胜利作出了重要贡献，特别是在抗日战争初期的战略防御阶段，牵制和消耗了日本大量军力，为兵力的部署调遣和人民群众的转移争取了宝贵的时间。

第三，国民党领导的正面战场在抗日战争不同阶段的地位和作用不同，具体体现为：首先，在抗战初期的战略防御阶段，国民党政府积极抗战，正面战场在整个抗战中起了重要作用。但由于其实行片面抗战路线，也遭受了巨大损失。其次，在进入战略相持阶段后，国民党一面消极抗战，一面制造反共摩擦事件，其在抗战中的地位和作用明显下降。最后，在战略反攻阶段，国民党虽然坚持抗战，但重点是在准备抢夺抗战胜利果实，对夺取抗战最后胜利的作用十分有限。

☆如何理解中国人民抗日战争胜利对实现中华民族伟大复兴的意义？

中国人民抗日战争是 20 世纪中国和人类历史上的重大事件。这一伟大胜利，是中华民族从近代以来陷入深重危机走向伟大复兴的历史转折点。中国人民抗日战争胜利对实现中华民族伟大复兴的意义主要体现为：

第一，中国人民抗日战争的胜利，不仅彻底粉碎了日本军国主义殖民奴役中国的图谋，有力捍卫了国家主权和领土完整，更洗刷了近代以来抗击外来侵略屡战屡败的民族耻辱。中国人民的顽强努力和巨大牺牲，迫使日本归还了甲午战后从中国窃取的东北、台湾、澎湖列岛等神圣领土，捍卫了国家主权和领土完整。第二，中国人民抗日战争的胜利，促进了中华民族的大团结，形成了伟大的抗战精神。在国家风雨飘摇、存亡绝续的艰难挣扎中，大江南北、长城内外，空前觉醒的中华儿女"誓死不做亡国奴"，在全民族的共同努力下，历尽艰辛、毁家纾难，最终打败了穷凶极恶的日本侵略者，谱写了彪炳史册的抗战精神，向全世界展示了优秀的中华儿女天下兴亡、匹夫有责的爱国情怀，视死如归、宁死不屈的民族气节，不畏强暴、血战到底的英雄气概，百折不挠、坚忍不拔的必胜信念。伟大抗战精神是中国人民弥足珍贵的精神财富。第三，中国人民抗日战争的胜利，对世界各国夺取反法西斯战争的胜利，维护世界和平产生了巨大影响。在世界反法西斯战争中，中国人民抗日战争开始最早、持续时间最长。中国人民为最终战胜法西斯势力作出了历史性贡献，国际地位显著提高，中国成为联合国安理会五个常任理事国之一。中国人民赢得了世界各国爱好和平人民的尊敬，中华民族赢得了崇高的民族声誉。第四，中国人民抗日战争的胜利，坚定了中国人民追求民族独立、自由和解放的意志，开启了古老中国凤凰涅槃、浴火重生的历史新征程，为中国共产党团结带领全国人民继续奋斗，赢得新民主主义革命胜利，奠定了重要基础。

第七章　为建立新中国而奋斗

第一节　实践教学指导

一、实践教学目的

通过实践教学，使学生更直观、更深刻地认识中华人民共和国的创建和中国共产党执政地位的确立是历史和人民的选择，坚信"没有共产党就没有新中国"，坚定理想信念，坚定对中国共产党领导的认同。

二、场馆（所）实践教学

（一）平津战役纪念馆实践教学

1. 平津战役纪念馆简介

平津战役纪念馆位于天津市红桥区，是一座全面介绍平津战役的现代化展馆。于1997年建成，占地4.7万平方米，建筑面积1.4万平方米，由胜利广场、主展馆、多维演示馆和军威园四部分组成。平津战役基本陈列包括：战役决策、战役实施、人民支前、伟大胜利、英烈业绩五个部分。该馆反映中国解放战争三大战役之一的平津战役。聂荣臻元帅为纪念馆题写了馆名。

平津战役是解放战争时期，中国人民解放军东北野战军和华北军区部队将国民党军傅作义集团抑留于北平（北京）、天津、张家口地区，予以各个歼灭的战略决战性战役，是解放战争具有决定意义的三大战役之一。

平津战役从 1948 年 11 月 29 日至 1949 年 1 月 31 日，历时 64 天，人民解放军伤亡 3.9 万人，歼灭和改编国民党军一个战略集团 52 万余人（其中改编 25 万人），基本上解放了华北全境。平津战役是中国人民解放战争具有决定意义的三大战役的最后一个战役。

（参考"平津战役纪念馆"＿百度百科：https：//baike. baidu. com/item/％E5％B9％B3％E6％B4％A5％E6％88％98％E5％BD％B9％E7％BA％AA％E5％BF％B5％E9％A6％86？fromModule＝lemma＿search－box）

2. 平津战役纪念馆实践教学要点

（1）让学生了解平津战役史实。

（2）让学生切身感受中国人民解放战争的辉煌与壮丽。

（3）让学生充分认识人民解放战争及新中国成立的重大历史意义。

3. 平津战役纪念馆实践教学组织方式

（1）"浸润式"小班现场教学

老师带队进行。提前让学生搜集相关材料；带学生现场教学，组织学生现场讨论；要求学生撰写实践报告，或制作微视频、摄影展、手绘展以及文学作品创作等；组织学生进行反思、交流。

（2）学生结组或个人前往

指导学生结组或个人前往平津战役纪念馆进行教学实践。要求学生撰写实践报告，或制作微视频、摄影展、手绘展以及文学作品创作等，组织学生进行反思、交流。

（3）网络或文献调研

要求学生结组或个人通过网络、文献进行对平津战役纪念馆的调查、研究，撰写相应的调研报告或心得体会，并组织学生进行反思、交流。

（4）智能教室情境模拟教学

组织学生通过智能教室进行平津战役纪念馆情境模拟教学，要求学生撰写实践报告，并组织学生进行反思和交流。

（二）徐州市淮海战役纪念馆

1. 徐州市淮海战役纪念馆简介

淮海战役纪念馆位于江苏省徐州市泉山区解放南路 2 号，于 1965 年 11 月 6 日建成开放。2003 年 5 月，淮海战役纪念馆进行扩建工程。2007 年 7 月，新馆建成开放。淮海战役纪念馆占地 7 万平方米，建筑面积 2.56 万平方米，半径 25 米、高 28 米的全景画馆位于其中心。馆内陈展面积 1.2 万平方米，共分序言、战前形势、战役实施、人民支前和缅怀英烈等 6 部分内容，共展出文物、照片、图表近 3000 件，复原场景 9 个，展线 1470 米。

淮海战役纪念馆拥有藏品 2 万余件，主要为淮海战役期间的纸、布、铁、皮等质地的文物和历史图片、史料及国家领导人、社会知名人士的题词、书画作品等，其中尤以战役期间的命令、日记、地图、武器装备、支前用品、领导人题词等藏品弥足珍贵。全景画《淮海战役》画布长 150 米，高 20 米，以战役 3 个阶段的主战场为创作背景，用写实的艺术手法，再现了淮海战役的生动场景。

淮海战役纪念馆藏品是淮海战役历史的真实见证与生动记录，是近距离了解淮海战役历史的珍贵资料，具有较高的历史价值和文物价值。

［参考"淮海战役纪念馆（江苏省徐州市泉山区境内的国家一级博物馆）"_百度百科：https：//baike.baidu.com/item/%E6%B7%AE%E6%B5%B7%E6%88%98%E5%BD%B9%E7%BA%AA%E5%BF%B5E9%A6%86/3509313？fr=ge_ala］

2. 徐州市淮海战役纪念馆实践教学要点

（1）让学生了解淮海战役的主要内容和重要意义。

（2）让学生切身感受淮海战役以及人民解放战争的辉煌战果和重要意义。

（3）让学生充分认识人民解放战争的历史功绩和中华人民共和国建立的重大历史意义。

3. 徐州市淮海战役纪念馆实践教学组织方式

（1）"浸润式"小班现场教学

老师带队进行。提前让学生搜集相关材料；带学生现场教学，组织学生现场讨论；要求学生撰写实践报告，或制作微视频、摄影展、手绘展以及文学作品创作等；组织学生进行反思、交流。

（2）学生结组或个人前往

指导学生结组或个人前往徐州市淮海战役纪念馆进行教学实践。要求学生撰写实践报告，或制作微视频、摄影展、手绘展以及文学作品创作等，组织学生进行反思、交流。

（3）网络或文献调研

要求学生结组或个人通过网络、文献进行徐州市淮海战役纪念馆的调查、研究，撰写相应的调研报告或心得体会，并组织学生进行反思、交流。

（4）智能教室情境模拟教学

组织学生通过智能教室进行徐州市淮海战役纪念馆情境模拟教学，要求学生撰写实践报告，并组织学生进行反思和交流。

（三）解放天津会师纪念地——金汤桥

1. 解放天津会师纪念地——金汤桥简介

金汤桥位于天津市河北区，1949 年 1 月 14 日上午 10 时，人民解放军从东、西、南三个方向向国民党守军发起总攻击，打响了解放天津的战役。经过一番激战，在突破外围城防后，于 15 日凌晨 5 时 30 分，东西对进的人民解放军在金汤桥会师，鲜艳的红旗插上了桥头，完成了"拦腰斩断"的作战目标，切断了国民党守军的南北联系，打乱了其作战部署，彻底动摇了国民党守军的信心。人民解放军胜利会师于金汤桥成为全歼守敌的关键，金汤桥就此成为天津获得新生的起点。

2003 年，按照海河综合开发的整体要求，对金汤桥在恢复设计原貌的基础上进行了加固提升改造，并恢复了开启功能。为纪念天津解放，以金汤桥为中心，在海河东岸和西岸各建了一座公园，公园的道路呈放射状向金汤桥汇聚，寓意"会师"。会师公园两岸的绿地都以金汤桥头为发射点，向四周发散，绿地中各放置一组以解放军东北部队和华北部队为题材的群雕，作为各自的景观中心。同时，公园还安放了一些与真人大小相仿的写实不锈钢解放军战士雕塑。雕塑与土地环境自然融合，真实再现了当年会师的情景。

（参考"金汤桥"＿百度百科：https：//baike.baidu.com/item/%E9%87%91%E6%B1%A4%E6%A1%A5/11015270？fr＝ge＿ala；会师公园＿百度百科 https：//baike.baidu.com/item/%E4%BC%9A%E5%B8%88%E5%85%AC%E5%9B%AD/4016154）

2. 解放天津会师纪念地——金汤桥实践教学要点

（1）让学生了解解放天津的历史事实。

（2）让学生切身感受天津战役的辉煌与壮丽。

（3）让学生充分认识解放天津的重大历史意义。

3. 解放天津会师纪念地——金汤桥实践教学组织方式

（1）"浸润式"小班现场教学

老师带队进行。提前让学生搜集相关材料；带学生现场教学，组织学生现场讨论；要求学生撰写实践报告，或制作微视频、摄影展、手绘展以及文学作品创作等；组织学生进行反思、交流。

（2）学生结组或个人前往

指导学生结组或个人前往解放天津会师纪念地——金汤桥进行教学实践。要求学生撰写实践报告，或制作微视频、摄影展、手绘展以及文学作品创作等，组织学生进行反思、交流。

（3）网络或文献调研

要求学生结组或个人通过网络、文献进行解放天津会师纪念地——金汤桥的调查、研究，撰写相应的调研报告或心得体会，并组织学生进行反思、交流。

（4）智能教室情境模拟教学

组织学生通过智能教室进行解放天津会师纪念地——金汤桥情境模拟教学，要求学生撰写实践报告，并组织学生进行反思和交流。

三、其他实践教学方式

1. 组织学生观看纪录片，如《走近毛泽东》。要求同学们写观后感，并组织学生进行反思、交流。

2. 请纪念馆、展览馆等专业人士入课讲座，如请中共天津历史纪念馆的专业人士讲解中国共产党领导天津人民革命斗争和建设的历史。要求学生撰写心得体会，并组织学生进行反思、交流。

四、实践教学报告范例

"平津战役纪念馆" 实践报告

在"中国近现代史纲要"课老师的要求下，我们组几位同学于 2023 年 10 月 5 日，利用国庆假期来到平津战役纪念馆进行实践学习。

平津战役，是解放战争三大战役中的最后一场战役。1948 年 11 月 23 日，东北野战军主力向北平、天津、唐山、塘沽地区开进，25 日华北军区第三兵团东进，29 日平津战役开始。经过两个月的激烈交锋后，1949 年 1 月 31 日，人民解放军在人民欢呼声中开入北平城内。至此，北平和平解放，平津战役胜利结束。

平津战役共历时 64 天，人民解放军取得了歼灭和改编国民党军 1 个"剿匪总司令部"、1 个警备司令部、3 个兵团部、13 个军部、50 个整师及非正规军 4 个师，共 52 万余人的巨大胜利，基本上解放了京津地区。平津战役的胜利，连同辽沈战役和淮海战役的胜利，使国民党军的精锐部队丧失殆尽。至此，中国人民解放战争在全国胜利的局面已经基本确定。

1994 年，中共中央政治局常务委员会十四届第 67 次会议决定在天津修建平津战役纪念馆，纪念馆位于天津市红桥区，现已成为天津市主要的爱国主义教育基地。馆内陈列十分丰富，通过大量的文物、照片和各种现代化展示手段，客观、全面地反映了平津战役的全过程。

平津战役纪念馆基本陈列包括：序厅、战役决策厅、战役实施厅、人民支前厅、伟大胜利厅、英烈业绩厅五个部分。

2017 年 12 月，平津战役纪念馆入选教育部第一批全国中小学生研学实践教育基地、营地名单。

进入纪念馆内部之前首先要经过胜利广场。胜利广场占地1.1 万平方米，以胜利为主题，两侧弧形花岗岩浮雕反映了两军欢庆胜利和军民共庆胜利的场景。由两根高 12 米、五种红色花岗岩砌成的圆柱构成胜利门，柱顶分别伫立着两尊高 4.7米的人民解放军东北野战军和华北军区部队战士鸣枪欢庆胜利的锻铜塑像，象征着东北、华北两大区军民携手并肩夺取平津战役的胜利。

进入大厅便是纪念馆的序厅，五个伟岸的身躯映入眼帘，分别是毛泽东、朱德、刘少奇、周恩来、任弼时的塑像，他们正充满信心，气宇轩昂地朝前迈进，他们踏着坚毅的步伐，目光中透露出为劳苦大众的解放而奋斗的坚定信念。环周巨幅壁画《胜利交响诗》反映了东北、华北两大军区军民英勇奋战、夺取战役胜利的宏大场面。我们跟随讲解员进入战役决策厅，这里展示了平津战役发生的背景与全国战场的关系。厅内设置了毛泽东主席西柏坡办公室旧址复原蜡像以及大量历史文物、照片及多媒体演示，将毛主席驾驭战争的伟大气魄、运筹帷幄的高超指挥艺术，形象生动地表现出来。

伟大胜利厅陈列了平津战役取得的辉煌战绩和北平以及全国各地欢庆胜利的场面等内容，并设置了缴获武器陈列台，同时也对平津战役胜利后、新中国成立前发生的一些重大历史事件作了概括。反映了平津战役连同辽沈、淮海等重大战役的伟大胜利，和其在中国革命历史演进中所起的重要作用和影响。紧接着就能看到英烈业绩厅，在这个展览厅里陈列了中国共产党的三代领导核心毛泽东、邓小平、江泽民和其他领导同志的题词；根据展馆的语音介绍我知道了，该展厅介绍了平津战役中牺牲的 32 位著名烈士和团以上干部、26 位战斗英雄和 109个英模群体的事迹；在墙上和玻璃展示柜里悬挂了参战英烈群体的锦旗；同时展出了大量奖章、证书和英烈所用物品。英烈名录墙上将战役中牺牲的 6639 名烈士姓名全部镌刻在上，寄托了对战役中烈士的深切怀念和敬仰。

在战役决策厅，我们看到了许许多多领导人物一起谈论战略形势，进行决策的照片，以及当时的许许多多文件。本展厅通过对中共中央九月会议和全国与华北战略形势的发展变化、平津战役的方针和部署等诸多重大历史事实的追溯，展示了平津战役发生的背景与全国战场的关系，着力表现了中央军委，特别是毛泽东主席高瞻远瞩，审时度势，作出将国民党傅作义集团抑留于华北就地歼灭的英明决策的过程。

接着是战役实施厅，战役实施厅通过大量照片、文献、实物等史实材料与图表、绘画等辅助展品有机结合，以时间为线索，全面、真实地展现了平津战役从发起到胜利结束的光辉历程，运用现代化的手段和形式，逼真地再现了战争场面。

然后是西八里阻击战油画，战士们冒着刺骨寒风，不顾一切地与国民党军队斗争，以伤亡 40 余人的代价歼灭敌军 400 多人，取得了巨大胜利。

参观活动结束后，我思绪万千，仿佛回到了那个硝烟弥漫、炮火连天的战场，我们看到解放军战士奋不顾身的勇猛冲锋，看到了战旗在阵地上迎风飘扬。在整个平津战役中，人民解放军牺牲和负伤 3 万多人，战争的胜利总是与悲壮并存，为了革命的胜利，为了全中国的解放事业，革命先辈不惜抛头颅、洒热血。今天中华民族早已昂首挺胸屹立于世界东方，我们也早已过上了幸福生活。这一切都是革命先烈流血牺牲换来的。

然而，世界形势仍然复杂多变，人民解放军保卫国家和人民的任务从来没有改变，革命先烈前仆后继、不怕流血牺牲的革命精神仍然在激励着我们奋勇向前。

当代青年担负着祖国的未来和希望，肩上的责任更是沉重。我们要不断提高自己的政治思想水平，树立正确的世界观、人生观、价值观。刻苦学习专业知识，努力做社会发展需要的复合型人才，将来为党和国家的事业作出应有的贡献。

第二节　课程提质指导

一、习近平新时代中国特色社会主义思想引领本章教学要点

要点 1：中华人民共和国的成立，使中国人民成为国家、社会和自己命运的主人，实现了中国向人民民主制度的伟大跨越，实现了中国高度统一和各民族空前团结，彻底结束了旧中国半殖民地半封建社会的历史，彻底结束了旧中国一盘散沙的局面，彻底废除了外国列强强加给中国的不平等条约和帝国主义在中国的一切特权。

中国人从此站立起来了！中国人民从此把命运牢牢掌握在自己手中！中华民族发展进步从此开启了新纪元。

——习近平：《在纪念毛泽东同志诞辰 120 周年座谈会上的讲话》（2013 年 12 月 26 日）

要点 2：70 年前的今天，毛泽东同志在这里向世界庄严宣告了中华人民共和国的成立，中国人民从此站起来了。这一伟大事件，彻底改变了近代以后 100 多年中国积贫积弱、受人欺凌的悲惨命运，中华民族走上了实现伟大复兴的壮阔道路。

——习近平：《在庆祝中华人民共和国成立 70 周年大会上的讲话》（2019 年 10 月 1 日）

要点 3：中华人民共和国的成立和巩固，也是顺应时代大潮的产物。那时，社会主义发展壮大，亚非拉民族解放运动风起云涌，出现了"东风压倒西风"的气象，新中国就是沐浴着这个东风诞生并站住了脚的。

——习近平：《在党史学习教育动员大会上的讲话》（2021 年 2 月 20 日）

要点4：人民是我们党执政的最大底气，是我们共和国的坚实根基，是我们强党兴国的根本所在。我们党来自于人民，为人民而生，因人民而兴，必须始终与人民心心相印、与人民同甘共苦、与人民团结奋斗。每个共产党员都要弄明白，党除了人民利益之外没有自己的特殊利益，党的一切工作都是为了实现好、维护好、发展好最广大人民根本利益；人民是历史的创造者、人民是真正的英雄，必须相信人民、依靠人民；我们永远是劳动人民的普通一员，必须保持同人民群众的血肉联系。

——习近平：《在"不忘初心、牢记使命"主题教育工作会议上的讲话》（2019年5月31日）

要点5：为了实现中华民族伟大复兴，中国共产党团结带领中国人民，浴血奋战、百折不挠，创造了新民主主义革命的伟大成就。我们经过北伐战争、土地革命战争、抗日战争、解放战争，以武装的革命反对武装的反革命，推翻帝国主义、封建主义、官僚资本主义三座大山，建立了人民当家作主的中华人民共和国，实现了民族独立、人民解放。新民主主义革命的胜利，彻底结束了旧中国半殖民地半封建社会的历史，彻底结束了旧中国一盘散沙的局面，彻底废除了列强强加给中国的不平等条约和帝国主义在中国的一切特权，为实现中华民族伟大复兴创造了根本社会条件。中国共产党和中国人民以英勇顽强的奋斗向世界庄严宣告，中国人民站起来了，中华民族任人宰割、饱受欺凌的时代一去不复返了！

——习近平：《在庆祝中国共产党成立100周年大会上的讲话》（2021年7月1日）

二、教学目标

（一）知识目标

1. 了解抗战胜利后的国内外形势，认识两种命运、两种前途的斗争是这一时期中国历史的基本内容。

2. 了解中国共产党为争取和平民主团结所做的巨大努力以及全面内战爆发和发展的过程。

3. 了解 "第三条道路" 及其幻想破灭的历史必然性, 认识中国共产党领导的多党合作、政治协商格局形成的过程和历史条件。

4. 认识国民党政权的反动本质, 所面临的危机及其走向崩溃的根本原因。

5. 了解人民共和国创建的历史进程; 认识中国革命胜利的原因和基本经验。

（二）能力目标

1. 认识中国革命胜利的原因和基本经验。

2. 认识国民党政权的反动本质。

3. 认识中国共产党领导的多党合作政治协商格局是如何形成的。

（三）价值观目标

1. 认识中华人民共和国的创建和中国共产党执政地位的确立是历史和人民的选择。

2. 坚信 "没有共产党就没有新中国"。

3. 坚定理想信念, 坚定对中国共产党领导的认同。

三、教学重点与难点

1. 中国共产党为争取和平民主团结所做的努力以及全面内战爆发和发展的过程。

2. 国民党政权的反动本质、其所面临的危机及崩溃的根本原因。

3. 中国革命胜利的意义。

4. 中国革命胜利的基本经验。

5. 中华人民共和国的创建和中国共产党执政地位的确立是历史和人民的选择。

四、关键问题引领与简答

（一）抗战胜利前后, 中国共产党为了和平民主团结做出了哪些不懈努力? 国民党是如何破坏和平挑起内战的

抗战胜利前后, 中国共产党为了和平、民主、团结做出了一系列不

懈努力，主要是：

第一，抗战胜利前后，中国共产党提出"和平""民主""团结"的口号，主张成立联合政府，提出争取在抗战后与国民党建立和平局面，在民主、民生上做文章。在七大上提出加入联合政府，给蒋介石"洗脸"而不是"砍头"等。

第二，毛泽东亲赴重庆谈判，做出大量妥协和让步，促成"双十协定"签订。

第三，促成"政协会议"的召开并积极落实各项协议，如整编军队、确定联合政府成员以及准备将中央总部地点迁移到苏北淮阴等。

第四，进行适度自卫战争，全力促进和平。

而国民党则出于建立独裁统治的考虑，不断破坏和平，挑起内战，主要是：

第一，阻止日伪军向八路军投降。

第二，"重庆谈判"及其至"政协会议"召开期间，不断发起军事挑衅。

第三，召开国民党六届二中全会、国民参政会、伪国民大会等，撕毁"政协协议"，发动全面内战。

第四，制造"一二一惨案""较场口血案""下关惨案"等，残酷打击和镇压爱国民主人士。

（二）国民党政权为什么迅速崩溃

国民党政权之所以迅速崩溃，是因为国民党严重丧失了民心，主要是由以下几个方面决定：

第一，国民党政权的统治基础是大地主、大资产阶级，由此其政策不会代表工农大众的利益，最终为人民抛弃。

第二，抗战后期展现在军事上无能、政治上的内斗和官员的贪污腐败，使得国民党政权丧失人心。

第三，抗战胜利后国民党对沦陷区的"劫收"，是国民党失去民心的一个重要原因。根据当时流行的说法，国民党这些接收大员最关心的是"五子登科"，其中的五子即条子（指黄金）、车子、房子、女子和票子。

第四，国民党政府破坏国内和平，违背人民休养生息的和平建国的愿望是其失去民心的最重要原因。为筹集战争资金，国民党政府无限制地发行纸币。此外，国民党政府为维持战争进行征兵，使农村劳动力锐减，土地荒芜，致使农业经济急剧衰落。

第五，国民党在抗战胜利后，拒绝人民要和平、要民主、要自由的愿望，仍然继续并加强独裁统治，压迫民主，是其丧失民心的又一重要原因。

总之，国民党统治区深刻的政治经济危机，充分表明了这个代表大地主、大资产阶级集团利益的，违背全国人民意志和利益的反动政权已经无法继续维持其统治了。

（三）中国共产党领导的多党合作政治协商格局是如何形成的？"第三条道路"为什么走不通

1. 中国共产党领导的多党合作政治协商格局的形成经历了一个长期过程：

第一，抗日战争胜利后，某些民主党派的领导人曾经鼓吹"中间路线"，但是，中国在战后面临的客观形势决定了中国没有走中间路线的余地。

第二，1948年1月，民盟领导人沈钧儒等在香港召开民盟一届三中全会，表示今后要与中国共产党携手合作。1949年1月22日，李济深、沈钧儒等民主人士发表《对时局的意见》，自愿地接受了中国共产党的领导。

第三，1949年春，民主党派参加新政协会议并将在新中国参政，标志着民主党派成为中国人民民主专政的参加者，在中国共产党的领导下，一道担负起管理国家和建设国家的历史重任。

2. 从本质上看，"第三条道路"提倡的是资产阶级共和国的方案，所主张的是旧民主主义的道路。它在中国走不通，主要有两方面原因：

其一，帝国主义列强侵略中国，不是要使中国成为一个独立、富强的资本主义国家，而是为了掠夺中国从而发展本国资本主义。中国的民族资产阶级无论怎样向西方学习，帝国主义都不会支持中国建立独立的资产阶级共和国。

其二，中国民族资产阶级及其代表在政治上十分软弱，没有能力走"第三条道路"。主要体现在：一是不能提出彻底的民主革命纲领；二是脱离人民群众，特别是广大农民；三是内部涣散，无法形成坚强的领导核心；四是没有建立起革命的武装力量。因此，当中国在战后面临两种命运、两个前途的尖锐斗争时，尤其是内战重起，就使得"第三条道路"主张者只能在靠近共产党或靠近国民党中选择道路，而不能有其他道路。

（四）中国革命胜利的根本原因是什么

中国革命胜利有着深刻的社会根源和雄厚的群众基础。

第一，工人、农民、城市小资产阶级群众是民主革命的主要力量。

在他们中间，涌现出了无数无畏的英雄和不屈的战士。随着斗争的发展，民族资产阶级也逐步向中国共产党靠拢，这种现象曾经被人称作是"开万国未有之奇"。没有广大人民和各界人士的广泛参加和大力支持，中国革命的胜利是不可能的。

第二，中国革命之所以能够走上胜利发展的道路，从根本上说，是由于有了中国共产党的领导。

中国共产党从诞生之日起，就把为中国人民谋幸福，为中华民族谋复兴确立为自己的初心和使命。这个初心和使命是激励中国共产党人不断前进的根本动力。中国共产党为中国人民指明斗争的目标。在长期斗争的实践中找到了使革命走向胜利的道路。没有共产党就没有新中国，这是中国人民依据近代中国革命的历史经验得出的科学结论。

第三，中国革命之所以能够赢得胜利，同国际无产阶级和人民群众的支持也是分不开的。

五、文化自信教育

（一）毛泽东诗词《五律·喜闻捷报》《七律·人民解放军占领南京》

五律·喜闻捷报

毛泽东

一九四七年中秋步运河上，闻西北野战军收复蟠龙作。

秋风度河上，大野入苍穹。

佳令随人至，明月傍云生。

故里鸿音绝，妻儿信未通。

满宇频翘望，凯歌奏边城。

这首诗是 1947 年毛泽东在我军收复蟠龙镇后所作。1947 年 3 月，国民党对陕北发动"重点进攻"，胡宗南部 25 万军队向延安发动突然袭击，中共中央主动撤离延安。当时陕北的人民军队只有 2 万余人，在处于绝对劣势的情况下，我军采用"蘑菇"战术，与敌周旋，先后取得青化砭、羊马河、蟠龙镇、沙家店等战役的胜利，粉碎了国民党对陕北的"重点进攻"。

七律·人民解放军占领南京

毛泽东

钟山风雨起苍黄，百万雄师过大江。

虎踞龙盘今胜昔，天翻地覆慨而慷。

宜将剩勇追穷寇，不可沽名学霸王。

天若有情天亦老，人间正道是沧桑。

随着辽沈、淮海、平津三大战役的胜利，国民党的反动统治已面临

197

崩溃的局面。但国民党并不甘心失败，企图借"和平谈判"之机争取喘息时间，布置长江防线，以便卷土重来。1949 年 4 月，国共双方分别派出周恩来和张治中一行人在北京进行和谈，4 月 15 日通过了《国内和平协定》。4 月 20 日，国民党拒绝在和平协定上签字。4 月 21 日，毛泽东和朱德发布《向全国进军的命令》，人民解放军在东起江苏江阴，西至江西湖口的千里长江上，分三路强行渡江。4 月 23 日，人民解放军占领南京。毛泽东听到这个消息后欢欣鼓舞，于是写下了《七律·人民解放军占领南京》。

（参考石磊主编：《毛泽东诗词书法赏析》，内蒙古文化出版社 2003 年版。）

（二）西柏坡精神

西柏坡精神是红色革命精神之一，由毛泽东在西柏坡召开的中国共产党七届二中全会上提出，是指以毛泽东为首的党中央在驻西柏坡期间，所体现和创立的一系列革命精神。

基本内容：两个"敢于"（敢于斗争，敢于胜利）的革命精神，两个"善于"（善于破坏旧世界，善于建设新世界）的科学精神，两个"坚持"（坚持依靠群众，坚持团结统一）的民主精神，两个"务必"（务必保持谦虚谨慎的作风，务必保持艰苦奋斗的作风）的创业精神。

这些革命精神的精髓是实事求是，是实事求是在不同方面的表现。实事求是是研究西柏坡精神的指导思想，也是西柏坡精神的精髓。

与"井冈山精神""长征精神""延安精神"的比较：西柏坡精神有别于被逼上井冈山产生的井冈山精神，有别于被迫踏上长征路的长征精神，有别于极端困难条件下依靠自力更生发展壮大产生的延安精神。井冈山精神包含着坚定的理想信念，不屈不挠的英雄气概，血肉相连的党群关系，艰苦奋斗的创业精神；长征精神包含着坚定不移的革命信念，坚韧不拔的英雄气概，维护团结统一的高尚品德，联系群众艰苦奋斗的崇高思想；延安精神包含着全心全意为人民服务的精神，爱国主义精神，自力更生、艰苦创业的精神。

西柏坡精神包含的传统美德和民族精神：

传统美德：艰苦朴素、谦虚谨慎、不骄不躁等。

民族精神：爱国主义、维护国家统一等。

现实意义：

（1）时刻关心群众，始终把代表、维护和发展好最广大人民群众的根本利益摆在工作的首位，始终坚持和发扬与人民同甘共苦的优良传统，一切为群众着想。

（2）严格要求自己，以身作则，不畏艰险，克己奉公，甘于奉献。

（3）深入实际，发扬民主作风，真抓实干。

（参考"西柏坡精神"＿百度百科，https：//baike.baidu.com/item/%E8%A5%BF%E6%9F%8F%E5%9D%A1%E7%B2%BE%E7%A5%9E/10669424？fr＝ge_ala）

（三）毛泽东提出的"两个务必"

1949年3月5日至13日，中共中央在河北省平山县西柏坡召开七届二中全会。毛泽东在会上指出，夺取全国胜利，这只是万里长征走完了第一步。革命以后的路程更长，工作更伟大，更艰苦。只有坚持"两个务必"，即务必使同志们继续地保持谦虚、谨慎、不骄、不躁的作风，务必使同志们继续地保持艰苦奋斗的作风，保持"赶考"精神，才能走出"历史周期率"，才能使党和人民的事业继续走向胜利。

在中国革命即将取得全国胜利的前夜，毛泽东十分清醒和忧虑。中国共产党如何才能永不变色、新生的人民政权如何才能长治久安？在毛泽东看来，最根本的一点要看中国共产党人能否始终保持强烈的宗旨意识和博大的为民情怀。中国革命最终取得全国胜利，靠的是人民群众的信赖和支持，未来中国建设要成功，同样离不开人民群众的信赖和支持。"两个务必"蕴含着全心全意为人民服务的宗旨意识。人民是历史的创造者，群众是真正的英雄。中国共产党从成立的那一天起，就把为人民服务作为自己的根本宗旨。2013年7月11日，习近平总书记在西柏坡同县乡村干部和群众座谈时指出，毛泽东同志在党的七届二中全会上向全党郑重提出"两个务必"，是经过了深入思考的。这里面，包含着对我国几千年历史上治乱规律的深刻借鉴，包含着对我们党艰苦奋斗历程的深刻总结，包含着对胜利了的政党永葆先进性和纯洁性、对即将诞生的人民政权实现长治久安的深刻忧思，也包含着对我们党坚持全心全意为人民服务根本宗旨的深刻认识，思想意义和历史意义十分深远。

（参考"两个务必"＿百度百科，https：//baike.baidu.com/item/%E4%B8%A4%E4%B8%AA%E5%8A%A1%E5%BF%85/1586126？fr＝ge＿ala）

六、逆向课程思政

（一）"一切反动派都是纸老虎"的论断对计算机等专业大学生的学习启示与促进

1946 年 8 月，毛泽东在延安和美国著名女记者、作家安娜·路易斯·斯特朗进行谈话，在谈到美国使用原子弹的问题时，毛泽东首次提出了"一切反动派都是纸老虎"的著名论断。毛主席指出：看起来，反动派的样子是可怕的，但是实际上并没有什么了不起的力量。从长远的观点看问题，真正强大的力量不是属于反动派，而是属于人民。

这一论断成为中国人民藐视一切貌似强大敌人的思想武器。新中国成立后，面对西方的核封锁，中国共产党人克服重重困难，成功研制出"两弹一星"。在错综复杂的国际环境下维护了中国人民的利益。

当前，以美国为首的西方国家在高科技产业领域对中国进行打压，我国计算机领域面临严峻考验。首先，在芯片领域，中国在芯片制造方面虽然取得了进展，但在高密度、高可靠性的封装技术上仍有较大挑战，这涉及先进的封装材料、封装工艺和封装设备等方面的问题。其次，在操作系统方面，国内桌面办公操作系统很大程度上依赖国外产品，如微软操作系统。虽然国内也有自主研发的操作系统，但这些系统主要基于 Linux 内核，无法满足客户的需求。同时，移动操作系统虽有所突破，如华为的鸿蒙系统，但仍需漫长的道路才能实现完全自主。市场上很多手机产品仍依赖于国外操作系统。再次，数据库领域也存在不足。数据库是大部分信息系统的基础，虽然也有国产数据库，但企业往往会因成本、安全等问题，继续使用国外数据库。最后，编程语言也是个大问题。因国内计算机研发起步较晚,无论操作系统、数据库还是芯片,所使用的编程语言均来自国外。

作为计算机专业的学生对此应该感受更为深刻。面对西方国家的"卡脖子",我们绝不能被吓到。"一切反动派都是纸老虎",要敢于藐视一切貌似强大的敌人。作为计算机专业的学生应该树立自信,发扬"两弹一星"精神,依靠科学,顽强拼搏,发愤图强,锐意进取,突破一个个技术难关,为我国高科技领域的发展、突破作出贡献。

(二)统一战线思想对社会学专业大学生的学习启示与促进

统一战线,是中国共产党人克敌制胜的重要法宝。毛主席将统一战线作为中国革命的"三大法宝"之一。百年来,中国共产党在各个历史时期都建立了强大的统一战线来扩大自身力量,对社会阶级阶层结构的变化都保持着高度的关注,并根据社会结构的变化确定统一战线成员范围。

统一战线具有政治性,同时也具有社会性。社会学是一门研究社会关系和社会运行规律的学科,因此,在讲解统一战线问题时,针对社会学专业的学生,可以融入党在不同历史时期对社会各阶级、阶层结构采取有针对性的团结、调动策略的分析:在革命战争时期,统一战线主要关注社会阶级结构的变化;国民大革命时期,国共两党合作,工人、农民、小资产阶级和民族资产阶级形成了反帝反封建统一战线;土地革命战争时期,形成了工农民主统一战线;抗日战争时期,民族矛盾上升为主要矛盾,各党派、各民族、各阶级、各阶层、各团体同仇敌忾,形成了抗日民族统一战线;解放战争时期,在党的领导下建立最广泛的人民民主统一战线,形成了工人、农民、城市小资产阶级和民族资产阶级、其他爱国分子、海外侨胞等在内的联盟,并由此推翻了三座大山,建立了新中国。

改革开放以来,党领导的统一战线注重凝聚各方面力量致力于现代化建设,对社会阶层结构变化非常关注,明确指出民营科技企业的创业人员和技术人员、受聘于外资企业的管理技术人员、个体户等属于新的社会阶层人士。进入新时代,新媒体从业人员等新兴社会群体成为重点关注对象，正是依靠统一战线，把这些新的社会阶层、群体团结紧密凝聚到党的周围。

作为社会学专业的同学对统一战线思想，特别是"团结一切可以团结的力量，调动一切积极因素"有更为深刻的体会。同学们要学史增信、学史力行，继续把统一战线作为社会主义现代化建设的重要法宝，利用学科优势多关注、调研新兴社会群体的统战工作，为新时代坚持统一战线大团结大联合（寻求最大公约数，画出最大同心圆）、为汇聚全民族磅礴伟力实现民族复兴而贡献自己的青春力量。

七、案例精选

（一）案例一：重庆谈判与《沁园春·雪》

1945 年，毛主席赴重庆谈判，其间柳亚子登门探望，并赠送主席一首诗。诗中赞誉主席此次重庆之行实为"弥天大勇、霖雨苍生"。接着柳亚子便希望主席也能回赠他一首词，以作二人相知见证。毛主席便把自己在长征结束后所作的《沁园春·雪》送给了柳亚子。柳亚子读罢之后，如获至宝、惊为天人，直呼"大作！大作！"称其为中国有史以来第一作，"高如苏辛犹未能抗耳"，然后诗兴大发，当场为《沁园春·雪》写了一首"和词"，并交给我党《新华日报》工作人员。

10 月 11 日，毛主席离开重庆当日，《新华日报》将柳亚子此首"和词"正式刊发。重庆各界人士看到这首"和词"后，才知主席和柳亚子有相互赠词之举。不过《新华日报》上只见柳亚子"和词"却不见毛主席原词，因此纷纷向柳亚子打听主席作品究竟写的是什么。

柳亚子便直接将《沁园春·雪》抄送给一些友人，众人读罢此词，无不目瞪口呆。1945 年 11 月 14 日，吴祖光在《新民报》上正式刊发出这首《沁园春·雪》，此词一出，当即轰动天下。据不完全统计，当时文化界人士为《沁园春·雪》写下的"和词"不下 50 首，在"国统区"内引发了一股巨大的"毛泽东诗词风潮"，无数人被毛主席的才华所折服。

沁园春·雪

毛泽东

北国风光，千里冰封，万里雪飘。

望长城内外，惟余莽莽；

大河上下，顿失滔滔。

山舞银蛇，原驰蜡象，欲与天公试比高。

须晴日，看红装素裹，分外妖娆。

江山如此多娇，引无数英雄竞折腰。

惜秦皇汉武，略输文采；

唐宗宋祖，稍逊风骚。

一代天骄，成吉思汗，只识弯弓射大雕。

俱往矣，数风流人物，还看今朝。

本案例适用于本章第一节"从争取和平民主到击退国民党的军事进攻"——第一目"中国共产党争取和平民主的斗争"下设"重庆谈判和政治协商会议"部分的教学。通过本案例，使学生生动理解为了争取和平民主，毛泽东不顾个人安危表现出的"弥天大勇"，以及中国共产党人从人民根本利益出发、建设新中国的真诚、豪迈与自信。

（参考"重庆谈判毛主席旷世之作《沁园春·雪》背后的国共暗战与较量 | 柳亚子"＿网易订阅，https：//www. 163. com/dy/article/GC-SOB8B90531O7QG. html）

（二）案例二：皮有功 少晋中

1946 年 6 月，蒋介石发动全面内战。国民党军队约 22 万人将中原解放区 6 万余人部队围困在以湖北大悟县宣化店为中心、方圆不足 100 公里、人口仅 40 多万的狭长地带内。6 月中旬，蒋介石调集 8 个多整编师，组成进攻中原解放区的第一线部队，并任命刘峙为总指挥，限于 6 月 22 日前完成秘密包围，6 月 26 日开始围攻，7 月 1 日发起总攻击，试图"48 小时内一举包围歼灭"中原解放军主力。

军情十万火急。6 月 23 日，中共中央急电中原局：同意立即突围，愈快愈好，不要有任何顾虑，生存第一，胜利第一。于是，中原军区召开紧急军事会议，决定6月26日主力部队向西面突围，中原军区司令员李先念等率北路军，经豫南向西突围；中原军区副司令员王树声等率南路军，经鄂中向西突围。并决定皮定均第一旅作为掩护，以保障主力突围时的后侧安全，完成任务后，第一旅自行选择突围方向。这是在敌人重兵压境的情况下，为了确保主力部队和机关安全转移，不得已作出的决定。第一旅要以7000余众，阻击国民党军约22万兵力，其困难可想而知。

面对敌强我弱的不利战局，皮定均率领第一旅采用疑兵之计，调动国民党军朝着错误的方向进攻，经过连续3天的顽强阻击，终于掩护中原军区主力较为顺利地越过平汉铁路向西突围。皮定均则以第一旅之众和数十倍于己之敌周旋了24天，横跨鄂豫皖三省，行程750余公里，进行大小战斗20余次，最终粉碎了敌人的围追堵截，全旅于7月20日到达苏皖解放区，与华中军区部队会师，创造了震撼中外的中原突围成功战例。

中原突围在毛泽东心中留下了深刻的印象。1955年，人民解放军评定军衔时，毛泽东破例批示："皮有功，少晋中。"开国将军中享此殊荣的仅有陈赓与皮定均两个人。

本案例适用于本章第一节"从争取和平民主到击退国民党的军事进攻"——第二目"国民党发动全面内战和解放区军民的坚决反击"下设"以革命战争反对反革命战争"部分的教学。通过本案例，使学生认识到中原突围战中以皮定均为代表的中共将领的骁勇善战以及中共中央的正确指挥，加深对于国民党集团速战速决计划失败的认识。

（参考"1955年评军衔毛泽东曾破例批示'皮有功，少晋中'"——党史频道-人民网，http：//dangshi.people.com.cn/n/2014/0512/c85037-25003574.html）

（三）案例三："紫石英"号事件

1949年4月，集结在长江北岸的解放军第二野战军、第三野战军共100多万大军正在长江北岸集结待命，就等总前委一声令下，横跨长江天堑，打到江南去，将革命进行到底。解放军当时还向各国下达了一条公告：1949年4月20日是外国舰船撤离长江的最后期限，闯入人民解放军前线预定渡江江段，不听从警告，阻拦解放军进行渡江战役，将会遭到人民解放军的炮击。

1949年4月20日凌晨，长江北岸的三江营第八兵团阵地上，配属第二十军的特种兵纵队炮兵第三团战士们正在进行渡江作战前的准备工作。就在这个时候，炮兵第三团七连观察到江的东面驶来一艘军舰，闯入我军防区内，团部接到命令后，立刻命令各连准备射击，但是如果英国军舰不向我军射击，我们也不打它。根据三团后来的报告，英国"紫石英"号护卫舰通过七连位置后，发现我北岸炮兵阵地，并首先向我军开炮射击，我炮兵立刻进行还击，英军三次挂起白旗，我军才停止射击。"紫石英"号17人阵亡，20人重伤，由于解放军炮兵的榴弹炮缺乏穿甲弹，"紫石英"号虽多处中弹，但没有致命损伤，"紫石英"号只是搁浅在江滩上。

4月21日凌晨，英军的"伦敦"号和"黑天鹅"号两艘军舰到达十兵团二十三军的阵地，双方再次爆发激战。7月31日凌晨，"紫石英"号护卫舰利用江水上涨，避开封锁崇明岛南侧航道的第三野战军炮兵，经崇明岛北侧水道以22节高速逃脱。在"紫石英"号事件中，英国海军被击毙45人，落荒而逃。这一事件既标志着英国等列强在中国"炮舰外交"的最后终结，也表明了即将建立新中国的中国共产党捍卫国家主权的坚定决心和强大勇气。

本案例适用于本章第四节"建立人民民主专政的新中国"——第一目"南京国民党政权的覆灭"下设"人民解放军向全国进军"部分的教学。通过本案例，使学生进一步认识到人民军队以雷霆万钧之势向全国进军是任何反动派别、任何反动势力都扭转不了的，西方列强任何试图干涉中国革命成功的做法在中国共产党领导的解放军面前都会被迎头痛击。

（参考"紫石英号事件"_ 360百科，https：//baike. so. com/doc/5904001-32318519. html）

（四）案例四：全国著名战斗英雄——董存瑞

全国著名战斗英雄董存瑞的纪念碑位于河北省隆化县北郊，碑上铭刻着朱德总司令的题词："舍身为国，永垂不朽！"

董存瑞，1929年生，河北省怀来县人。他出身于贫苦农民家庭，当过儿童团长。13岁时，他曾机智地掩护区委书记躲过侵华日军的追捕，被誉为"抗日小英雄"。1945年7月，他参加八路军，后任某部六班班长，并于1947年3月加入中国共产党。董存瑞军事技术过硬，作战机智勇敢，在一次战斗中只身俘敌10余人。他先后立大功3次、小功4次，获3枚"勇敢奖章"、1枚"毛泽东奖章"，所领导的班获"董存瑞练兵模范班"称号。

1948年5月25日，我军攻打隆化县城的战斗打响。董存瑞所在连队担负攻击国民党守军防御重点隆化中学的任务。他任爆破组组长，带领战友接连炸毁4座炮楼、5座碉堡，胜利完成了规定的任务。连队随即发起冲锋，突然遭敌一隐蔽的桥型暗堡猛烈火力的封锁，部队受阻于开阔地带。二班、四班接连两次对暗堡爆破均未成功，董存瑞挺身而出，向连长请战：我是共产党员，请准许我去！毅然抱起炸药包，冲向暗堡，前进中左腿负伤，顽强坚持冲至桥下。由于桥型暗堡距地面超过身高，两头桥台又无法放置炸药包。危急关头，他毫不犹豫地用左手托起炸药包，右手拉燃导火索，高喊："为了新中国，冲啊！"碉堡被炸毁，董存瑞以自己的生命为部队开辟了前进的道路，牺牲时年仅19岁。

本案例适用于本章第四节"建立人民民主专政的新中国"——第三目"中国革命胜利的原因、意义和基本经验"下设"中国革命胜利的原因"部分的教学。通过本案例，使学生认识到中国革命之所以能够走上胜利发展的道路，从根本上说，是由于有了中国共产党的领导、奋斗和牺牲，中国新民主主义革命的胜利是千千万万先烈长期牺牲奋斗的结果。

（参考"董存瑞"_百度百科，https：//baike.baidu.com/item/%E8%91%A3%E5%AD%98%E7%91%9E/10590？fr=ge_ala）

八、学习思考题简答

☆抗战胜利后，国内外政治形势对中国人民实现建设新中国的目标有哪些有利因素？

抗日战争胜利后，中国广大人民热切希望实现和平、民主，为建设新中国而奋斗。战后的政治形势，总的说来，对中国人民实现建设新中国的目标是有利的。

在国际上，帝国主义势力遭到削弱，社会主义国家、民族解放运动的力量有了新的发展，世界反动势力已经难以集中起来干涉中国革命。

在国内，中国人民的觉悟程度、组织程度空前提高，人民军队发展到 120 万人，解放区扩大到 1 亿人口。经过整风学习，中国共产党在毛泽东思想的基础上达到了高度的团结。中国人民克服一切困难，实现其基本历史要求的时机已经到来。

☆解放区土地改革运动有何意义？

第一，经过土地改革，到 1948 年秋，1 亿人口的解放区消灭了封建生产关系。广大农民政治觉悟和组织程度空前提高，农村生产力得到解放，工农联盟进一步巩固和加强。人民解放战争获得了源源不断的人力、物力的支援。

第二，土地制度改革是中国共产党领导广大农民从根本上摧毁中国封建制度根基的社会大变革。中国最主要的人民群众——农民，进一步认识到，中国共产党是自身利益的坚决维护者，因而自觉地在党的周围团结起来。这就为打败蒋介石、建立新中国奠定了深厚的群众基础。

☆如何认识民主党派的历史作用？

第一，中国各民主党派的政纲不尽相同，但都主张爱国、反对卖国，主张民主、反对独裁。

第二，在抗战中，对反对日本帝国主义侵略起了积极作用。

第三，在战后进行国共谈判和召开政协会议时，同中国共产党一起，反对国民党的内战、独裁政策，为和平民主而奔走呼号。为政协会议的成功、为维护政协协议进行过不懈的努力。

第四，在国民党当局撕毁政协协议、发动全面内战时，民主党派的大多数人，在拒绝参加国民党一手包办的伪"国民大会"等一系列重大问题上，是同中国共产党站在一起的。

第五，他们还积极参加和支持国民党统治区的爱国民主运动，在第二条战线的斗争中尽了自己的一份力量。

第八章　中华人民共和国的成立与
中国社会主义建设道路的探索

第一节　实践教学指导

一、实践教学目的

通过实践教学，使学生更直观感知新中国成立后，还面临着一系列严峻挑战，充分理解中国共产党为捍卫巩固新政权而开展的一系列斗争，使得新中国在错综复杂的国内国际环境中站稳了脚跟，深度认同中国共产党不仅能打江山，也能守江山；使学生更直观感知我国进行社会主义改造的独创性理论和伟大实践，充分理解中国共产党领导人民进行社会主义革命，建立社会主义制度，为实现中华民族伟大复兴奠定了根本政治前提和制度基础，深度认同中国选择社会主义道路的历史必然性；使学生更直观感知社会主义建设的成就是党领导人民拼出来、干出来、拿命换来的，不仅过去如此，新时代也如此，充分理解中国人民不但善于破坏一个旧世界、也善于建设一个新世界，深度认同只有社会主义才能救中国，只有社会主义才能发展中国。

二、场馆（所）实践教学

（一）抗美援朝纪念馆实践教学

1. 抗美援朝纪念馆简介

抗美援朝纪念馆位于辽宁省丹东市英华山（原志愿军指挥所遗

址），是全国唯一一座全面反映中国人民抗美援朝战争和抗美援朝运动历史的专题纪念馆，是国内目前收藏有关抗美援朝文物与资料较为全面和系统的大型纪念馆，也是首批全国爱国主义教育示范基地、国家国防教育示范基地、全国廉政教育基地、全国人文社会科学普及基地、中国红色旅游十大经典景区。

抗美援朝纪念馆始建于1958年。1990年10月移地扩建。1993年7月25日，即朝鲜停战协定签字40周年落成开馆。2014年6月进行新一轮改扩建。2019年10月新馆建成。2020年9月19日，在中国人民志愿军抗美援朝出国作战70周年前夕，新馆正式向大众开放。抗美援朝纪念馆园区总占地面积18.2万平方米。以纪念性园林红色教育为主线，由抗美援朝纪念塔、陈列馆、全景画馆及国防教育园组成。其中，陈列馆建筑面积2.38万平方米，以"抗美援朝，保家卫国"为基本陈列主题，设置了六大展厅：序厅、抗美援朝战争厅、抗美援朝运动厅、中朝友谊厅、中国人民志愿军英烈厅和纪念厅。内有馆藏抗美援朝文物2万余件，各类抗美援朝资料3万余份。同时，展厅运用声光电等技术手段设计制作了抗美援朝战争著名场景以及主题雕塑、油画，包括"激战云山城""冰雪长津湖""钢铁运输线""无敌坑道""上甘岭""奇袭白虎团"等，艺术再现了激烈的战斗场面和气势恢宏的战争氛围。抗美援朝博物馆是广大群众和社会各界了解抗美援朝历史、缅怀志愿军英雄、传承抗美援朝精神、培育和践行社会主义核心价值观的重要阵地。

（参考赵芳宁：《抗美援朝纪念馆》，《共产党员》2020年第21期。）

2. 抗美援朝纪念馆实践教学要点

（1）让学生真实了解抗美援朝战争的背景、缘由和五大战役的基本过程。

（2）让学生切身感受志愿军战士铸就的伟大抗美援朝精神。

（3）让学生深刻理解抗美援朝战争胜利的原因和深远意义。

3. 抗美援朝纪念馆实践教学组织方式

（1）"浸润式"小班现场教学

老师带领学生前往抗美援朝纪念馆进行现场研学。提前让学生搜集相关材料；带领学生进行现场教学，组织学生现场进行"胜利启示我来说""精神传承之我见"等讨论；要求学生撰写实践报告或制作微视频；进行优秀实践报告展示或微视频展、摄影展、手绘展以及其他文学作品创作展览，教师进行点评与总结。

（2）学生结组或个人进行实地考察

教师指导学生结组或个人前往抗美援朝纪念馆进行考察学习。教师提前布置相关思考问题，如"志愿军战士为什么'能'"等，让学生带着问题去考察；要求学生撰写实践报告或制作微视频、手绘以及其他文学作品创作等；组织学生进行反思和交流。

（3）云游数字博物馆调研

教师指导学生结组或个人通过云游中国人民革命军事博物馆——"抗美援朝数字展馆"，进行"抗美援朝文物记忆""抗美援朝英烈事迹"的搜集和整理，撰写调研报告或心得体会；教师组织学生进行交流和自我总结。

（二）西铺村"穷棒子"村史馆实践教学

1. 西铺村"穷棒子"村史馆简介

"穷棒子"村史馆位于首批"全国创建文明村镇先进村"、中国传统村落、河北省历史文化名镇名村——唐山市遵化市建明镇西铺村，是市级党性教育基地、市级爱国教育基地。1952 年，西铺村村民王国藩组织村里最贫困的 23 户贫农，靠着"三条驴腿"，办起了"穷棒子社"，仅用 3 年时间就改变了贫穷落后的面貌。"穷棒子社"在 1950 年代农业合作化运动中被毛主席称为"我们整个国家的形象"，成为激励全国人民艰苦奋斗的一面旗帜，吸引了全国 20 多个省、市、自治区，150 多个国家和地区的人士莅临参观考察。

1965 年，国家拨款在遵化市西铺村建立了"穷棒子"村史馆。村史馆位于西铺村综合服务中心。展厅根据年代划分为"解放前的西铺""集体化时期的西铺""改革开放时期的西铺""新时代的西铺"等版块，陈列有反映西铺村在不同时代的历史照片、生产工具、生活物件、账本文书等数百件，较为完整地呈现了西铺村的发展变迁，尤其是西铺村民众在中国共产党的领导下，把一个旧社会的穷村落通过合作化道路改造发展成社会主义模范村并在改革开放新时期、新时代接续发展的光辉历程。西铺"穷棒子"历史博物馆（在建），场馆占地面积19065平方米，总建筑面积6100平方米。其中，主馆建筑面积5000平方米。主馆内部以展示"穷棒子"发展史的各阶段历程为主，通过雕塑、图片以及高科技声、光、电等方式充分反映西铺村不断奋进的时代精神。"穷棒子"历史博物馆建成后将是遵化市最大的历史博物馆，将积极申报省、国家级爱国主义教育基地，打造全新的精神文化地标。

（参考环渤海新闻网：《遵化西铺村："穷棒子"精神代代传》，https：//tangshan. huanbohainews. com. cn/2021-06/25/content_ 50030768. html，2021年6月25日。）

2. "穷棒子"村史馆实践教学要点

（1）让学生直观了解王国藩"三条驴腿"创社的艰辛历程和惊天伟业。

（2）让学生切身感悟"穷棒子社"的精神内涵。

（3）让学生高度认同20世纪50年代党领导农民走合作化道路的正确性。

（4）让学生从西铺村70多年的发展中探讨乡村振兴的实现路径。

3. "穷棒子"村史馆实践教学组织方式

（1）"浸润式"小班现场教学

老师带领学生前往"穷棒子"村史馆进行现场研学。提前让学生搜集相关材料；带领学生进行现场教学，组织学生现场讨论"穷棒子精神为什么能代表整个国家的形象"；要求学生撰写实践报告或制作微视频；进行优秀实践报告展示或微视频展、摄影展、手绘展以及其他文学作品创作展览，教师进行点评与总结。

（2）学生结组或个人进行实地考察

教师指导学生结组或个人前往"穷棒子"村史馆进行考察学习。教师提前布置相关思考问题，如"如何理解穷棒子精神的实质和内涵"，让学生带着问题去考察；要求学生撰写实践报告或制作微视频、手绘以及其他文学作品创作等；组织学生进行思考和交流。

（3）网络或文献调研

在教师指导下，学生结组或个人通过搜索网络数据库、查阅相关图书文献，就"穷棒子社的故事""穷棒子精神对于乡村振兴的启示"等问题进行收集和初步分析，撰写调研报告或心得体会；教师组织学生进行反思、交流并自我总结。

（三）红旗渠纪念馆实践教学

1. 红旗渠纪念馆简介

红旗渠纪念馆坐落于红旗渠风景区内的分水苑景区，是一座全面反映红旗渠建设历史的专题纪念馆，先后被授予全国爱国主义教育示范基地、全国廉政教育基地、全国重点文物保护单位等称号，也是首批"党史国史教育基地"。

红旗渠纪念馆始建于1973年，原为红旗渠总干渠枢纽工程分水闸处建立的红旗渠纪念亭（室内展厅包括210幅珍贵历史照片以及修建场景、工程模型、英雄事迹陈列等；室外景观包括碑林、浮雕、牌坊等），后经两次扩建，现今的红旗渠纪念馆于2014年5月1日开馆，建筑面积6300余平方米，布展面积2950平方米。馆体犹如舞动的旗、流动的水，是红旗渠形态的抽象表达。展览内容分为"千年旱魔，世代抗争""红旗引领，创造奇迹""英雄人民，太行丰碑""山河巨变，实现梦想""继往开来，精神永恒"五个部分，采用空间环境、雕塑、绘画、灯光、多媒体、图片、场景模型、影像等技术和艺术手段展出了1123件实物、320幅珍贵历史照片，并辅助于手机导览、语音导览和电子签名等服务项目，全方位、多角度展示了林州人民在社会主义建设时期，靠着"一锤、一钎、一双手"，苦战10年，创造出太行山上的人间奇迹——红旗渠（被誉为"人工天河""中国水长城""世界第八大奇迹"等），突出表现了红旗渠精神的形成、发展和光大的历史传承。红旗渠纪念馆所在的苑区，主轴景观带上分布着水利科普园、精神之柱主体雕塑、纪念碑、红旗渠枢纽工程分水闸和红旗渠总干渠、一干渠、二干渠等，与红旗渠纪念馆一起构成虚实结合的景观群落，也是一座集收藏、研究、展示、传播红旗渠精神等功能于一体的综合性红色旅游经典景区。

（参考红旗渠精神教育培训中心：《红旗渠红色教育基地——红旗渠纪念馆》，http：//www. hqqjy. cn/index/index/details. html？id＝2355，2022 年 10 月 14 日。）

2. 红旗渠纪念馆实践教学要点

（1）让学生直观了解林县人开凿红旗渠的时代背景和艰辛过程。

（2）让学生从青年洞等关键工程中深刻感悟红旗渠精神。

（3）让学生树立当代青年攻坚克难、报国强国的责任担当。

3. 红旗渠纪念馆实践教学组织方式

（1）"浸润式"小班现场教学

老师带领学生前往红旗渠纪念馆进行现场研学。提前让学生搜集相关材料；带领学生进行现场教学，组织学生现场讨论"红旗渠精神：追寻、感悟与接续"；要求学生撰写实践报告或制作微视频；进行优秀实践报告展示或微视频展、摄影展、手绘展以及其他文学作品创作展览，教师进行点评与总结。

（2）学生结组或个人进行实地考察

教师指导学生结组或个人前往红旗渠纪念馆进行考察学习。教师提前布置相关思考问题，如"人工天河修建成功的'密码'"等，让学生带着问题去考察；要求学生撰写实践报告或制作微视频、手绘以及其他文学作品创作等；组织学生进行思考和交流。

（3）智能教室情境模拟考察

教师组织学生在智能教室进行"红旗渠纪念馆"情境模拟考察（内含 12 个场景），要求学生撰写考察学习心得；在智能教室中组织学生进行小组交流和观点阐述，教师进行点评和总结。

三、其他实践教学方式

1. 组织学生观看相关纪录片：如《伟大的胜利：抗美援朝启示录》《超时空寻找》《红旗渠》《重返红旗渠》等，要求同学们写观后感，并组织学生进行思考和交流。

2. 请经历抗美援朝的相关人士入课或在线讲座：如抗美援朝志愿军老兵等，要求学生撰写心得体会，并组织学生进行思考和交流。

3. 组织相关题材的文史读书会：教师给定主题，学生自选书籍，要求小组在学期末进行读书笔记内容交流和心得分享；教师布置相关书籍给各个小组，如《迟到的勋章》《山乡巨变》等，要求小组定期就读后感进行交流讨论。

四、实践教学报告范例

"抗美援朝纪念馆"实践报告

根据本学期"中国近现代史纲要"课程的实践环节要求，在"纲要课"老师的指导下，2024年5月3日，我们小组一行4人，在"五一"假期赴辽宁饱览北国壮美河山的同时，专程奔赴丹东市抗美援朝纪念馆进行课程实践学习。

抗美援朝纪念馆最早始建于1958年，由郭沫若题写馆名，后进行扩建。现在的新馆是2014年改扩建而成，总占地面积18.2万平方米，由纪念馆、纪念塔、全景画馆、国防教育园组成，气势宏伟，为我国唯一一座全面、鲜明反映抗美援朝历史主题的国家级大型纪念馆。

在实践学习出发前，我们小组就此次考察进行了较为详细的前期准备：详细制定了考察日程、路线安排、考察分工、出行保障等；对抗美援朝战争这一部分内容进行了针对性学习；对抗美援朝纪念馆的布局和陈列情况进行了整体了解，并对展馆考察方案进行了认真规划。

上午9点，我们乘车到达抗美援朝纪念馆所在地——英华山。英华山位于丹东市中心北部，环境清幽，与朝鲜新义州隔江相望。下车后，首先映入眼帘的就是依山而建的高大基座上，毛泽东主席所题写的八个鎏金大字——"抗美援朝 保家卫国"。这几个字虽是我们很熟悉的话语，但此时此刻，触景生情，立马增加了我们此次考察的敬畏之心和崇敬之情。

我们沿着基座的台阶拾级而上，台阶由 1014 块条石砌成，寓意着志愿军战士在朝鲜战场浴血奋战的 1014 个日夜。我们留意观察了一下，当天和我们一道攀登的人真不少，有父母领着的三四岁的小朋友，有子女搀扶的七八十岁的老年人，有本地的市民，也有外地的游客，节假日大家选择到这里来，应该出于同一个想法、同一个目的吧。或许是有追思历史、缅怀先烈的英雄气加持，我们几个一鼓作气登了上去竟不觉累。

我们进入庄严肃穆纪念馆的大厅，首先看到的是在"抗美援朝　保家卫国"背景墙前，毛泽东主席和彭德怀司令员握手的巨型雕像，此时，我们脑海中闪现出了"中华民族站立起来了"所蕴含的不畏强暴、捍卫正义的战争伟力和民族精神，不由得回想起毛主席讲的"参战利益极大，不参战损害极大""打得一拳开，免得百拳来"，仿佛进入了 70 多年前的那个硝烟弥漫的朝鲜战场。据悉，纪念馆共陈列、收藏文物 19500 余件，分为抗美援朝文物和历史文物。其中，抗美援朝文物是重点和主体部分，设置了序厅、抗美援朝战争厅、抗美援朝运动厅、中朝人民友谊厅、英烈厅等展厅，收藏有文物 12100 余件，包括国家一级文物 47 件，全面、真实地展现了抗美援朝战争的光辉历史。在这里，我们从未如此之近地触摸那段光荣历史，我们真切看到了由特级英雄、一级英雄及模范、二级英雄及模范组成的英雄墙；看到了志愿军铁道兵在激流中搭设浮桥的感人场景；看到了志愿军战士向美军发起进攻的瞬间；看到了志愿军战士用的、久经炮火洗礼而变形扭曲的水壶；看到了一封封情深意切的志愿军战士家书；看到了志愿军特等功臣的荣誉勋章；看到了缴获美军士兵的武器装备和建制旗帜；看到太多之前在学校里、书本上里难得一见的珍贵影像资料和文书资料……我们切身感受到这里的每一件文物、每一张图片、每一件物件都记录着志愿军战士的感人故事，铭记着志愿军英雄们的铁血荣光。

从室内展馆出来，我们来到广场的另一侧——国防教育园，里面陈列着抗美援朝战争时期我军使用及缴获敌军的多种武器装备，有飞机、坦克、火炮、军车及雷达等。这些充满历史沧桑感的武器装备，以独特的历史记忆昭示了中国人民志愿军"以战止战""以弱胜强"的强大能力。

为期半天的抗美援朝纪念馆实践考察结束了，但我们的心绪久久不能平复，正所谓学思践悟，小组成员们在实践和交流中都收获了自己的思考和感悟。

小组成员黄××认为，重温这段历史，让我真正理解了抗美援朝是在新中国刚刚成立不久，近邻朝鲜处于生死存亡、我国安全面临严重威胁的危急关头，党中央和毛主席作出的伟大战略决策。在战争期间，党中央统揽全局，实施了有力的战争动员和正确的战争指导，引导全国人民同仇敌忾开展抗美援朝爱国运动，同心支撑起这场事关国家和民族前途命运的伟大斗争，进而赢得了抗美援朝战争这场立国之战的伟大胜利。70年后，再次回顾这场战争的始末和作用，不由得佩服以毛泽东同志为代表的中国共产党人在战后错综复杂国际局势中的战略眼光和战略决策。

小组成员李××认为，抗美援朝精神，浩气长存；志愿军烈士，世代缅怀。抗美援朝战争是70年前中国人民在中国共产党的领导下抵御侵略、捍卫正义的伟大壮举，它让全世界看到了中华民族的精神与力量，看到了志愿军的顽强意志与骨气血性，尤其是涌现出以杨根思、黄继光为代表的30多万名英雄功臣和近6000个功臣集体，他们之中有19.7万人为了祖国的安危血染战场、永远离开了我们。我们要永远记住这些最可爱的人，要把他们可歌可泣的英雄事迹永远传颂下去，把他们英勇无畏的英雄气概世代传承下去。这盛世如他们所愿，没有昨日牺牲的他们，就没有当今盛世的我们。

小组成员华××认为，通过此次考察，使我对习近平总书记在纪念中国人民志愿军抗美援朝出国作战 70 周年大会上的重要讲话有了进一步认识。抗美援朝战争，是在交战双方力量极其悬殊条件下进行的一场现代化战争。志愿军战士以血肉之躯、民族之魂撑起了新中国的大国尊严和社会主义的和平建设。抗美援朝战争伟大胜利，将永远铭刻在中华民族的史册上，永远铭刻在人类和平、发展、进步的史册上。在新时代，我们决不会坐视国家主权、安全、发展利益受损，决不会允许任何人任何势力侵犯和分裂祖国的神圣领土，这是我们始终如一的坚定立场和决心。

　　总之，通过此次实践学习活动，让我们小组对于抗美援朝这段历史有了更为丰富的认识，让我们对于"抗美援朝精神"有了更为透彻的理解，让我们对于中国人民志愿军"为什么能"有了更为详尽的答案，让我们对于"中国人民从此站立起来了"这句话有了更为深刻的感悟，更让我们对于全面建设社会主义现代化国家有了无比的坚定和自信。今天的中国正处于以中国式现代化全面推进中华民族伟大复兴的新时代征程中，取得的成就前所未有，遇到的挑战也前所未有。作为新时代的大学生，要铭记住抗美援朝这段壮烈的历史，从中接续革命先烈的勇气、初心和智慧，坚定不移地跟党走；要像革命先烈一样勇挑时代重担，不惧前行中的困难和挑战，雄赳赳、气昂昂，为实现中华民族伟大复兴的中国梦而努力学习、奋勇前进。

第二节　课程提质指导

一、习近平新时代中国特色社会主义思想引领本章教学要点

要点 1：为了实现中华民族伟大复兴，中国共产党团结带领中国人民，自力更生、发愤图强，创造了社会主义革命和建设的伟大成就。我

们进行社会主义革命，消灭在中国延续几千年的封建剥削压迫制度，确立社会主义基本制度，推进社会主义建设，战胜帝国主义、霸权主义的颠覆破坏和武装挑衅，实现了中华民族有史以来最为广泛而深刻的社会变革，实现了一穷二白、人口众多的东方大国大步迈进社会主义社会的伟大飞跃，为实现中华民族伟大复兴奠定了根本政治前提和制度基础。中国共产党和中国人民以英勇顽强的奋斗向世界庄严宣告，中国人民不但善于破坏一个旧世界、也善于建设一个新世界，只有社会主义才能救中国，只有社会主义才能发展中国！

——习近平：《在庆祝中国共产党成立100周年大会上的讲话》（2021年7月1日）

要点2：在中国共产党领导下，我国各族人民意气风发投身中国历史上从来不曾有过的热气腾腾的社会主义建设。在不长的时间里，我国社会就发生了翻天覆地的变化，建立起独立的比较完整的工业体系和国民经济体系，独立研制出"两弹一星"，成为在世界上有重要影响的大国，积累起在中国这样一个社会生产力水平十分落后的东方大国进行社会主义建设的重要经验。

——习近平：《在纪念毛泽东同志诞辰120周年座谈会上的讲话》（2013年12月26日）

要点3：70年来，我们始终没有忘记老一辈革命家为维护国际正义、捍卫世界和平、保卫新生共和国所建立的不朽功勋，始终没有忘记党中央和毛泽东同志当年作出中国人民志愿军出国作战重大决策的深远意义。

——习近平：《在纪念中国人民志愿军抗美援朝出国作战70周年大会上的讲话》（2020年10月23日）

要点4：我们这个国家是一个不断成长的国家，社会主义制度是在不断探索中完善的，现在确立了中国特色社会主义。同时，新中国成立70年、我们党成立90多年来，是在不断摸索中前进的，历经坎坷，也走了些弯路，也出现了像"十年浩劫"这样的情况。对这个问题的认识要把握住，像《国际歌》中唱的那样，我们党也不是神仙皇帝，在摸索中前进肯定会有失误，不要因为有这些失误就丧失对党的信念，动摇对我们所秉持的理想信念的坚定性。

——习近平：《在学校思政课教师座谈会上的讲话》（2019 年 3 月 18 日）

要点 5：对毛泽东同志的最好纪念，就是把他开创的事业继续推向前进。以中国式现代化全面推进强国建设、民族复兴伟业，是全党全国各族人民在新时代新征程的中心任务。这是毛泽东等老一辈革命家的未竟事业，是当代中国共产党人的庄严历史责任。新征程上，我们要不忘初心、牢记使命，坚定历史自信、把握历史主动，把中国式现代化宏伟事业不断推向前进。

——习近平：《在纪念毛泽东同志诞辰 130 周年座谈会上的讲话》（2023 年 12 月 26 日）

二、教学目标

（一）知识目标

1. 了解新中国取得的历史成就以及新中国由新民主主义社会向社会主义社会转变的时代背景和实践路径；了解社会主义改造的伟大历史意义。

2. 了解中国人民在探索社会主义建设道路中的历史进程，并把握贯穿其中的重要历史事件和理论成果。

（二）能力目标

1. 引导学生以唯物史观解读新中国成立以来的历史成就及中国人民选择走社会主义道路的历史逻辑、理论逻辑、实践逻辑，提升辨识、驳斥历史虚无主义思潮的能力。

2. 帮助学生运用唯物史观历史而全面地分析社会主义建设中出现的曲折发展。

（三）价值观目标

1. 引导学生充分理解为什么选择走社会主义道路是对的，树立道路认同，更好坚定"四个自信"。

2. 引导学生充分肯定这一时期取得的历史成就，科学评价这一时期出现的问题和错误，坚定对中国共产党领导的信任、信心、信仰。

三、教学重点与难点

1. 新中国成立的时代意义和取得的历史成就。

2. 社会主义改造的历史必然性。

3. 社会主义改造的特点和评价。

4. 全面建设社会主义时期的理论成果和实践成就。

5. 社会主义建设时期的主流与支流。

四、关键问题引领与简答

（一）如何看待新中国成立的时代意义和历史成就

1. 新中国的成立，标志着中国新民主主义革命取得了基本胜利，这是马克思主义同中国实际相结合的伟大胜利，开创了中国历史的新纪元，标志着"中国人民站立起来了"，也是具有世界影响力的大胜利，其时代意义体现在"六个胜利"方面：

第一，民族尊严的胜利。帝国主义列强压迫中国、奴役中国人民的历史从此结束，中华民族一洗100多年来蒙受的屈辱，开始以崭新的姿态自立于世界民族之林。占人类总数四分之一的中国人从此站立起来了。

第二，人民权利的胜利。本国封建主义、官僚资本主义统治的历史从此结束，长期以来受尽压迫和欺凌的广大中国人民在政治上翻了身，中国人民从此把命运牢牢掌握在自己手中，第一次成为国家、社会和自己命运的主人。一个真正属于人民的共和国建立起来了。

第三，国家统一的胜利。军阀割据、战乱频仍、匪患不断的历史从此结束，国家基本统一，民族团结，社会政治局面趋向稳定，各族人民开始过上安居乐业的生活。人民可以集中力量从事经济、政治、文化、社会等方面建设的时期开始到来了。

第四，社会进步的胜利。为实现由新民主主义向社会主义的过渡，并在社会主义道路上实现中华民族的伟大复兴，创造了政治前提。

第五，先进政党领导的胜利。中国共产党成为全国范围内的执政党。它可以运用国家政权凝聚和调集全国力量，巩固民族独立和人民解放的成果，解放并发展社会生产力，以造福于各族人民，造福于整个中华民族。

第六，世界和平的胜利。新中国的成立，是具有世界意义的大胜利。它冲破了帝国主义的东方战线，极大地改变了世界的政治格局，壮大了世界和平民主和社会主义的力量，对世界历史进程产生了深远的影响。

党的第三个历史决议指出，新中国的成立，"彻底结束了旧中国半殖民地半封建社会的历史，彻底结束了极少数剥削者统治广大劳动人民的历史，彻底结束了旧中国一盘散沙的局面，彻底废除了列强强加给中国的不平等条约和帝国主义在中国的一切特权，实现了中国从几千年封建专制政治向人民民主的伟大飞跃，也极大改变了世界政治格局，鼓舞了全世界被压迫民族和被压迫人民争取解放的斗争"。

2. 新中国成立的最大历史成就是探索、开创、坚持、发展了中国特色社会主义，表现为"五个形成和创立"。

第一，以毛泽东为主要代表的中国共产党人，把马克思列宁主义的基本原理同中国革命的具体实践结合起来，创立了毛泽东思想。

第二，党的十一届三中全会以来，以邓小平为主要代表的中国共产党人，总结新中国成立以来正反两方面的经验，解放思想，实事求是，实现全党工作中心向经济建设的转移，实行改革开放，开辟了社会主义事业发展的新时期，逐步形成了建设中国特色社会主义的路线、方针、政策，阐明了在中国建设社会主义、巩固和发展社会主义的基本问题，创立了邓小平理论。

第三，党的十三届四中全会以来，以江泽民为主要代表的中国共产党人，在建设中国特色社会主义的实践中，加深了对什么是社会主义、怎样建设社会主义和建设什么样的党、怎样建设党的认识，积累了治党治国新的宝贵经验，形成了"三个代表"重要思想。

第四，党的十六大以来，以胡锦涛为主要代表的中国共产党人，坚持以邓小平理论和"三个代表"重要思想为指导，根据新的发展要求，深刻认识和回答了新形势下实现什么样的发展、怎样发展等重大问题，形成了以人为本、全面协调可持续发展的科学发展观。

第五，党的十八大以来，以习近平为主要代表的中国共产党人，顺应时代发展，从理论和实践结合上系统回答了新时代坚持和发展什么样的中国特色社会主义、怎样坚持和发展中国特色社会主义这个重大时代课题，创立了习近平新时代中国特色社会主义思想。

（参考《中共中央关于党的百年奋斗重大成就和历史经验的决议》，人民出版社 2021 年版。）

（二）如何看待党在全面执政初期的治理成效

新中国已经成立，但党和人民还面临着国内外政治、经济、军事等一系列严峻考验。有研究认为，"当中华人民共和国于 1949 年 10 月 1 日正式建立时，国家的新领导面临一些棘手的问题。社会和政体四分五裂，公共秩序和风气已经败坏，被战争破坏的经济遭受严重的通货膨胀和失业的折磨，中国根本的经济和军事落后性给社会精英争取国家富强的目标造成了巨大的障碍。"因此，新生的人民政权能不能站稳脚跟，中国共产党能不能管好国家，成为时代对党提出的"执政之问"。党采取一系列积极稳健的治理措施，领导全国各族人民满怀信心地迎接挑战，开始了建设新中国的伟大斗争。

1. 政权方面。新中国虽已成立，但民主革命任务尚未完成。党通过追歼残敌、创建地方各级政权、土地改革、社会民主改革以及镇压反革命等举措完成民主革命遗留任务，巩固新生人民政权。人民解放军遵照中央军委部署，以雷霆万钧之势扫荡残敌。截至同年 10 月，人民解放军经过一年作战，歼灭国民党残余部队 128 万余人。1949 年 5 月，中国大陆最后一个待解放的地区——西藏和平解放。从此，除台湾等岛屿外，实现了全国范围的国家统一，从根本上改变了旧中国四分五裂的局面。

党在追剿残敌、基本完成祖国大陆统一任务的基础上，召开地方人民代表会议，人民开始行使当家作主的民主权利，为党在全国执政奠定了坚实的政治和组织基础；1950 年 6 月 28 日的《中华人民共和国土地改革法》、1950 年 5 月 1 日的《中华人民共和国婚姻法》以及 1950 年 10 月的《关于镇压反革命活动的指示》的实施，受到人民的广泛拥护，使党的执政根基进一步夯实，也使旧社会留下的污泥浊水受到有力的荡涤，社会秩序获得前所未有的安定。

2. 经济方面。新中国成立伊始，通货膨胀完全失控；洪水影响了 30%—40% 的耕地；工业产量和食品产量分别骤减到战前最高点的 56% 和 70%—75%。因此，首要任务便是整顿国家的经济生活，使工农业生产恢复到战前水平。新中国成立后的最初三年是以新民主主义经济恢复为主的综合治理时期。

党和政府没收官僚资本，确立国营经济在国民经济中的领导地位，使人民政权拥有了相当重要的经济基础。到 1950 年初，人民政府共接管官僚资本的工矿企业 2800 余家，金融企业 2400 余家，并使之成为社会主义性质的国营经济的主要组成部分，为全面进行社会主义改造奠定了重要物质基础。同时，及时稳定物价和统一全国财政经济：党和政府通过"银圆之战""米棉之战"等行政手段和经济手段，给予投机资本以重创。到 1950 年 3 月物价即基本稳定，使国家和国营经济掌握了市场主导权，初步建立起集中统一的国家财政管理体制。到 1952 年底，国民经济得到全面恢复和初步发展。

3. 外交方面。新中国成立后，面临着错综复杂的国际局势。在帝国主义国家敌视中国、社会主义和资本主义两大阵营相互对抗的形势下，新中国确立了"另起炉灶""打扫干净屋子再请客""一边倒"的外交方针，同苏联建立了平等互助的新型中苏同盟关系。

1950 年 6 月，朝鲜内战爆发，美国派第七舰队开入台湾海峡，公然干涉中国内政。美国还操纵"联合国军"武装干涉、扩大侵朝战争，使战火蔓延至中朝边界。中国人民志愿军毅然进行抗美援朝"立国之战"。历经 3 年博斗，"钢少气多"的志愿军铸就了伟大的抗美援朝精神，重创"钢多气少"的美军，创造了以弱胜强的范例。1953 年 7 月，美国被迫签署停战协定。美国海军陆战队在官方战史中写道："虽然中国红军是一支农民军队，如果用它自己的战术和战略的标准来看，它也是一支第一流的军队。"抗美援朝战争打出了新中国的国威和人民军队的军威，此役也雄辩地证明：西方侵略者几百年来只要在东方一个海岸上架起几尊大炮就可霸占一个国家的时代一去不复返了。

4. 党建方面。党全面执政后，执政的考验、接管城市的考验和生活环境变化的考验接踵而来，党内出现了一些新情况、新问题。毛泽东早在七届二中全会上告诫全党："敌人的武力是不能征服我们的，这点已经得到证明了。资产阶级的捧场则可能征服我们队伍中的意志薄弱者。……我们必须预防这种情况。"

1950 年和 1951 年，中国共产党在全党范围开展整风、整党运动，批判居功自傲等错误思想，进行共产党员标准的八项条件等教育。1951 年底到 1952 年，开展了"三反"（反贪污、反浪费、反官僚主义）运动。其间，《中华人民共和国惩治贪污条例》等文件相继出台，进一步从法律制度层面夯实党建基石。与"三反"斗争相配合，党在 1952 年上半年对不法资本家发起"五反"（反对行贿、反对偷税漏税、反对盗窃国家财产、反对偷工减料、反对盗窃经济情报）运动。这一时期，党坚定不移地推进党建伟大工程，对于继续保持中国共产党人革命精神，密切党同人民群众的血肉联系，提升自身执政治理能力起到重要作用。

综上，党通过全面治理，回应了挑战、澄清了质疑、赢得了民心、稳定了局势，有力地向世人证明了中国共产党和人民政府是能够经受住执政考验的——中国共产党不仅能救国，也能兴国。党取得的治理成就，为接下来领导人民进行有计划的经济建设和有系统的社会主义改造创造了重要条件。

（参考《中国共产党简史》编写组：《中国共产党简史》，人民出版社 2021 年版；[美] 徐中约：《中国近代史》，世界图书出版公司 2008 年版。）

（三）如何认识、评价过渡时期总路线的必要性和科学性

对于中国到底什么时候过渡到社会主义，中共中央领导人经历了一个基本认识——实践经验与矛盾——再认识的过程。

新中国成立之初，中共中央先不急于明确提出向社会主义过渡的任务。随着实践的发展和经验的积累：一方面，随着民主革命遗留任务的彻底完成，国内的阶级关系和主要矛盾发生了深刻的变化，中国内部的主要矛盾即是工人阶级与民族资产阶级的矛盾；另一方面，随着国民经济的恢复和初步发展，中国社会的经济成分（即生产关系）发生了重要变化，国营经济的领导地位一天一天加强。同时，我国社会生活中也出现和积累了一些新矛盾。在农村，土改以后农民分散落后的个体经济难以满足城市和工业发展对粮食和农产品原料不断增长的需要，而贫富差距的出现又引起党和政府对两极分化的关注。在城市，工人阶级同资产阶级之间限制和反限制斗争时起时伏，给国家经济生活带来很大影响。这种状况使党不能不考虑加紧和扩大农村的互助合作运动和城市限制资本的措施。结合当时作为重要物质基础的社会主义国营经济的建立，党在利用和限制私营工商业方面的经验，土改后农村开展农业互助合作的客观需求以及国际因素等，中共中央的认识相应发生了变化，把对国民经济实行系统的社会主义改造的任务提到日程上来。

1952年以后，毛泽东、周恩来、刘少奇多次讲过党在过渡时期总路线，最终于1953年12月正式提出总路线，即从中华人民共和国成立，到社会主义改造基本完成，这是一个过渡时期。党在这个过渡时期的总路线和总任务，是要在一个相当长的时期内，逐步实现国家的社会主义工业化，并逐步实现国家对农业、手工业和对资本主义工商业的社会主义改造。1954年中共七届四中全会正式批准了过渡时期总路线。

过渡时期总路线的内容可以概括为"一化三改"或"一体两翼"，其中心任务是逐步实现社会主义工业化，实质则是在解放、发展生产力的同时变革所有制关系，体现了社会主义工业化和社会主义改造的有机结合。有研究指出，苏联的斯大林模式对于新中国的发展路径影响很大，过渡时期总路线也是一种优先发展重工业的战略，但这不能仅仅看

成是对斯大林模式的重复或模仿，主要还是出于当时中国的现实需要。准确地说，这是斯大林模式与中国当时内在需要的共同作用，是意识形态与经济要求的共同作用。可以说，一个经济上十分落后的社会主义大国，又处在十分严峻的冷战环境中，采取一些重大的、非常规的发展战略是完全可以理解的。

从现代化发展视角来看，过渡时期总路线优先发展重工业的思路改变了按照现代化的一般规律表现，即现代化发展顺序是从发展投资少、见效快的农业和轻工业入手，待有一定资本及其他要素的积累后，再发展投资大、见效慢的重工业，是对于传统发展模式的否定和超越。同时，总路线的实践也富含对于苏联经济发展模式弊端的反思和改革，认为生产关系的变革不能超越历史发展阶段，单一的公有制并不符合国情，如《论十大关系》对于沿袭苏联模式弊端的纠偏、陈云在中共八大上提出的"三个主体、三个补充"创新性经济思想、毛泽东在同年12月提出的"可以消灭了资本主义，又搞资本主义"的中国式新经济政策等，这些理念都与斯大林模式有所不同，虽然由于缺乏完整的理论体系而未能实施，但对以后的经济体制改革具有重要意义。

综上，过渡时期总路线的提出和实施是以毛泽东同志为主要代表的中国共产党人在社会主义革命和建设时期对于中国式现代化道路的综合思考和积极探索，是党的新民主主义建国纲领在新形势下的继承和发展，是中国共产党人立足本国特点对国内外局势变动的积极主动回应，它符合马克思主义的基本原理，反映了历史的必然性，是完全正确的。

（参考《毛泽东选集》第四卷，人民出版社 1991 年版；《中国共产党简史》编写组：《中国共产党简史》，人民出版社 2021 年版；郑谦：《从新中国成立初期到过渡时期总路线的提出——兼及党史研究中的几个方法论问题》，《北京党史》2019 年第 3 期。）

（四）如何看待社会主义建设时期的成就与失误、主流与支流

社会主义建设时期是指从 1956 年社会主义改造基本完成至 1976 年10 月"文化大革命"结束时期，具体包括全面建设社会主义时期和"文化大革命"时期两个历史阶段。这一时期以自力更生、发愤图强进

行社会主义探索（建设）为显著特征，是党史、新中国史、社会主义发展史的重要构成，更为改革开放提供了宝贵的理论借鉴、制度基础和实践经验。

理论层面：以毛泽东同志为主要代表的中国共产党人，结合新的实际丰富和发展毛泽东思想，提出关于社会主义建设的一系列重要思想、原则。如，苏共二十大后，毛泽东提出把马克思主义与中国实际进行二次结合的思想；1956年《论十大关系》对于社会主义经济建设进行的经验总结；中共八大关于社会主义主要矛盾、主要任务的理论分析及关于经济建设在综合平衡中稳步前进的方针；1959年在《关于正确处理人民内部矛盾的问题》中阐发的矛盾学说；此外，在社会主义民主政治建设、社会主义文化建设、国防建设和军队建设、执政条件下加强中国共产党自身建设方面也探索取得若干重要原则。这些独创性理念成果至今仍有重要指导意义。

以《论十大关系》为例。作为毛泽东关于社会主义建设的代表作，毛泽东在报告中从总结我国经济建设经验出发，围绕十个矛盾问题提出了一系列反映经济发展客观规律和社会政治稳定需要的基本方针。有研究指出，《论十大关系》集中反映了以毛泽东同志为主要代表的中国共产党人关于现代化建设的理论方法与战略思想，对开辟中国式现代化道路作出了重要话语贡献；《论十大关系》既体现了世界现代化的共性特征，又体现了中国式现代化的中国特色，为建设社会主义现代化国家指明了前进方向、作出了战略谋划、提出了实践要求，对于新时代推进中国式现代化有重要启示。

现实层面：在社会主义建设实践中取得了一系列积极成果、成绩。经济建设方面基本建立起独立的、比较完整的工业体系和国民经济体系，从根本上解决工业化"从无到有"的问题，工农业总产值也保持了较快的发展速度；人民生活水平得到明显提高，文化、教育、医疗、科技事业得到积极发展；在对外工作目标"捍卫民族独立、国家主权和维护世界和平、促进人类进步事业"指引下，国家环境不断改善，国际地位不断提高。特别是20世纪70年代中国外交格局发生重大变化，中国成为维护世界和平、反对霸权主义的一支中坚力量。

以国防科技业绩为例。在导弹核武器方面，1966年10月，我国第一次成功进行了发射导弹核武器的试验；1967年6月，成功爆炸了第一颗氢弹；1969年9月，首次成功进行了地下核试验；1971年8月，第一艘核潜艇建成并完成系泊试验，1974年4月完成试航任务。在航天技术方面，1970年4月，我国成功发射的第一颗人造地球卫星"东方红一号"，标志着中国在宇宙航天技术方面取得历史性的突破。1971年9月，洲际火箭首次飞行试验成功。1975年11月，我国第一颗返回式遥感人造地球卫星发射成功。以上成就，不仅增强了我国的国防战略防御能力，而且具有重大的政治意义。邓小平同志后来说过：如果60年代以来中国没有原子弹、氢弹，没有发射卫星，中国就不能叫有重要影响的大国，就没有现在这样的国际地位。

不能否认，这一时期，我们在社会主义探索路程中走了一些弯路。党的八大形成的正确路线未能完全坚持下去，先后出现"大跃进"运动、人民公社化运动、反右派斗争严重扩大化等错误。毛泽东同志在关于社会主义社会阶级斗争理论和实践上的错误发展得越来越严重，党中央未能及时纠正这些错误，最终酿成"文化大革命"十年内乱，教训极其惨痛。但是社会主义制度始终得到坚持，"文化大革命"活动也不等同于"文化大革命"时期，所犯错误更不是由于社会主义根本制度导致的。这一时期的探索，无论是伟大成就，还是严重曲折，都属于党领导人民探索社会主义道路的宝贵历史经验，这是我们坚决同否定这一时期成就和经验的"历史虚无主义"划分界限的原则和红线。

纵观这一时期取得的成果和成就，可以说，社会主义建设时期的"独创性理论成果和巨大成就"深刻地改变了中国落后的面貌，"为在新的历史时期开创中国特色社会主义提供了宝贵经验、理论准备、物质基础"，构成中国社会发展的主流。对于此，邓小平同志说，"社会主义中国在经济、技术、文化等方面现在还不如发达的资本主义国家，这是事实，但这不是社会主义制度造成的，从根本上说，是帝国主义和封建制度造成的。社会主义革命已经使我国大大缩短了同发达资本主义国家的差距。我们尽管犯过一些错误，但我们还是在三十年中取得了旧中国几百年、几千年没有取得的进步。"

（参考李永进、程帆：《〈论十大关系〉与中国现代化建设话语的建构》，《毛泽东研究》2022 年第 5 期；王海军、王翔：《共同特征与中国特色：中国式现代化视域下〈论十大关系〉的当代解读》，《山东社会科学》2024 年第 1 期；中共中央党史和文献研究院：《中国共产党的一百年》，中共党史出版社 2022 年版等。）

五、文化自信教育

（一）革命文化融入："赶考"精神

1949 年 3 月 5 日至 13 日，中共中央在河北省平山县西柏坡召开七届二中全会。毛泽东同志在会上指出，夺取全国胜利，这只是万里长征走完了第一步。革命以后的路程更长，工作更伟大，更艰苦。唯有坚持"两个务必"，保持"赶考"精神，我们党才能"不做李自成"，才能走出历代王朝兴替的"历史周期率"，才能使党、人民和民族继续走向胜利。

2013 年 7 月 11 日下午，习近平总书记到西柏坡调研时强调："在中国革命即将取得全国胜利之际，毛泽东同志在党的七届二中全会上向全党郑重提出'两个务必'，是经过了深入思考的。这里面，包含着对我国几千年历史上治乱规律的深刻借鉴，包含着对我们党艰苦奋斗历程的深刻总结，包含着对胜利了的政党永葆先进性和纯洁性、对即将诞生的人民政权实现长治久安的深刻忧思，也包含着对我们党坚持全心全意为人民服务根本宗旨的深刻认识，思想意义和历史意义十分深远。"

回首社会主义建设时期，正是靠着为党为民、永不懈怠的"赶考"精神，党领导人民艰辛探索，在取得巨大建设成就的同时，在精神力量上也获得了巨大丰收。我国各族人民意气风发投身于热火朝天的社会主义建设，涌现出大量先进典型和英雄模范人物，书写了无数改天换地的壮丽诗篇，形成了在这一时期一系列跨越时空的不朽精神。

如以铁人王进喜为代表的大庆石油工人，为了早日甩掉中国"贫油"的帽子，以"宁肯少活 20 年，拼命也要拿下大油田"的豪情，以"有条件要上，没有条件创造条件也要上"的决心，汇聚成"爱国、创业、求实、奉献"的大庆精神、铁人精神。在这种精神的激励下，大庆人仅用 3 年多的时间，建设起了世界级特大油田（到 1963 年底，大庆油田累计生产原油 1155 万吨），一举甩掉了中国"贫油"的帽子，并使我国石油实现基本自给。

又如人民解放军战士雷锋，在平凡工作岗位上甘当螺丝钉，勇于奉献，乐于助人，表现出崇高的共产主义情操，成为那个年代最响亮的名字。1962 年 8 月，他因公殉职时，年仅 22 岁。周恩来将雷锋精神概括为："憎爱分明的阶级立场，言行一致的革命精神，公而忘私的共产主义风格，奋不顾身的无产阶级斗志。"毛泽东题词："向雷锋同志学习。"雷锋精神集中凝聚了中华民族优良传统、社会主义和共产主义的价值观念和行为准则，成为新中国社会风尚的一个标志，成为跨越时代的教育、激励民众前进的宝贵精神财富。

再如以钱学森、钱三强、邓稼先为代表的一大批科学家，淡泊名利，一心报国，把个人志向与民族振兴紧紧联系在一起。他们把热血洒在戈壁滩，把青春和生命奉献给新中国国防建设事业，在共和国的史册上铸就了热爱祖国、无私奉献、自力更生、艰苦奋斗、大力协同、勇于登攀的"两弹一星"精神，成为全国各族人民宝贵的精神财富和不竭的动力源泉。在新中国发展历程中，"两弹一星"研制成功，是中华民族为之自豪的伟大成就。

像这样让后人景仰的英模和精神还有许多。这是新中国建设困难重重、艰苦奋斗的年代，是一个英雄辈出、精神昂扬的年代，也是一个翻天覆地、催人奋进的年代。正如习近平总书记在纪念毛泽东同志诞辰 120 周年座谈会上的讲话中所指出的，在中国共产党领导下，我国各族人民意气风发投身中国历史上从来不曾有过的热气腾腾的社会主义建设。在不长的时间里，我国社会就发生了翻天覆地的变化，建立起独立的比较完整的工业体系和国民经济体系，独立研制出"两弹一星"，成为在世界上有重要影响的大国，积累起在中国这样一个社会生产力水平十分落后的东方大国进行社会主义建设的重要经验。

艰难困苦，玉汝于成。为了建设繁荣富强的新中国，翻身做了主人的中国人民与时间赛跑，用生命和鲜血描绘了一幅幅最新最美的图画，用实际行动证明了：同困难作斗争，是物质的角力，也是精神的对垒。精神是一个民族赖以长久生存的灵魂，唯有精神上达到一定的高度，这个民族才能在历史的洪流中屹立不倒、奋勇前进。

当下，中国特色社会主义已经进入新时代，新时代最大的"考题"就是实现中华民族的伟大复兴。因此，"赶考"之路远未结束，"赶考"精神历久弥新。2022年10月16日，习近平总书记在党的二十大报告中鲜明指出："全党同志务必不忘初心、牢记使命，务必谦虚谨慎、艰苦奋斗，务必敢于斗争、善于斗争，坚定历史自信，增强历史主动，谱写新时代中国特色社会主义更加绚丽的华章。"从"两个务必"到"三个务必"，宣誓了中国共产党踏上新的"赶考"之路，开启奋进第二个百年奋斗目标的新征程。作为中国青年，要善于从"赶考"精神中汲取力量，迎头赶上新时代赶考之路，把青春奋斗融入党和人民事业，成为实现中华民族伟大复兴的先锋力量。

（参考《党面临的"赶考"远未结束——习近平总书记再访西柏坡侧记》，《光明日报》2013年07月14日。习近平：《在纪念毛泽东同志诞辰120周年座谈会上的讲话》，2013年12月26日；《中国共产党简史》编写组：《中国共产党简史》，人民出版社2021年版等。）

（二）中华优秀传统文化融入：毛泽东"人定胜天"的生态环境观

毛泽东是推动中华传统文化近代转型和实现中华优秀传统文化与马克思主义相结合的重要贡献者。他一生深受优秀传统文化熏陶，在五四新文化运动的历史洪流中，从对各种社会思潮的对比鉴别中坚定选择了马克思主义，并在领导中国革命和建设的过程中，明确提出"马克思主义中国化"的科学命题并大力开展理论创造和文化创新，不断推进马克思主义中国化时代化和中华优秀传统文化传承发展。"人定胜天"生态环境观在社会主义建设时期的运用就是一个代表。

在《现代汉语词典》《成语大词典》《国语辞典》中，"人定"指人的谋略或力量；人的主观努力。"天"指的是自然界。"人定胜天"是指人为的力量和智慧，能够克服自然阻碍，改造环境，战胜自然。

不过，"人定胜天"思想其实是一个源远流长的古老命题，在许多文献中均有记载。如《逸周书·文传》："人强胜天"；《史记·伍子胥传》："吾闻之，人众者胜天，天定亦能胜人"；宋·刘过《襄阳歌》："人定兮胜天，半壁久无胡日月"等。继荀子提出"制天命而用之"的口号后，许多思想家都对其进行过思考，进一步丰富了这一思想。但是，囿于时代条件、科学水平、阶级地位等因素，相关见解还是"十分朴素"。受此影响，"人定胜天"往往与"天人合一"相对，被单纯地理解成为人与自然环境的对立关系的代名词。中国环境生态伦理学者在引进述评西方环境思想时把"人定胜天"视为工业革命后，现代西方社会产生环境问题的主要的思维方式，从而采取了较为一致的否定态度。

毛泽东同志亲笔题写了"人定胜天"，他对传统"人定胜天"思想中否定"听天由命"的观点进行了合理性继承，并在领导中国人民"向自然界开战"、进行社会主义建设这一新的时空条件中对其创造性转化，反映了中国共产党努力改善恶劣自然环境、改变国家落后面貌的急切意愿和万丈豪情，彰显了人民大众的历史创造主体性地位，激发了中国人民进行建设新中国的主观能动性，具有鲜明的革命性、建设性和人民性，形成了"尊古不复古"的"人定胜天"生态环境观。

在社会主义建设时期，毛泽东"人定胜天"生态环境观与中国人民独立自主、自力更生、艰苦奋斗的精神相融合，对促进我国农田水利建设、改善偏远地区交通运输环境、提升农村医疗卫生状况等方面起到了重要作用。1963年的"根治海河"即为其中的一个典型。

海河流域包括北京、天津的全部，河北省的大部，河南、山东、山西、内蒙古的一部分。几百年来，海河水患连绵不绝——从1368年至1948年间，水灾多达387次。1963年8月，海河降下有史以来最大暴雨，人民的生命、财产遭受巨大损失。1963年11月17日，毛泽东亲笔题写并号召"一定要根治海河"，极大鼓舞了海河流域的千万人民。

1965 年，按照党中央部署和毛主席指示，河北省根治海河指挥部正式成立，从太行山麓到渤海之滨，从长城内外到漳河、卫河两岸，千军万马战海河的群众运动正式开启。

"根治海河"以"大会战"的组织方式进行，先后持续 15 年，适应了水利建设的特点，确保了流域内的度汛安全：排洪入海能力由治理前的 4620 立方/秒扩大到 2.468 万立方/秒，提高 4.34 倍；排沥河道入海能力由治理前的 414 立方/秒增加到 3180 立方/秒，扩大了 6.68 倍。另外，河道深槽的开挖，蓄水闸的修建，也有益于抗旱灌溉。"大会战"虽然存在一定问题，但在当时国家经济困难且水害频繁的情况下，是毋庸置疑、最有效的治理方式。如今，海河流域以占全国 1.3% 的水资源总量，保障着全国 1/10 人口的生产生活需要。进入新时代，流域治水开启了现代化治理的新阶段，毛主席"根治海河"的战略谋篇，泽被后世、历久弥新。

习近平总书记指出："中国共产党从成立之日起，既是中国先进文化的积极引领者和践行者，又是中华优秀传统文化的忠实传承者和弘扬者。"在社会主义建设时期，毛泽东"人定胜天"的生态环境观蕴含了深刻的唯物史观和丰富的治理智慧，成为中国共产党领导团结中国人民鼓足干劲、增强主动、克服困难、取得"翻天覆地"成就的强大推力。同时，这也构成了中国共产党生态文明建设思想的雏形，为改革开放后我们更为科学的认知现代化建设和生态环境关系提供了宝贵经验。新时代的大学生要充分理解中国式现代化图景中"人与自然和谐共生"的价值意蕴，以习近平生态文明思想为根本遵循，在日常生活和学习中关注国家生态治理体系和治理能力现代化建设，为建设"美丽中国"，实现中华民族永续发展而努力。

（参考高翔：《毛泽东同志是推动中华优秀传统文化传承发展的光辉典范》，《中共党史研究》2023 年第 6 期；吴绮雯：《论毛泽东"人定胜天"的环境思想》，《涪陵师范学院学报》2006 年第 5 期；吕志茹：《集体化时期的水利"大会战"——以根治海河为中心的考察》，《党史研究与教学》2014 年第 3 期等。）

六、逆向课程思政

（一）"红旗渠"工程对机械工程专业大学生的精神激励

社会主义建设时期不断涌现出党领导人民热气腾腾搞建设的局面，红旗渠就是其中的一个典型。从1960年开始，30万河南林县人民在县委领导下，苦战10个春秋，在峰峦叠嶂的太行山上逢山凿洞、遇沟架桥，兴建水库48座，塘堰346座，各种建筑物12408座，凿通隧洞211个，架渡槽151个，建成了长达1500公里的"人工天河"——红旗渠。

在整个施工过程中，青年洞工程最为艰苦。青年洞悬挂在太行山的半山腰，整个山洞全是玄武岩，质地坚硬，百磅锤砸下去，只留一个黄豆大的小白点。当时唯一一部风钻，只钻了30厘米，就毁掉了40个钻头。施工面也非常有限，洞里的石头全靠手搬、肩扛、杠子抬，所背的石头少则一百多斤，多则二三百斤。当时，300名青年临危受命，组成突击队，他们腰系大绳下到山间，在用荡秋千的方法到达渠线。经过500多个日夜苦战，硬是靠一锤、一铲、两只手，凿通了高5米、宽6.2米、长616米的"咽喉"工程。

作为机械工程专业的学生，从工程力学上深刻感知红旗渠的工程量和工作强度，在感悟红旗渠精神的同时，也要学好自己的专业知识，以新时代中国青年的专业技能和开拓意识，发扬大国工匠精神，设计研发更多精密、便携、实用的工程装备（机器、仪器、设备、装备等），助力国家建设和民众福祉修筑更多的"红旗渠"，开凿更多的"青年洞"。

（参考刘绍泉：《人工天河红旗渠》，《中国地名》2020年第9期。）

（二）国家城乡卫生事业发展对药学专业大学生的使命感培育

社会主义建设时期，国家医疗卫生事业取得巨大成就。众所周知，由于历史原因，广大农村缺医少药的状况仍较为严重，农民看病难、买药难的问题突出。很多乡村的传染病、寄生虫病长期存在，农民疾病的预防和治疗面临很多困难。

党和政府对这些情况高度重视，强调城市医疗卫生机关"大量的人力物力应该放在群众最需要解决的问题上去""把医疗卫生工作的重点放到农村去"。政府对乡镇卫生院发展给予财政支持，城市医务人员设立巡回医疗队深入乡村治病、培训。其间，培养出一支以赤脚医生为代表的医疗卫生队伍，采取"三土四自"方式自发研制中草药以应对药物匮乏，用针灸治病以降低医疗成本，最大限度缓解农村缺医少药的困境。经过努力，卫生事业成就可观：医疗卫生机构由 12 万多个增加到 20.7 万多个，城乡的卫生医疗网基本形成，严重危害人民健康的天花、霍乱、血吸虫病、疟疾、鼠疫、麻风病等疾病，或者被灭绝，或者得到了有效防治。

对于药学专业的同学而言，不管是在理论学习、专业实习中还是在日常生活中，对于"疾病与药品"有着更为敏感的认知。本专业同学在感慨前人在医疗建设方面初心、智慧和成就的同时，要强化自身专业知识及能力的学习与训练，关心乡村地区的医疗发展，关注中医药的研发和疗效，弘扬大医精诚理念，为推进新时代"健康中国"建设贡献自己的力量。

（参考宋学勤、李晋珩：《新中国成立 17 年间农村医疗卫生事业研究》，《中国高校社会科学》2021 年第 1 期。）

七、案例精选

（一）案例一：范弗里特弹药量

源于美军"炮弹将军"——范弗里特，意为不计成本地对敌进行密集轰炸和炮击，形成毁灭性打击，也称范弗里特消耗。范弗里特在朝鲜作战风格可以用一个词概括——"狂轰滥炸"，即用绝对优势的炮火和空中轰炸碾压志愿军，进而进攻取得胜利。由于其作战使用的炮弹量约为美军平时作战使用弹药量的 5 倍，被称为"范弗里特弹药量"。在范弗里特一手策划实施的上甘岭战役中，"联合国军"在此役期间，投入 6 万余兵力，大口径火炮 300 余门，坦克近 200 辆，飞机 3000 余架次，消耗 190 万发炮弹，外加 5000 多枚航空炸弹。有统计表明，上甘岭战役炮兵火力密度，已超过第二次世界大战最高水平（不足 3.7 平方千米的地域，火力密度为每秒落弹 6 发）。平均每秒钟达 6 发，每平方米的土地上有 76 枚炮弹爆炸。效果如何呢？原来预计以伤亡 250 人的代价拿下阵地，实际美军历时 43 天，冲锋数百次，自身伤亡 2.5 万人，最终被中国人民志愿军用"坑道战"挫败——范弗里特想攻取的阵地并没有拿下来，最终反倒是"只吹冲锋号，不打退堂鼓"的志愿军上甘岭特功八连，把被敌军火力洞穿了 381 个弹孔的战旗牢牢地插上了上甘岭主峰。

[参考黄国祥：《抗美援朝中两次难忘的战役》，《正义之师　正义之战——〈大江南北〉纪念抗美援朝文选》，2010 年 10 月；军事科学院军事历史研究所著：《抗美援朝战争史》（下卷），军事科学出版社 2011 年版。]

（二）案例二：中国核潜艇之父——黄旭华以身报国事迹

黄旭华，1926 年生，广东揭阳人，中国工程院院士，我国核潜艇工程总设计师，主持了第一代核潜艇的研制。面对国外严密的技术封锁，黄旭华带领团队自力更生、艰苦奋斗，一路攻克种种技术难关，突破了核潜艇最关键、最重大的七项技术，让茫茫海疆有了中国的"钢铁蛟龙"。为掌握第一手的数据，他亲自随产品深潜到极限，使中国成为世界上第五个掌握核潜艇技术的国家，研发历程之短，为世界核潜艇发展史上所罕见。

人生是一场"舍得"，有选择就有割舍。黄旭华的割舍远远超出人们的想象。由于严格的保密制度，黄旭华不能向亲友透露自己的真实工作。从 1958—1986 年，他没有回过一次老家，以至于被双亲误认为是不想家、不要家的不孝儿子。1988 年南海深潜试验，黄旭华顺道探视老母，95 岁的母亲与儿子对视却无语凝噎。后来，有人问黄旭华如何看待忠孝不能两全，他只说了这么一句话："对国家的忠，就是对父母最大的孝。"黄旭华以国家为重，隐姓埋名 30 载，默默无闻，直到 2013 年，他的事迹逐渐"曝光"，亲友们才得知原委。回望我国核潜艇研制走过的艰难、曲折、漫长路程，黄旭华是迄今唯一一个亲身经历并见证我国核潜艇研制全过程的高级技术人员。2013 年，黄旭华获选感动中国十大人物。2020 年 1 月 10 日，黄旭华获国家最高科学技术奖。

（参考肖非：《黄旭华：隐姓埋名 30 载　只为深潜献宏谋》，《保密工作》2022 年第 9 期；申世杰：《隐姓埋名三十载的"中国核潜艇之父"——记共和国勋章获得者黄旭华》，《党史文汇》2023 年第 4 期。）

（三）案例三：穿越时空的焦裕禄精神

焦裕禄（1922—1964），山东淄博人，河南兰考县原县委书记。在任期间，时值该县遭受严重的内涝、风沙、盐碱三害，他拖着病体带领全县人民封沙、治水、改地，努力改变兰考贫困面貌，最终积劳成疾，病逝时年仅 42 岁。2009 年，焦裕禄被评为"100 位新中国成立以来感动中国人物"。

焦裕禄精神是我国社会主义革命和建设时期涌现出的时代精神之一，历经岁月洗礼，具有穿越时空的榜样力量。长期以来，习近平同志在不同领导岗位上始终强调学习和弘扬焦裕禄精神。1990 年 7 月 16 日，他在《福州晚报》上发表《念奴娇·追思焦裕禄》，用"为官一任，造福一方，遂了平生意"等词句深深表达了对焦裕禄的崇敬之情和自己爱民为民、责任担当的坚定情怀。2009 年 4 月 1 日，他在兰考县干部群众座谈会上就学习弘扬焦裕禄精神发表了重要讲话，并把焦裕禄精神概括为"亲民爱民、艰苦奋斗、科学求实、迎难而上、无私奉献"。2014 年 3 月 18 日，他在兰考县指导党的群众路线教育实践活动时强调，要大力学习弘扬焦裕禄精神，要特别学习焦裕禄同志"心中装着全体人民、唯独没有他自己"的公仆情怀，凡事探求就里、"吃别人嚼过的馍没味道"的求实作风，"敢教日月换新天""革命者要在困难面前逞英雄"的奋斗精神，艰苦朴素、廉洁奉公、"任何时候都不搞特殊化"的道德情操。

（参考《习近平在调研指导兰考县党的群众路线教育实践活动时强调　大力学习弘扬焦裕禄精神　继续推动教育实践活动取得实效》，《人民日报》2014 年 03 月 19 日等。）

八、学习思考题简答

☆如何理解过渡时期总路线的历史必然性？

过渡时期总路线的制定，是党依据新中国成立后的经济、政治条件的新变化作出的重大决策，是党的总路线、总任务及发展战略上的重大转变，是符合新中国社会发展的实际和规律的。

首先，实现国家现代化，是近代以来无数仁人志士孜孜以求的理想，也是中国共产党领导人民实现国家独立富强的必由之路。1952年，国民经济恢复工作完成时，中国现代工业在工农业总产值中的比重只有43.1%，重工业在工业总产值中的比重只有35.5%。因此，要改变落后面貌，巩固国家政权，必须进行工业化。

其次，资本主义经济力量弱小，发展困难，不可能成为中国工业起飞的基础。民族资本主要是商业资本和金融资本，工业资本只占1/5。民族资本主义工业主要是轻纺工业和食品工业，缺少重工业的基础。工业企业大多规模小，技术设备落后，劳动生产率很低。因此，必须对其实行社会主义改造。

再次，土地改革后，农业发展受到土地私有基础上的个体经营限制，不能为工业化提供必要的商品粮食、轻工业原料、工业品市场和积累工业发展的资金。因此，只有引导个体农民组织起来走合作化的道路，农业生产力才能得到发展，也能保证工业化发展战略。

此外，新中国成立后，中国不但不可能从资本主义大国得到什么援助，而且连进行普通的贸易和交往都很困难。当时只有社会主义国家和第二次世界大战后为争取民族独立而斗争的国家同情中国，只有苏联能够援助中国。国际环境也促使中国选择社会主义。

最后，经过广泛深入的学习、宣传和教育，过渡时期的总路线在全党迅速统一了认识，也得到全国人民的拥护，成为团结和动员全国人民为建设一个伟大的社会主义国家而奋斗的新纲领。因此说，过渡时期总路线反映了历史的必然性。

☆社会主义"三大改造"是怎样进行的？

按照过渡时期总路线的要求，从1953年到1956年，党在大力推进工业化建设的同时，开展了对农业、手工业和资本主义工商业的社会主义改造。

第一，对个体农业的改造。农业合作化按照自愿原则，通过互助合作的形式，采取说服、示范和国家帮助的方法，把以生产资料私有制为基础的个体农业经济，改造为以生产资料公有制为基础的农业合作经济。到 1955 年 7 月，全国巩固下来 65 万个合作社。1955 年下半年至 1956 年底，参加初级社的农户占总农户的 96.3%，其中参加高级社的占 87.8%，农业合作化基本完成。

第二，对手工业的改造。从 1953 年 11 月开始，党采取"积极领导、稳步前进"的方针和由手工业生产合作小组、手工业供销合作社到手工业生产合作社的组织形式，以从供销入手、由小到大、由低到高的步骤，逐步实行社会主义改造。到 1956 年底，参加合作社的手工业人员已占全体手工业人员的 91.7%。手工业的合作化基本完成。

第三，对资本主义工商业的改造。新中国在利用资本主义工商业的过程中，已经开始对它进行适当的限制。1953 年确定了两个步骤：第一步是把资本主义转变为国家资本主义；第二步是把国家资本主义转变为社会主义。党对资本主义工商业采取了通过公私合营等形式，将其改造成为社会主义的公有制企业，同时对民族资产阶级实行"和平赎买"，将所有制的改造与人的改造相结合。1956 年第一季度末，全国全行业公私合营的私营工业达到 99%，私营商业达到 85%，基本上完成了对资本主义所有制的改造。

社会主义"三大改造"是一场前所未有的深刻的社会变革，"三大改造"胜利完成，标志着公有制占绝对优势的社会主义经济制度在我国建立起来了，这是我国进入社会主义社会最主要的标志，成就伟大，影响深远。

☆社会主义制度确立的伟大意义有哪些？

实现中华民族伟大复兴，必须建立符合中国实际的先进社会制度。社会主义制度的建立，为当代中国一切发展进步奠定了根本政治前提和制度基础，为中国发展富强、中国人民生活富裕奠定了坚实基础，实现了中华民族由不断衰落到根本扭转命运、持续走向繁荣富强的伟大飞跃。

第一，它极大地提高了工人阶级和广大劳动人民的积极性、创造性，为生产力的大发展开辟了广阔道路。三大改造的完成，使生产力从旧的生产关系的束缚中解放出来，巩固和扩大了人民民主专政政权的经济基础，社会主义制度集中力量办大事的独特优势得以充分发挥，国家大规模工业化建设顺利开启，极大地促进了社会生产力的发展。

第二，它为当代中国的一切发展进步提供了根本政治保障。中国共产党是领导社会主义事业的核心力量。人民代表大会制度是实现社会主义民主的基本形式。宪法反映了国家发展的根本要求和全国人民建立社会主义社会的共同意愿。中国共产党领导的多党合作和政治协商制度，是实现广泛民主和集中领导的统一、充满活力和富有效率的统一。民族区域自治制度有利于保证国家的统一和民族自治权利。

第三，它为社会主义先进文化的发展指明了前进方向。广大人民群众逐渐树立起走社会主义道路的意识。社会主义新型的社会关系及与之相适应的社会道德规范正在形成。以马克思主义为核心的社会主义主流意识形态地位稳步提升，占据优势和主导地位，确保了党和国家事业沿着社会主义方向胜利前进。

第四，社会主义制度的确立，标志着中国这个占世界1/4人口的东方大国进入了社会主义社会，为我国一切进步和发展奠定了重要基础。此后，党面临的根本任务，就是领导全国各族人民在不断完善社会主义制度基础上，充分发挥社会主义制度的优越性，为实现国家富强、人民幸福的历史任务而奋斗。

第九章　改革开放与中国特色社会主义的
开创和发展

第一节　实践教学指导

一、实践教学目的

通过现场教学，使学生更直观地感受改革开放和现代化建设全面展开、深入推进、跨世纪发展与新形势下坚持和发展中国特色社会主义的历史进程；通过实地参观，使学生更深刻地体会改革开放 45 年来中国在经济发展、文化繁荣、民生建设、环境保护等方面取得的巨大成就；通过实践教学，使学生更深刻地领悟中国必须由封闭僵化走向改革开放，领悟改革开放是历史和人民的选择。

二、场馆（所）实践教学

（一）天津经济技术开发区实践教学

1. 天津经济技术开发区简介

天津经济技术开发区的英文名称缩写是"TEDA"，音译为"泰达"，创立于 1984 年 12 月 6 日。其位于天津市区以东 50 千米，为天津市的重要组成部分、国家综合配套改革试验区的一部分，也是中国首批国家级经济技术开发区之一。

天津经济技术开发区以"21 世纪现代化国际工业新城区"为目标，

致力于塑造与国际惯例和国际市场接轨的投资环境。经过十几年的开发建设，天津经济技术开发区投资环境日臻完善，经济实力迅猛发展，已成为中国乃至整个亚洲最具吸引力的投资区域。

天津经济技术开发区已有 3300 多家外商投资企业落户，投资总额超过 150 亿美元。以雀巢、SEW、诺和诺德等跨国企业为代表，形成了电子通信、食品、机械、生物医药四大支柱产业，经济飞速发展，人均生产总值已达中等发达国家水平，综合实力在全国 57 个国家级开发区中排名第一，成为天津市重要的经济增长点。联合国工业开发组织世界范围评选出的 100 个工业发展最快的地区中，天津开发区也榜上有名。

（参考天津经济技术开发区官网－园区简介，https：//tj. zhaoshang. net／yuanqu／detail／1）

2. 天津经济技术开发区实践教学要点

（1）让学生了解天津经济技术开发区在改革开放以来由荒凉盐碱滩发展为现代化工业园区的基本史实。

（2）让学生切身感受改革开放以来中国人民披荆斩棘、阔步向前，克服一个又一个困难，取得一个又一个胜利的辉煌业绩。

（3）让学生思考改革开放的历史必然性。

3. 天津经济技术开发区实践教学组织方式

（1）"浸润式"小班现场教学

老师带队进行。提前让学生搜集天津经济技术开发区相关材料；带学生现场教学，组织学生现场讨论；要求学生撰写实践报告，或制作微视频、摄影展、手绘展以及文学作品创作等；课堂上组织学生进行反思、交流。

（2）学生结组或个人前往

指导学生结组或个人前往天津经济技术开发区进行教学实践。要求学生撰写实践报告，或制作微视频、摄影展、手绘展以及文学作品创作等，课堂上组织学生进行反思、交流。

（3）网络或文献调研

要求学生结组或个人通过天津经济技术开发区官网或通过《天津经

济技术开发区简志》《渤海明珠：天津经济技术开发区》《历史瞬间图片集：纪念天津经济技术开发区成立二十周年》等文献进行相关调查、研究，撰写相应的调研报告或心得体会，并组织学生进行反思、交流。

（4）智能教室情境模拟教学

组织学生通过智能教室进行天津经济技术开发区情境模拟教学，要求学生撰写实践报告，并组织学生进行反思和交流。

（二）深圳改革开放展览馆实践教学

1. 深圳改革开放展览馆简介

深圳改革开放展览馆位于广东省深圳市福田区福中路 184 号。展览馆运用照片、实物、视频、模型场景、雕塑和高科技手段、互动体验项目，全面、生动和立体地展现广东改革开放 40 年的壮阔历程和辉煌成就。2018 年 11 月 8 日起对外开放。

常设展览——《大潮起珠江——广东改革开放 40 周年展览》的展览面积 6300 多平方米，共展出照片 730 张、实物 2403 件、视频 48 条、美术作品 19 件、主题场景 15 个、互动体验和模型沙盘 26 个，共计 3234 个展项。展览分为序厅、"敢为人先　勇立潮头（1978—1992）""增创优势，砥砺前行（1992—2012）""走在前列　当好窗口（2012—2018）"和尾厅 5 个部分。全面展示了广东改革开放 40 年的峥嵘岁月，生动再现了广东改革开放重大决策、重大突破的壮阔历程，深入反映了改革开放 40 年来广东经济社会发展的丰硕成果。

（参考深圳博物馆官网–分馆介绍：深圳改革开放展览馆 https：//www. shenzhenmuseum. com/exhibition）

2. 深圳改革开放展览馆实践教学要点

（1）让学生通过参观深圳改革开放展览馆了解改革开放的基本史实。

（2）使学生切身感受广东从开启改革开放到全面深化政治、经济、文化、社会、生态文明体制改革的壮阔历程。

（3）让学生感受改革开放给广东带来的翻天覆地的变化。

3. 深圳改革开放展览馆实践教学组织方式

（1）"浸润式"小班现场教学

老师带队进行。提前让学生搜集深圳改革开放展览馆相关材料；带学生现场教学，组织学生现场讨论；要求学生撰写实践报告，或制作微视频、摄影展、手绘展以及文学作品创作等；组织学生进行反思、交流。

（2）学生结组或个人前往

指导学生结组或个人前往深圳改革开放展览馆进行教学实践。要求学生撰写实践报告，或制作微视频、摄影展、手绘展以及文学作品创作等，组织学生进行反思、交流。

（3）网络或文献调研

要求学生结组或个人通过网络、文献进行深圳改革开放展览馆的调查、研究，撰写相应的调研报告或心得体会，并组织学生进行反思、交流。

（4）智能教室情境模拟教学

组织学生通过智能教室进行深圳改革开放展览馆情境模拟教学，要求学生撰写实践报告，并组织学生进行反思和交流。

（三）苏州工业园区实践教学

1. 苏州工业园区简介

建设背景：1992 年初，邓小平同志视察南方，发表了借鉴新加坡经验的重要讲话。1992 年 9 月，时任新加坡内阁资政李光耀率团访问中国，积极呼应邓小平同志讲话，表达了中新合作共同建立工业园区并以该园区为载体借鉴新加坡经验的意向。此后，中新双方围绕合作开发事宜进行了多次协商和实地考察，最终确定选址苏州。1994 年 5 月 12 日，苏州工业园区建设正式启动。

园区简介：苏州工业园区隶属江苏省苏州市，位于苏州市城东，1994 年 2 月经国务院批准设立，同年 5 月实施启动。整个行政区划面积 278 平方千米，是中国和新加坡两国政府间的重要合作项目，被誉为"中国改革开放的重要窗口"和"国际合作的成功范例"。2023 年，园区实现地区生产总值（GDP）3686亿元，增长5.9%；一般公共预算收入411.1亿元，增长6.1%；规上工业总产值6509.4亿元，增长0.1%；固定资产投资592.9亿元，增长25.3%；工业投资226.4亿元，增长26.1%；社会消费品零售总额1173.1亿元，增长6.9%；进出口总额6069.7亿元，实际使用外资19.51亿美元。园区成为全国开放程度最高、发展质效最好、创新活力最强、营商环境最优的区域之一，在国家级经开区综合考评中实现八连冠（2016—2023年），跻身科技部建设世界一流高科技园区行列，2018年入选江苏省改革开放40周年先进集体。

（参考苏州工业园区管理委员会官网，http：//www.sipac.gov.cn/szgyyq/yqjj/common_ tt.shtml）

2. 苏州工业园区实践教学要点

（1）让学生了解苏州工业园区反映的改革开放的基本史实。

（2）使学生了解苏州工业园区如何贯彻改革开放基本国策，借鉴新加坡成功经验，成功走出一条坚持新型工业化、经济国际化、城市现代化互动并进的新型发展路径。

（3）让学生切身感受国家顶尖、世界一流的经济技术开发区的创业活力与人文魅力。

3. 苏州工业园区实践教学组织方式

（1）"浸润式"小班现场教学

老师带队进行。提前让学生搜集苏州工业园区相关材料；带学生现场教学，组织学生现场讨论；要求学生撰写实践报告，或制作微视频、摄影展、手绘展以及文学作品创作等；组织学生进行反思、交流。

（2）学生结组或个人前往

指导学生结组或个人前往苏州工业园区进行教学实践。要求学生撰写实践报告，或制作微视频、摄影展、手绘展以及文学作品创作等，组织学生进行反思、交流。

（3）网络或文献调研

要求学生结组或个人通过网络、文献进行苏州工业园区的调查、研究，撰写相应的调研报告或心得体会，并组织学生进行反思、交流。

（4）智能教室情境模拟教学

组织学生通过智能教室进行苏州工业园区情境模拟教学，要求学生撰写实践报告，并组织学生进行反思和交流。

三、其他实践教学方式

1. 组织学生观看纪录片，如《见证，变革的力量》《中国改革开放的故事》（BBC 纪录片）《我们一起走过》《必由之路》等。要求同学们写观后感，并组织学生进行反思、交流。

2. 邀请研究改革开放与中国特色社会主义开创与发展方向的专家入课讲座。要求学生撰写心得体会，并组织学生进行小组讨论。

四、实践教学报告范例

"天津经济技术开发区"实践报告

1. 选题缘起

40 多年来，伴随着经济的高速发展，我国政治、经济、文化、社会机制也在全面改革和不断完善。我们小组选择天津经济技术开发区作为一个具有代表性的改革开放前沿地区进行实地考察，主要有以下考虑：

首先，天津经济技术开发区是中国北方改革开放的最大硕果。1984 年，改革开放的春风从特区吹向了 14 个沿海开放城市。天津成为改革开放的新标杆。为了响应党中央的改革开放政策，同时为了利用港口优势，1984 年 12 月，天津市在天津新港与塘沽老城之间的滩涂地上艰苦奋斗，建立了天津经济技术开发区，即"泰达"（Tianjin Economic-Technological Development Area，缩写为 TEDA，音译为泰达）。经过 30 余年的发展，泰达已形成"一区多园"的发展格局，成为中国经济规模最大、外向型程度最高、综合投资环境最优的国家级开发区。

其次，天津经济技术开发区是中国北方落实区域经济高质量发展的重要代表。天津经济技术开发区横空出世后，依托天津市的传统工业基础与优秀的港口优势，积极利用外资，从而创造了一个从无到有的沧海变桑田的改革开放奇迹，并成为改革开放设立的国家级经济技术开发区的标杆。2009 年，全面深化改革，天津滨海新区设立，天津经济技术开发区成为天津滨海新区 5 大功能区之一，进一步融入天津乃至中国北方的经济发展的浪潮中。从产业结构上，一系列高科技产业的崛起，也开始逐渐取代此前以劳动密集型产业为主的产业结构。以天津经济技术开发区为代表的滨海新区，成为 21 世纪初中国改革开放的新名片。

最后，天津经济技术开发区是京津冀协同发展与发展新质生产力的领导者。2024 年，已经迈入"不惑之年"的天津经济技术开发区与改革开放一起迈入了一个全新阶段。一方面，天津经济技术开发区不再仅限于天津滨海新区内，而是逐渐实现了"一区十园"的构想，从而将其影响力拓展到了天津市乃至京津冀大部分地区，为京津冀协同发展作出了重要贡献；另一方面，在产业结构上，天津经济技术开发区不仅继续吸引内外资，完善传统产业结构，同时，也积极推动高新技术的研发与应用。今天的天津经济技术开发区，不仅是改革开放 40 余年来所交出的一份满分成绩单，同时也是进一步深化改革，发展大国重器，推动新质生产力发展的坚实基础。

2. 实践过程

在"中国近现代史纲要课"老师的要求下，2024 年 4 月 23 日，本实践小分队利用课余时间，乘坐城市轨道交通来到了天津滨海新区，通过参观滨海新区博物馆和参观地标性建筑，进而详细地认识天津经济技术开发区的前世今生。

我们首先来到天津滨海新区博物馆学习开发区的历史。在天津滨海新区博物馆，我们对于天津滨海新区地区的历史有了十分详细的了解，学习了改革开放以来全滨海新区的奋斗史，尤其是天津经济技术开发区从沧海变桑田的奇迹。1984 年 2 月 24 日，邓小平在北京邀集中央一些领导同志座谈，讨论进一步办好经济特区和进一步开放沿海港口城市的问题。其间，经过一系列勘察、选址、论证工作，1984 年 12 月 6 日，国务院批准成立天津经济技术开发区。

建区之初，天津经济技术开发区主要利用国家贷款负债政策开发起步。根据"开发一片，建成一片，收益一片"的滚动开发原则，用 3 年时间完成了"起步工业区"以通路、通水、通电、通讯、通暖和土地平整为主要内容的"六通一平"。随着投资硬环境渐趋完善，吸引了大量国内大型工业集团、外贸集团、经济集团到开发区发展。1992 年，随着邓小平南方谈话和党的十四大胜利召开，开发区也步入高速增长阶段。两年间，开发区经济指标居于全国各国家级开发区之首。

1994 年，天津滨海新区正式作为一个区域概念被提出，并于 2002 年提前实现建成阶段性目标。2009 年，天津市发布《天津市空间发展战略规划》，提出"双城双港、相向拓展、一轴两带、南北生态"的总体战略，将其放在与中心城区同等重要的战略地位。同年，国务院批准设立天津市滨海新区。从"经济新区"到"行政新区"，滨海新区又一次实现华丽转身，开启科学发展新征程。

随后，我们登上天津周大福金融中心观摩天津经济技术开发区及其周边。天津经济技术开发区的核心区便是著名的泰达MSD。在此矗立着中国北方最高的摩天大楼"天津周大福金融中心"，又被天津人亲切地昵称为"津沽棒"。在周大福金融中心 43 楼的观景平台，我们能够东望天津港集装箱货轮千帆百舸，西眺天际线上津城万家烟火，南观海河沿岸的天津自贸区百业兴荣，北看开发区内制造业热火朝天。目光所及之处，

249

不仅有诸如中国石油化工、天津一汽丰田、康师傅为代表的传统制造业企业，更有国家超级计算机天津中心自主研制的天河一号、中国航天制造的长征五号大火箭这些大国重器。这些新老企业的发展共同见证了天津经济开发区的繁荣，也预示着天津未来大有可为的发展前景。

3. 实践感悟

通过一天的实践考察，我们对天津经济技术开发区有了十分详细的了解。

首先，通过学习我们深刻地认识到，党的改革开放政策无比英明正确。天津经济技术开发区从无到有，从滩涂到新城，其起因正在于党的改革开放政策，在于中国特色社会主义理论体系的建立；而天津经济技术开发区的发展与转型，在于党的改革开放政策的深化，在于中国特色社会主义理论体系的发展。党的十八大以来的新时代，在全面深化改革、全面扩大开放的历史大潮之下，天津经济技术开发区进一步顺势而上，势必将会续写全新的篇章。

其次，我们认识到奋斗才是实现中国梦的重要手段。通过这次实践，让我们小组的同学深刻地认识到，奋斗才是青年实现梦想的最重要方式。通过在博物馆的学习，我们深刻地认识到，滨海新区的历史，就是一部中国人的奋斗史。在落后生产力的时代，这里的居民与大海奋斗，与滩涂奋斗；在饱受屈辱的年代，这里的居民为抵御外侮而奋斗；而在改革开放以后，滨海人进一步发展奋斗精神，不怕困难，知难而上，通过奋斗创造出把一片盐场滩涂变幢幢摩天大楼的奇迹。

最后，我们深刻地认识到改革开放没有止境，是一个永不停歇的伟大进程。40余年的改革开放，我们取得了光辉瞩目的成就，但是对于我们当代大学生来说，现在的伟大成就并不是我们自满的理由。作为祖国和社会主义事业未来的主人和建设者，我们不能躺在功劳簿上，反而应该在前人的硕果之上，进一步为发展新质生产力而努力，为早日实现中华民族伟大复兴中国梦而奋斗。

第二节　课程提质指导

一、习近平新时代中国特色社会主义思想引领本章教学要点

要点 1：改革开放是中国和世界共同发展进步的伟大历程。中国人民坚持对外开放基本国策，打开国门搞建设，成功实现从封闭半封闭到全方位开放的伟大转折。中国在对外开放中展现大国担当，从引进来到走出去，从加入世界贸易组织到共建"一带一路"，为应对亚洲金融危机和国际金融危机作出重大贡献，连续多年对世界经济增长贡献率超过30%，成为世界经济增长的主要稳定器和动力源，促进了人类和平与发展的崇高事业。

今天，中国人民完全可以自豪地说，改革开放这场中国的第二次革命，不仅深刻改变了中国，也深刻影响了世界！

——习近平：《在博鳌亚洲论坛 2018 年年会开幕式上的主旨演讲》（2018 年 4 月 10 日）

要点 2：我们党作出实行改革开放的历史性决策，是基于对党和国家前途命运的深刻把握，是基于对社会主义革命和建设实践的深刻总结，是基于对时代潮流的深刻洞察，是基于对人民群众期盼和需要的深刻体悟。……改革开放是我们党的一次伟大觉醒，正是这个伟大觉醒孕育了我们党从理论到实践的伟大创造。改革开放是中国人民和中华民族发展史上一次伟大革命，正是这个伟大革命推动了中国特色社会主义事业的伟大飞跃！

——习近平：《在庆祝改革开放 40 周年大会上的讲话》（2018 年 12 月 18 日）

要点 3：为了实现中华民族伟大复兴，中国共产党团结带领中国人民，解放思想、锐意进取，创造了改革开放和社会主义现代化建设的伟

大成就。我们实现新中国成立以来党的历史上具有深远意义的伟大转折，确立党在社会主义初级阶段的基本路线，坚定不移推进改革开放，战胜来自各方面的风险挑战，开创、坚持、捍卫、发展中国特色社会主义，实现了从高度集中的计划经济体制到充满活力的社会主义市场经济体制、从封闭半封闭到全方位开放的历史性转变，实现了从生产力相对落后的状况到经济总量跃居世界第二的历史性突破，实现了人民生活从温饱不足到总体小康、奔向全面小康的历史性跨越，为实现中华民族伟大复兴提供了充满新的活力的体制保证和快速发展的物质条件。中国共产党和中国人民以英勇顽强的奋斗向世界庄严宣告，改革开放是决定当代中国前途命运的关键一招，中国大踏步赶上了时代！

——习近平：《在庆祝中国共产党成立 100 周年大会上的讲话》（2021 年 7 月 1 日）

要点 4：党的十一届三中全会以后，我国改革开放走过波澜壮阔的历程，取得举世瞩目的成就。随着实践发展，一些深层次体制机制问题和利益固化的藩篱日益显现，改革进入攻坚期和深水区。党中央深刻认识到，实践发展永无止境，解放思想永无止境，改革开放也永无止境，改革只有进行时、没有完成时，停顿和倒退没有出路，必须以更大的政治勇气和智慧推进全面深化改革，敢于啃硬骨头，敢于涉险滩，突出制度建设，注重改革关联性和耦合性，真枪真刀推进改革，有效破除各方面体制机制弊端。

——2021 年 11 月 11 日中国共产党第十九届中央委员会第六次全体会议审议通过

要点 5：坚持深化改革开放。深入推进改革创新，坚定不移扩大开放，着力破解深层次体制机制障碍，不断彰显中国特色社会主义制度优势，不断增强社会主义现代化建设的动力和活力，把我国制度优势更好转化为国家治理效能。

——习近平：《高举中国特色社会主义伟大旗帜　为全面建设社会主义现代化国家而团结奋斗——在中国共产党第二十次全国代表大会上的报告》（2022 年 10 月 16 日）

二、教学目标

（一）知识目标

1. 认识和掌握中共十一届三中全会的主要内容和伟大历史意义。

2. 认识和了解中国特色社会主义是如何开创的。

3. 掌握中国特色社会主义接续发展的历史进程。

（二）能力目标

掌握运用辩证唯物主义和历史唯物主义科学分析改革开放历史必然性的能力；掌握科学评价改革开放历史地位与伟大成就的能力。

（三）价值观目标

通过让学生深刻了解改革开放的历史背景使其认识到改革开放是历史和人民的选择；通过全景呈现改革开放以来的巨大成就，让学生深刻感悟改革开放决策的科学性与正确性，增强学生的道路自信与制度自信。

三、教学重点与难点

1. 历史和人民如何选择了改革开放。

2. 中国特色社会主义是怎样开创和接续发展的。

3. 改革开放和现代化建设取得的巨大成就，坚持走中国特色社会主义道路的伟大意义。

四、关键问题引领与简答

（一）真理标准问题的讨论及其意义是什么

1978 年 5 月 11 日，《光明日报》发表题为《实践是检验真理的唯一标准》的特邀评论员文章。文章发表后，受到广大干部、群众的热烈拥护。同时，也有人质疑、犹豫，有人反对、抵制，认为文章是"砍旗""丢刀子"，是"方向性错误"。解放思想阻力重重。关键时刻，邓小平、叶剑英、李先念、陈云、胡耀邦等一批老同志纷纷表明态度，公开支持这一讨论的展开。1978 年 6 月 2 日，邓小平同志在全军政治工作会议上发表讲话，明确号召"拨乱反正，打破精神枷锁，使我们的思想来个大解放"。1978年下半年，邓小平同志连续发表重要谈话，支持和领导开展关于真理标准问题的讨论，推动进行各方面的拨乱反正。

正是由于以邓小平为代表的老一辈无产阶级革命家在不同场合、从不同角度反复强调，要恢复毛泽东倡导的实事求是原则，恢复党的优良传统，使这场讨论得以顶住压力，并从思想理论界扩大到党政军及社会各界，成为一场规模宏大、内涵丰富、影响深远的大讨论。1978年7月，中国社会科学院组织召开"理论与实践问题哲学讨论会"。这次会议达成了一个共识："实践是检验真理的唯一标准"是马克思主义哲学的根本原理，在实践标准之外另立真理标准是理论上的倒退。1978年下半年，除中央单位外，各地就这一主题召开的讨论会达70余次，报刊上发表的讨论这一问题的文章达650多篇。

1978年12月18日，党的十一届三中全会在北京召开，会议彻底否定了"两个凡是"的错误方针，高度评价了关于真理标准问题的讨论，重新确立了党的实事求是的思想路线，我国改革开放的大幕从此拉开。历史证明，《实践是检验真理的唯一标准》一文引发的关于真理标准问题的讨论，是继延安整风之后又一场马克思主义思想解放运动，为我们党冲破"两个凡是"的严重束缚、重新确立马克思主义实事求是的思想路线奠定了理论基础；为党的十一届三中全会实现历史转折、我国迈向改革开放新时期作了思想准备；为我们党在改革开放中坚持和发展中国特色社会主义道路、形成中国特色社会主义理论体系提供了强大精神动力；使我们党在改革开放中坚持解放思想，形成了一系列行之有效的宝贵经验。

（参考光明日报社编：《奋斗之路1921—2021（下）》，光明日报出版社2021年版。）

（二）我国的经济特区"特"在哪里？它与资本主义国家的经济性特区有什么本质区别

1. 我国经济特区的"特"主要表现为：

第一，特区经济的发展主要靠吸收和利用外资，产品主要供出口，其经济结构是多种经济成分并举的综合体。其中，在社会主义经济领导下，以中外合资、中外合作和外商独资经济为主体。

第二，特区的经济活动要充分发挥市场调节的作用。它以国际市场调节为主，其产品价值必须通过国际市场才能实现。

第三，对前来特区投资设厂兴办企业的客商，实行特殊的优惠政策。

第四，实行不同于国内其他地区的管理体制，允许特区有更大的自主权。

上面的四个特点可以概括为"四个为主"，即建设资金以吸收和利用外资为主，经济结构以中外合资、中外合作和外商独资经营企业为主，产品以出口外销为主和经济活动在国家计划指导下以市场调节为主。

2. 我国经济特区与资本主义国家经济特区的本质区别表现在：

首先，资本主义国家的特区是在资本主义国家管理之下的，我国的经济特区是由我国人民民主专政的国家行使一切权力，外商在特区内的一切活动都要在我国的法律、法令和特区有关法规允许的范围内进行，绝不允许侵犯我国主权和违背我国的法律。

其次，资本主义国家的经济性特区，是以生产资料私有制为基础，生产、交换、分配和消费的社会再生产的全过程，是受资本主义的剩余价值规律所支配的，设置经济性特区的目的，是为了利用外国资本，进一步发展和巩固本国的资本主义制度；而我国的经济特区，则是以公有制为基础的社会主义经济为后盾，其目的是利用外国资本来为社会主义现代化建设服务。

再次，资本主义国家举办经济性特区，完全是依靠国际市场来调节；我国的经济特区，虽是以国际市场调节为主，但由于它还要服从于社会主义现代化建设的总目标，因而计划调节也具有一定的指导作用。

最后，资本主义国家举办经济性特区的结果，促进了资本主义经济的发展和资本主义矛盾的进一步加深，而我国设立的经济特区由于政治上坚持四项基本原则，经济上无产阶级专政国家能够加以限制，可以规定其活动范围。因此，其结果是促进社会主义经济的发展和社会主义制度的巩固。

由此可见，把我国的经济特区与资本主义国家的经济性特区等量齐观，说我国的特区是中国共产党领导下的一小块资本主义地区，是不符合实际的；而把我们的经济特区与旧社会的租借地或殖民地混为一谈，更是大错而特错的。

（三）改革开放以来，国有企业改革的内容有哪些

第一，理顺国有企业与政府的关系。改革开放前，中国是以国家所有、政府直接经营的原则处理国有企业与政府之间的关系，按照整个社会是一座工厂的模式建立国有企业的管理体制。改革开放后，国有企业与政府之间的关系开始发生根本性转变，从政企合一到政企分开、从搞好国有企业到搞活国有经济、从"五龙治水"（指国有企业由综合部门和行业管理部门分割行使国有企业控制权）到国有出资人到位，使国有企业从政府部门的附属物和"算盘珠"，转变为具有自主经营、自负盈亏、自我发展和自我约束机制的市场主体。

第二，理顺国有企业与社会的关系。在计划经济体制下，国有企业是一种全能型的社会组织，与职工之间是全包关系，企业不仅承担了大量原本应当由政府部门或社会机构承担的职能，而且与员工建立了一种固化的契约，企业无法解雇员工，员工作为"企业人"享受着待遇、服务、保障等"铁饭碗"。随着国有企业改革的深化，国家开始逐步剥离国有企业"办社会"的职能，推动员工"身份置换"，规范国有企业承担社会责任的范围和方式，将其改造成能够在市场上与其他所有制类型企业公平竞争的微观主体。

第三，理顺国有企业与市场的关系。国有企业的特殊性不仅体现在特殊的使命和作用上，同样也体现在市场竞争中的特殊地位上。国有企业有可能会因其国有性质，享有政府给予的特殊竞争优势，从而对市场竞争环境造成破坏，而这也是很多学者最为担心的问题。事实上，在国有企业改革中，国家高度重视处理好国有企业与市场的关系，坚持有所为、有所不为，推动行业结构性调整和企业重组、加快国有企业分类改

革，努力营造公平的市场竞争环境，促进各种所有制经济公平竞争和共同发展。

第四，理顺企业内部关系。改革开放前，国有企业是一种由国家直接经营的体制，人、财、物权利均由政府来行使，企业经营者仅仅作为计划体系的执行者，没有任何的经营自主权。1993 年 11 月，中共十四届三中全会明确，国有企业改革的方向是建立现代企业制度，基本特征为产权清晰、权责明确、政企分开、管理科学。这意味着国有企业所有权和经营权开始分离，国有企业经营者在真正意义上开始享有经营自主权。国有企业内部关系逐渐被理顺，从治理层面主要体现在从工厂制到公司制，在管理层面主要体现为从"挖潜增效"到科学管理。

（参考武力主编：《改革开放 40 年历程与经验》，当代中国出版社 2020 年版。）

（四）中国实行改革开放的宝贵经验是什么

第一，从国情出发进行建设和推进改革开放。中国以建立社会主义市场经济体制为改革取向，是根据自身国情进行的选择。虽然改革开放也意味着学习和借鉴国际上先进的技术、管理和发展经验，然而，我们从未原封不动地照抄照搬他国的模式和路径，而是服从于发展生产力、提高综合国力和改善民生的根本目的，坚持了渐进式改革方式，秉持了改革促进发展、发展维护稳定、边改革边分享的理念，因而走出了一条符合自身国情的独特改革开放发展分享之路。

第二，发展经济必须形成适用的体制机制，调动各方面的积极性。针对传统经济体制的弊端，改革首先从建立有效的激励机制出发，取得"点石成金"的效果。如实行农村家庭联产承包制、价格形成机制改革、鼓励和发展非公有制经济、打破国有企业"大锅饭"、调整中央和地方财政事权和支出责任关系等一系列改革措施，立竿见影地取得了调动劳动积极性、增强经营活力、加强经济增长的效果，同时也获得了最广泛的共识，得到社会各方面的拥护、支持和积极参与。

第三，坚持建立社会主义市场经济体制的改革方向。矫正计划经济体制下的资源配置低效率问题，围绕建立和完善产品市场和生产要素市场进行改革，不断消除妨碍资金、劳动力、土地和其他资源要素有效配置的体制障碍，促进了生产要素的积累、流动和重新配置，最终提高了劳动生产率，促进了经济高速增长。

第四，坚持改革开放与国内经济发展同步推进，积极参与国际分工联动。中国的经济改革与对外开放是同时发生的。如 1979 年始建经济特区，1984 年设立沿海开放城市；1986 年提出恢复关贸总协定缔约国地位申请，2001 年正式加入世界贸易组织。贸易扩大、引进外资和沿海地区外向型经济发展，为转移劳动力提供了大量就业机会，引导产业结构转向符合资源比较优势的方向发展，也为制造业产品赢得了国际竞争力。

第五，坚持在发展中保障和改善民生。中国居民可支配收入增长与 GDP 增长的步伐总体上是一致的。1978—2019 年间，GDP 实际增长了 38 倍，人均 GDP 和城乡居民支配收入都实际增长了 26 倍左右。这种同步性保障了改革开放发展成果为中国人民广泛分享，是以人民为中心的发展思想，也是党与世界其他政党区别的试金石。

（参考谢伏瞻：《中国改革开放实践历程与理论探索》，中国社会科学出版社 2021 年版。）

五、文化自信教育

（一）改革开放精神

我们一般把改革开放精神描述为：解放思想、实事求是、敢闯敢试、勇于创新、互利合作、命运与共。

1978 年 12 月，在党和国家面临何去何从的重大历史关头，我们党召开十一届三中全会。当时，世界经济快速发展，科技进步日新月异，而"文化大革命"十年内乱导致我国经济濒临崩溃的边缘，人民温饱都成问题，国家建设百业待兴。在邓小平同志领导下和老一辈革命家支持下，党的十一届三中全会冲破长期"左"的错误的严重束缚，批评"两个凡是"的错误方针，充分肯定必须完整、准确地掌握毛泽东思想的科学体系，高度评价关于真理标准问题的讨论，果断结束"以阶级斗争为纲"，重新确立马克思主义的思想路线、政治路线、组织路线。从此，我国改革开放拉开大幕，实现新中国成立以来党的历史上具有深远意义的伟大转折，开启了改革开放和社会主义现代化的伟大征程。

改革开放极大改变了中国的面貌、中华民族的面貌、中国人民的面貌、中国共产党的面貌。40多年来，我们解放思想、实事求是，大胆地试、勇敢地改，干出了一片新天地，使改革开放成为当代中国最显著的特征、最壮丽的气象。从"实践是检验真理的唯一标准"，到"冲破思想观念的障碍、突破利益固化的藩篱"，彰显了解放思想、实事求是的精神品质；从"杀出一条血路"，到"敢于啃硬骨头，敢于涉险滩"，蕴含着开拓创新、锐意变革的境界追求；从打开国门搞建设摆脱被开除"球籍"的危险，到形成更大范围、更宽领域、更深层次对外开放格局，展现了开放包容、合作共赢的博大胸怀。伟大改革开放精神是中国共产党人精神谱系的重要组成部分，是党和人民弥足珍贵的精神财富，是激励新时代改革开放再出发、更好坚持和发展中国特色社会主义的强大精神动力。

（参考共产党员网－改革开放精神－《改革开放精神，当代中国人民最鲜明的精神旗帜》，https：//www.12371.cn/special/zgjs/ggkf/）

（二）载人航天精神

1992年9月21日，我国航天事业走到了一个新的起点，党中央做出了实施载人航天工程的战略决策。载人航天工程，是当今高新技术发展中极具风险和挑战的领域。要完成这一壮举，不仅需要雄厚的经济实力和强大的科技实力做支撑，而且需要巨大的精神力量来推动。正是在攀登现代科技高峰的征程中，广大航天科技工作者牢记党和人民的重托，胸怀科技报国之志，在攀登科技高峰的征程中铸就了载人航天精神。

2003年10月15日，在神舟五号载人飞船发射成功后，大力弘扬载人航天精神被首次提及。2003年10月16日，在中共中央、国务院、中央军委对我国首次载人航天飞行成功的贺电中，明确提出要"大力弘扬特别能吃苦、特别能战斗、特别能攻关、特别能奉献的载人航天精神"。

同年 11 月 7 日，在党中央、国务院、中央军委召开的庆祝我国首次载人航天飞行圆满成功大会上，航天精神的内涵被提炼为："特别能吃苦、特别能战斗、特别能攻关、特别能奉献"。2005 年 11 月 26 日，在庆祝神舟六号载人航天飞行圆满成功大会上，胡锦涛同志进一步阐述了载人航天精神的实质和意义："载人航天精神是'两弹一星'精神在新时期的发扬光大，是以爱国主义为核心的民族精神和以改革创新为核心的时代精神的生动体现。在全面建设小康社会、加快推进社会主义现代化的征程上，我们一定要在全社会大力弘扬载人航天精神，增强全民族的自信心和自豪感，凝聚全民族的智慧和力量，紧紧抓住发展机遇，积极应对各种挑战，战胜前进道路上的艰难险阻，不断开创中国特色社会主义事业的新局面。"

（参考中国航天科技集团有限公司著：《国梦天圆》，机械工业出版社 2019 年版。）

（三）泰达精神

1984 年，渤海湾一片面积 33 平方千米的盐碱荒滩，迎来了首批拓荒者。他们脚踏荒滩，犁开沉睡的泥土，踏上开天辟地的征程。1984 年 12 月 6 日，天津经济技术开发区诞生，与此同时，这片朝气蓬勃的区域有了一个十分洋气又响亮的名字——泰达。

时任市长李瑞环提出开发区的建设者要"振兴中国，励精图大业；面向世界，众志建新城"，这是泰达精神的最初缘起。

1986 年 8 月 21 日，邓小平同志题词"开发区大有希望"。

1996 年 4 月 4 日，开发区工委、管委会联合召开联席会议，确定泰达精神为："开放、开拓，励精图大业；求新、求实，众志建新城。"泰达精神是总结创业经验、凝聚创业精神的宝贵结晶，是泰达的"区域之魂"，是指导泰达第二次创业凝聚人、团结人、鼓舞人的强大精神力量。

2014 年，适逢泰达建区 30 周年，开发区管委会（党组）审时度势，与时俱进地赋予"泰达精神"新的内涵和外延，使其更加具有时代精神，更加富有包容性和创新性，激发泰达人追求美好未来，干事创业、永争第一的激情和活力。泰达精神要义如下：

开放：开放是泰达的本质。泰达人始终以海纳百川的胸怀、与时俱进的实践，兼收并蓄，屹立潮头，永创对外开放的新境界。

开拓：开拓是泰达探索与改革的气魄。艰苦奋斗的创业奠定根基，永不满足的探索巩固优势，敢争第一的改革赢得未来。

励精图大业：坚韧铸就辉煌，精神成就伟业。志存高远，勇担使命，实现引领转型升级，创造世界先进生产力，加速中国现代化进程的宏图大业。

求新：求新是泰达发展的永恒动力。探寻新领域、新思路，尝试新机制、新方法，构建开放型经济新体制，培育资源聚集新优势，增强创新驱动新动力，引导绿色发展新潮流。

求实：求实是泰达的思想方法和优良作风。坚持实事求是、理论联系实际，走实路、谋实招、重实效，用实干换取美好愿景。

众志建新城：能量源于凝聚，团结就是力量。齐心协力、众志成城，将泰达建设成高端产业领航区，自主创新示范区，文明和谐首善区，生态宜居新城区。

（参考搜狐网：【党旗飘飘】《讲好泰达故事，重温泰达精神》，https：//www. sohu. com/a/485230996_ 121123700）

六、逆向课程思政

（一）改革开放以来我国生态文明建设的显著成效对环境工程、环境科学等专业大学生的学习激励与促进

改革开放以来，历届党和政府都高度重视粗放型发展方式带来的一系列环境污染和生态问题，从环境保护基本国策的确立到可持续发展战略的提出，从科学发展观、和谐社会观到生态文明观的逐步推进，中国在生态建设与环境保护领域做出了不懈的努力。1985 年 9 月，《中共中央关于制定国民经济和社会发展第七个五年计划的建议》提出要把改善生活环境作为提高城乡人民生活水平和生活质量的一项重要内容。1992年 8 月，中共中央、国务院提出了《我国环境与发展十大对策》，实行

可持续发展战略被列为十大对策之首。实施可持续发展战略之后，在我国国民经济持续、快速、健康发展的同时，我国工业污染防治工作也取得了重大成效。"十一五"期间，通过节能减排工程，形成节能能力3.4亿吨标准煤；新增城镇污水日处理能力6500万吨。2010年与2005年相比，环保重点城市二氧化硫年均浓度下降26.3%，地表水国控断面劣五类水质比例由27.4%下降到20.8%，七大水系国控断面好于三类水质比例由41%上升至59.9%。

作为环境工程、环境科学等专业的大学生，在学到改革开放以来我国在生态文明建设方面取得的上述成就时，他们会切实感受到自己所学的专业能给国家和社会带来的真切变化，给老百姓现实的生活环境带来的巨大改观。在感受到自己所学知识的有用性之后，学生会发自内心地产生对本专业的认同感和自豪感，进而产生要努力学好环境科学相关的专业知识并为我国环境保护事业贡献自己力量的责任感和使命感。

（参考《国务院关于印发节能减排"十二五"规划的通知》，《中华人民共和国国务院公报》2012年第25期。）

（二）改革开放以来我国国防和军队建设的历程与巨大成就对雷达工程、指挥信息系统工程、航空航天工程、海洋信息工程等专业学生的启迪和促进作用

改革开放以来，国际战略格局深度调整，全球治理体系发生深刻变革，新军事革命加速推进，以信息化为核心，军事战略、军事技术、作战思想、作战力量组织体系和军事管理不断创新，速度之快、范围之广、程度之深、影响之大前所未有。改革开放之初，在以邓小平同志为核心的党中央集体领导下，人民军队重新确立了革命化、现代化和正规化建设的总目标，实行军队建设指导思想上的战略性转变。精简整编，裁军百万，组成合成集团军，加强质量建设，在中国特色的精兵之路上不断前进。这一时期，我国也致力于发展武器装备和尖端科技。经过十多年的努力，我国在常规武器装备、反坦克武器、轻武器、导弹、军用飞机、海军舰艇等方面都有了较大提高。1989年中共十三届四中全会之后，以江泽民同志为核心的党中央领导集体，积极推进中国特色军事

变革，人民军队也成功地进行了一系列重大军事行动，在香港、澳门回归时履行了维护国家主权的神圣使命，以强有力的军事斗争，打击和遏制了"台独"势力的分裂行径并在支援国家经济建设、抢险救灾等方面作出巨大贡献。新世纪，在科学发展观指引下，国防和军队建设进一步加强，全力发展武器装备，以第二代为主体、第三代为骨干的武器装备体系基本建成，大批高新技术装备快速进入序列。人民军队也在军事外交和执行非战争军事方面发挥了重要作用，在参加国际人道主义救援、联合国维和行动中都展示了中国军队的过硬素质和良好的形象。

当雷达工程、指挥信息系统工程、航空航天工程、海洋信息工程等专业的学生在学习改革开放以来中国在国防和军队建设上取得的上述成就时，会增强自己作为一名青年国防科技人才的自豪感，同时也会增强学生学好本专业知识的紧迫感并坚定科技报国的决心和信心。

七、案例精选

（一）案例一：新八字方针的出台及成效

党的十一届三中全会虽然作出以经济建设为中心、实行改革开放的决策，但是在目光转向发展经济时，首先面临的问题是国民经济比例关系严重失调，如果这个问题得不到很好的解决，经济发展的基础就不稳，更谈不上快速发展，实现四个现代化了。国民经济比例关系失调主要体现在以下几个方面：一是农轻重比例严重失调；二是燃料动力工业同其他工业比例严重失调；三是积累和消费比例严重失调；四是外汇收支比例失调；五是就业矛盾突出。

造成国民经济比例失调的原因，一方面是多年来经济建设中积累的矛盾和问题没有解决好，再加上"文化大革命"十年动乱，致使国民经济比例失调；另一方面则是1978年经济工作中出现的急于求成的现象，这是造成国民经济比例失调的直接原因。

陈云是较早注意到国民经济比例失调问题的领导人。在1978年12月10日中央工作会议上，陈云提出要实现四个现代化"必须既积极又稳重"，经济建设要"坚持实事求是，就是要根据现状，找出解决问题的办法。首先弄清事实，这是关键问题"。对于引进，"要循序渐进，不要一拥而上。一拥而上，看起来好像快，实际上欲速则不达"。12 月 15 日，李先念在中央工作会议上的发言中首次提出经济需要调整。1979 年 3 月 14 日，陈云、李先念联名致信中央，提出目前和今后的财政工作要十分注重国民经济比例严重失调的问题。对于这个意见，邓小平明确表示支持。

中共中央在确定对国民经济进行调整之后，4 月 5 日至 28 日召开工作会议，李先念作了《关于国民经济调整问题》的报告。会议决定从 1979 年起，用 3 年的时间对国民经济实行"调整、改革、整顿、提高"的"八字方针"。具体来说，"八字方针"是以调整为中心的，即"边调整边前进，在调整中改革，在调整中整顿，在调整中提高"。"八字方针"的提出，标志着中国经济进入调整时期。

为贯彻"八字方针"，中共中央采取了一系列措施。一是调整农业政策，加快农业发展，稳定农民；二是压重促轻，以重支轻，加快轻工业的发展；三是通过扩大就业，调整工资级别，实行奖金制度，增加科教文卫及城建投资等，大幅度增加城镇居民的收入。同时，相应地压缩和调整基建规模等。通过以上措施的实施，到 1980 年经济调整工作初见成效，首先是较好地完成了 1979 年和 1980 年调整的计划。其次是轻工业取得了较快的发展。工业总产值 1979 年、1980 年平均增长 9%，其中轻工业两年平均增长 13.9%，而重工业增长速度则明显降低。最后，失调的比例关系得到调整。工农业总产值中，农业比重上升至 30.8%；工业总产值中，轻工业比重上升至 47.2%。

（参考罗汉平主编：《伟大的改革开放》，四川人民出版社 2019 年版。）

（二）案例二："傻子瓜子"与改革开放

1980 年，邓小平看到了杜润生送来的"傻子瓜子"问题的调查报告后，当时就对个私经济发展给予肯定，并对一些人对姓"资"姓"社"的争论，表示要"放一放"和"看一看"。这是邓小平首次谈到"傻子瓜子"问题。

当芜湖瓜子被年广九推广出去并扩大声誉之后，给年广九带来的不是荣誉和赞扬，不是受益者的感激，而更多的是责难。1984 年 10 月 22 日，在北京召开的中共中央顾问委员会全体会议上，邓小平专门提到了这件事："还有的事情用不着急于解决，前些时候那个雇工问题，相当震动呀，大家担心得不得了。我的意思是放两年再看。那个能影响到我们的大局吗？如果你动一动，群众就说政策变了，人心就不安了。你解决一个'傻子瓜子'，会牵动人心不安，没有益处。让'傻子瓜子'经营一段，怕什么？伤害了社会主义吗？""傻子"年广九不但没因为雇工和逃税的事进班房，反而一夜之间又一次成了全国的新闻人物。

1985 年 4 月，年广九个人、芜湖市新芜区劳动服务公司、芜湖县清水镇工业公司三家开始挂牌联营。年广九提供"傻子瓜子"商标，连同他个人的技术入股，那两家负责提供资金，由年广九出任总经理。

1989 年秋季，中国的私营企业进入了一个特殊的困难时期，年广九的企业也不例外。他由于一场糊涂官司还进了监狱。市民愤愤不平，一名法官也直言不讳地说："'傻子'是个体户中的带头雁，是芜湖瓜子的元勋，他何罪之有？"就在服刑期间，1992 年初，近 90 岁高龄的邓小平在中国南方视察，在和广东官员座谈中，又特别提到了年广九和他的"傻子瓜子"经营之道。这次点名后，芜湖市检察院经过复查，主动撤诉，年广九被告知无罪释放，人们认为这是邓小平又一次拯救了年广九。邓小平这篇著名的"南方谈话"不仅为中国的改革开放开辟了新路，也为中国个体私营经济再次打开了绿灯。从此，年广九不仅是一个个体户，更成为中国改革开放的一个符号。

（参考王雪梅：《"中国近现代史纲要"问题链教学详案》，中国人民大学出版社 2017 年版。）

（三）案例三：深圳开放 40 年

40 年来，深圳奋力解放和发展社会生产力，大力推进科技创新，地区生产总值从 1980 年的 2.7 亿元增至 2019 年的 2.7 万亿元，年均增长 20.7%，经济总量位居亚洲城市第 5 位，财政收入从不足 1 亿元增加到 9424 亿元，实现了由一座落后的边陲小镇到具有全球影响力的国际化大都市的历史性跨越。

40年来，深圳坚持解放思想、与时俱进，率先进行市场取向的经济体制改革，首创1000多项改革举措，奏响了实干兴邦的时代强音，实现了由经济体制改革到全面深化改革的历史性跨越。

40年来，深圳坚持实行"引进来"和"走出去"，积极利用国际国内两个市场、两种资源，积极吸引全球投资，外贸进出口额由1980年的1800万美元跃升至2019年的4315亿美元，年均增长26.1%，实现了由进出口贸易为主到全方位高水平对外开放的历史性跨越。

40年来，深圳坚持发展社会主义民主政治，尊重人民主体地位，加强社会主义精神文明建设，积极培育和践行社会主义核心价值观，实现了由经济开发到统筹社会主义物质文明、政治文明、精神文明、社会文明、生态文明发展的历史性跨越。

40年来，深圳坚持以人民为中心，人民生活水平大幅提高，教育、医疗、住房等实现翻天覆地的变化，2019年居民人均可支配收入62500元，比1985年增长31.6倍；率先完成全面建成小康社会的目标，实现了由解决温饱到高质量全面小康的历史性跨越。

（参考习近平：《论中国共产党历史》，中央文献出版社2021年版。）

（四）案例四：旺山村——取了个好名字不如有个好政策

8月，炎热还没有褪去，从苏州市区开车去旺山村，一路上阳光明媚，隔着玻璃都能感受到窗外的酷热难耐。30分钟后，车子从吴中大道拐进旺山路，像变戏法似的眼前突现一片郁郁葱葱，翠绿的竹海令人心中瞬间清凉如水，我们忍不住下车，在这森林覆盖率超过60%的小村庄里走一走。

经过东湾，来到一个岔路口，穿过中心路往西，可以到达村子西线。但大多来旺山的人，更喜欢沿着生态路一路向北，因为在钱家坞，有最高颜值的农家乐和最地道的农家菜。村口第一家就是村民苏红芳开的农家乐，她说旺山村取了个好名字，"从小就听爷爷说，旺山一定会旺"。几十年前三面环山，坞里全是农田，而如今呢，讲究的是生态环保，旅游富农，旺山村似乎是在一夜之间名气就大了。

苏红芳说，如果没有政府的政策引导，旺山村恐怕还是个穷山沟。2004年，旺山村被列入苏州市首批社会主义新农村，村里积极响应新农村建设，整治村庄环境。2005年，根据旺山新农村建设规划和生态农庄规划，旺山村重点打造钱家坞农家乐主题区。同样从2006年起，为了配合生态旅游开发建设，旺山村先后投资2000多万元，完成了生态大道、各景区游览次干道、步行道等道路建设，形成了总长度超过8千米的三级游览道路系统，确保村道路硬质化完成率100%。

经过3年精心打造，旺山生态园初具规模，成为一个具有乡村小宿、农家餐饮、小河垂钓、森林氧吧等项目的休闲旅游区，2007年接待游客量近30万人次。

2011年，苏红芳看到了商机，正值房屋出租合同到期，她便自己开起了农家乐。如今（2018年），旺山村已有农家乐40余家，70%集中在钱家坞，站在村口一眼望去，一座座装修漂亮的小楼在整条路上延展开来。

在旺山村党委书记周奎元看来，随着改革开放步伐的加快，旺山的生态旅游开启了丰富多彩、多路齐进的发展模式，旺山村的乡村振兴之路已经进入一个新时代。接下来，旺山将在这些逐年增加的文创项目上提档升级，走出一条具有旺山特色的乡村振兴之路。

（参考田芝健、吕宇蓝编：《40年40村看乡村振兴——改革开放鲜活实践案例进思政课堂》，苏州大学出版社2021年版。）

八、学习思考题简答

☆为什么说党的十一届三中全会是新中国成立以来的伟大历史转折？

第一，1978年12月18日到22日，中共十一届三中全会在北京召开，全会高度评价关于真理标准问题的讨论，重新确立马克思主义的基本路线，做出了把党和国家的工作重心转移到社会主义现代化建设上和实行改革开放的战略决策。

第二，全会恢复了党的民主集中制的优良传统，审查解决了历史上遗留的一大批重大问题和一些重要领导人的功过是非问题。

第三，中共十一届三中全会开始了中国共产党在思想、政治、组织等领域的拨乱反正，揭开了社会主义改革开放的序幕，标志着中国从此进入了改革开放和社会主义现代化建设的历史时期。

☆中国特色社会主义是怎样开创的？

第一，1978 年 5 月开展"关于真理标准问题"的大讨论，纠正"两个凡是"的错误指导，为党重新确立实事求是的思想路线。

第二，1978 年党的十一届三中全会的胜利召开，标志着中国共产党重新确立了马克思主义的思想路线、政治路线、组织路线，开启了我国改革开放和社会主义现代化建设的新时期。

第三，完成拨乱反正基本任务，为改革开放和开创现代化建设新局面奠定社会基础和群众基础。

第四，农村家庭联产承包责任制的实施冲破了不利于生产力发展的旧体制，大大提升了粮食产量，促进了农业发展并改善了农民生活。

第五，城市企业经济责任制改革、商业流通体制改革和所有制结构改革逐步展开。

第六，1980 年经济特区的设立成为中国改革开放的重要窗口。

第七，党和国家领导机构改革稳步推进，民主制度化、法律化迈出重要步伐。

☆中国特色社会主义是怎样接续发展的？

1. 1982 年之后，改革开放全面展开。

（1）提出"建设有中国特色的社会主义"。

（2）经济体制改革全面展开。

（3）逐步形成多层次、有重点、点面结合的对外开放新格局。

（4）加强和改善党的领导。

（5）转变国防战略，调整外交方针。

（6）形成"一国两制"方针。

（7）南方谈话把改革开放和现代化建设推向新阶段。

2. 以江泽民同志为核心的第三代领导集体把中国特色社会主义推向 21 世纪。

（1）确定我国经济体制改革的目标是建立社会主义市场经济体制。

（2）加入世界贸易组织。

（3）形成并贯彻"三个代表"重要思想。

（4）实施科教兴国战略。

（5）开展睦邻外交；打破西方国家的"制裁"。

（6）实施可持续发展战略。

（7）实施西部大开发战略；加大脱贫攻坚力度。

（8）推动中国特色军事变革。

（9）香港、澳门回归；海峡两岸交流扩大。

3. 在新形势下坚持和发展中国特色社会主义。

（1）提出"科学发展观"。

（2）完善社会主义市场经济体制。

（3）促进区域、城乡协调发展。

（4）对全面建设小康社会宏伟目标作出全面部署。

（5）在科学前沿和战略必争领域取得一批重大自主创新成果。

（6）坚定不移走和平发展道路。

（7）推进"一国两制"实践和祖国和平统一大业。

（8）加强党的执政能力建设和先进性建设。

第十章　中国特色社会主义进入新时代

第一节　实践教学指导

一、实践教学目的

通过鲜活、生动的实践教学，使学生更直观地感知中国特色社会主义进入新时代以来，党和国家事业取得的历史性成就、发生的历史性变革，对党和国家事业长远发展具有的重大而深远的影响；深刻认识中国共产党为什么能、马克思主义为什么行、中国特色社会主义为什么好，认识全面建成社会主义现代化强国、实现第二个百年奋斗目标，以中国式现代化全面推进中华民族伟大复兴的深远意义。

二、场馆（所）实践教学

（一）中国共产党历史展览馆实践教学

1. 中国共产党历史展览馆

中国共产党历史展览馆位于北京市朝阳区北辰东路 9 号，是一座社会科学类党史专题纪念馆。该馆于 2021 年 6 月 18 日开馆，7 月 15 日起，面向社会公众开放。展览馆在建馆过程中，重点征集"压舱石""镇得住"的革命文物和有关实物，特别是突出党的十八大以来的珍贵实物，从 30 多个中央和国家机关、28 个省区市的 200 多家红色场馆和档案馆征调文物实物 6000 余件，展览展出文物实物 4500 余件，其中重点文物实物包括：

（1）习近平总书记作出的重要批示和相关重要实物，展览展示习近平总书记的重要批示、信件、讲话稿等50余件，突出反映习近平总书记对改革发展稳定、内政外交国防、治党治国治军作出的系列重要决策部署。重点展示习近平总书记在庆祝新中国成立70周年阅兵仪式上乘坐的检阅车、习近平总书记的入党批复函等重要实物。

（2）毛泽东、邓小平、江泽民、胡锦涛同志相关文物实物，征集展示毛泽东在开国大典上穿戴的呢衣帽、使用的话筒，邓小平亲拟《解放思想，实事求是，团结一致向前看》讲话提纲，江泽民、胡锦涛同志的珍贵手稿以及中央档案馆馆藏的大批珍贵文献等。

（3）反映党的十八大以来取得的历史性成就、发生的历史性变革的实物，展览展示嫦娥五号携带的国旗、采集的月壤样品，奋斗者号深海采集的样品、雄安新区电子沙盘、北京大兴机场沙盘、航母战斗群模型等一大批重点亮点实物。

（4）党史上珍贵的文献文物，展览展示马克思《布鲁塞尔笔记》第四笔记本等手稿、《共产党宣言》首译本、李大钊同志就义时的绞刑架、赵一曼同志在牺牲前给儿子的遗书、雷锋同志生前使用过的物品等。

（5）当下重大历史性事件的重要实物，征集展示庆祝中国共产党成立100周年相关实物、神舟十二号载人飞船搭载党旗等。

（参考国家文物局：《深厚的滋养——革命文物资源服务党史学习教育大数据分析与案例探究》，南京出版社2022年版。）

2. 中国共产党历史展览馆实践教学要点

（1）引导学生了解中国共产党的不懈奋斗史、不怕牺牲史、理论探索史、为民造福史与自身建设史。

（2）引导学生切身感受红色政权来之不易、新中国来之不易、中国特色社会主义来之不易。

（3）引导学生深刻认识中国共产党为什么能、马克思主义为什么行、中国特色社会主义为什么好。

3. 中国共产党历史展览馆实践教学组织方式

（1）"浸润式"小班现场教学

由教师带队进行参观教学。提前让学生搜集中国共产党成立至今的相关材料，特别是中国特色社会主义进入新时代后，党和国家事业取得的历史性成就、发生的历史性变革；带领学生进行现场教学，组织学生以小组为单位进行讨论；要求学生撰写实践报告，或制作微视频、摄影展、手绘展以及文学作品创作等，以备课堂交流；组织学生进行反思、交流，由教师进行点评。

（2）学生结组或个人前往

指导学生结组或个人前往中国共产党历史展览馆进行教学实践。要求学生撰写实践报告，或制作微视频、摄影展、手绘展以及文学作品创作等，组织学生进行反思、交流，由教师进行点评。

（3）网络或文献调研

要求学生结组或个人通过网络、文献进行中国共产党历史展览馆的调查、研究，撰写相应的调研报告或心得体会，并组织学生进行反思、交流，由教师进行点评。

（4）智能教室情境模拟教学

组织学生通过智能教室进行中国共产党历史展览馆情境模拟教学，要求学生撰写实践报告，并组织学生进行反思和交流，由教师进行点评。

（二）天津市西青区辛口镇第六埠村实践教学

1. 天津市西青区辛口镇第六埠村简介

第六埠村，位于天津市西青区辛口镇。改革开放初期，随着纺织、印染等乡镇企业的兴起，第六埠村曾排到过全国百强村的第 29 名。但后来，村集体经济萎靡、基础设施滞后、农民收入低，2017 年被列为市级帮扶困难村。

乡亲们要过上好日子，村集体百废待兴，如何尽快恢复"元气"，是摆在村干部面前的第一道考题。针对党组织班子平均年龄较大，思维方式老旧的问题，2018 年村级党组织换届，新班子以"大换血"实现了年轻化（平均年龄 42 岁），热情高、干劲儿足，严格落实村级权力清单制度和"六步决策"工作机制，各项工作实现了规范化、公开化、制度化。新建成的 2600 平方米村级党群服务中心，涵盖 10 项"一站式"服务，让党员有了归属感，让村民不出村就能办理各项事务。党建引领乡风文明，筑牢了根基，示范引领作用明显。

为了改变当地的落后状况，结合当地水资源丰富的优势，村两委班子带领村民种起了水稻。开始的时候，没敢多种，只种了 200 亩，同时在稻田里养了螃蟹，没想到水稻大丰收，吸引了不少旅行社自发带团来观光。于是村子决定实地重新合理规划设计，将稻田扩展到 800 亩，引进优质稻种，扩大螃蟹套养面积，打造生态品牌。蓝图勾勒出轮廓，要解决的问题也摆在眼前：保收成，农机农具购买、排水灌溉工程修建，资金哪里来？为此，2018 年，村里收到市、区两级帮扶资金共计 300 万元，用于购买全套水稻种植收割机械设备并完成库房建设；同时，新、改、扩建的农田基础设施累计接收上级投资 900 万元，极大改善了基础设施条件。稻田、荷塘、河道、碧水绕村，招徕更多游人，良好的生态环境吸引了大批水鸟，鸟语花香让"生态六埠"的名声更响亮。

2019 年，村两委决定把爱国主义教育融入农旅产业，并奔赴西柏坡进行学习。此后，第六埠村开始把红色旅游和百亩荷塘、千亩水稻、万亩绿色蔬菜基地有机结合，建立起特有的"一红加一绿"产业结构。至 2021 年 10 月底，第六埠村共计接待 1800 个团队，12 万多人次。如今村里年均旅游总收入 600 余万元，将近 5000 人的村子，年人均增收 1000 元。曾经的"帮扶困难村"华丽转身，2020 年被天津市委组织部评为"五星村"，同年获评"全国乡村旅游重点村""西青区爱国主义教育基地"，2021 年被评为"天津市乡村振兴示范村"。

（参考刘超、王津：《西青区辛口镇第六埠村创新思路方法发展特色产业　摘掉"穷帽子"走上小康路》，《今晚报》2020 年 8 月 18 日；耿堃：《西青区辛口镇第六埠村"生态六埠"亲水记》，《天津日报》2022 年 7 月 22 日等。）

2. 天津市西青区辛口镇第六埠村实践教学要点

（1）引导学生了解第六埠村从原先的"帮扶困难村"到如今的

"天津市乡村振兴示范村"的转变历程，了解结合当地特点发展特色产业对促进农村经济发展、改善农民生活的具体作用。

（2）引导学生切身感悟农村基层党组织在脱贫攻坚接续乡村振兴的进程中发挥的重要作用。

3. 天津市西青区辛口镇第六埠村实践教学组织方式

（1）"浸润式"小班现场教学

由教师带队进行参观教学。提前让学生搜集有关天津市西青区辛口镇第六埠村的相关材料，如第六埠村独特的水源优势、"一红加一绿"产业结构的建立过程等；带领学生进行现场教学，组织学生以小组为单位进行讨论；要求学生撰写实践报告，或制作微视频、摄影展、手绘展以及文学作品创作等，以备课堂交流；组织学生进行反思、交流，由教师进行点评。

（2）学生结组或个人前往

指导学生结组或个人前往天津市西青区辛口镇第六埠村进行教学实践。要求学生撰写实践报告，或制作微视频、摄影展、手绘展以及文学作品创作等，组织学生进行反思、交流，由教师进行点评。

（3）网络或文献调研

要求学生结组或个人通过网络、文献进行天津市西青区辛口镇第六埠村的调查、研究，撰写相应的调研报告或心得体会，并组织学生进行反思、交流，由教师进行点评。

（三）塞罕坝机械林场实践教学

1. 塞罕坝机械林场简介

塞罕坝机械林场是河北省林业厅直属的大型国有林场，位于河北省最北部、承德市围场满族蒙古族自治县北部坝上地区。1681 年，清朝康熙皇帝设立木兰围场，作为"哨鹿设围狩猎之地"。塞罕坝是木兰围场的重要组成部分。清朝末期，国势衰微，内忧外患，为了弥补国库亏空，从 19 世纪 60 年代开始，木兰围场开围放垦，树木被大肆砍伐，加之山火不断，到 20 世纪 50 年代初期，原始森林已荡然无存。

新中国成立后，党和国家十分重视国土绿化。1962 年，塞罕坝林场正式组建。按照国家计划委员会批复的规划设计方案，塞罕坝林场承担四项重任：建成大片用材林基地，生产中、小径级用材；改变当地自然面貌，保持水土，为改变京津地带风沙危害创造条件；研究积累高寒地区造林和育林的经验；研究积累大型国营机械化林场经营管理的经验。

55年前的那个秋天，369名林场创业者满怀激情，从大江南北毅然走上塞北高原，承德专署农业局局长王尚海任党委书记，承德专署林业局局长刘文仕任场长。这支平均年龄不到24岁的队伍，拉开了塞罕坝林场建设的历史帷幕。

建场初期，塞罕坝气候恶劣，沙化严重，缺食少房，偏远闭塞。"一年一场风，年始到年终。"极端最低气温达-43.3℃，年均积雪时间长达7个月。塞罕坝人坚持"先治坡、后置窝，先生产、后生活"，吃黑莜面、喝冰雪水、住马架子、睡地窖子，顶风冒雪，垦荒植树。

他们不畏艰难，愈挫愈勇，克服了一个个困难，闯过了一道道难关。改进"水土不服"的苏联造林机械和植苗锹，改变传统的遮阴育苗法，在高原地区首次成功实现全光育苗。1962年、1963年两次造林失败后，1964年春天开展"马蹄坑造林大会战"，造林成活率达到90%以上，提振了士气，坚定了信心。从此，塞罕坝的造林事业开足马力，最多时一年造林8万亩。

国家林业局国有林场和树木种苗工作总站副站长刘春延，1991年大学毕业后在塞罕坝林场工作20年，担任过5年场长。回首往事，他感慨万千："在1959年到1961年三年困难时期刚刚过去的时候，党和国家下决心建这么大个林场，是具有远见卓识的。这体现了共产党人勇于偿还生态历史欠账的责任担当，体现了社会主义制度集中力量办大事的优越性。塞罕坝55年沧桑巨变证明，只要有党的坚强领导，我们就一定能够凝心聚力谋发展，创造一个又一个人间绿色奇迹。"

如今的塞罕坝，四季皆有美景，是华北地区知名的森林生态旅游胜地。目前，来自世界各地的游客年均50万人次，一年门票收入4000多万元。森林旅游、绿化苗木等绿色产业的收入，已经超过半壁江山。随着绿色发展提速、产业转型升级，塞罕坝人更有效地保护了绿水青山，收获了金山银山，实现了生态良好、生产发展、生活改善的可喜局面。

（参考武卫政、刘毅、史自强：《五十五年持续造林护林，荒原沙地变成绿水青山　塞罕坝：生态文明建设范例》，《人民日报》2017 年 8 月 4 日。）

2. 塞罕坝机械林场实践教学要点

（1）引导学生了解塞罕坝机械林场植树造林的感人故事和取得的重大成就，切身感悟几代塞罕坝人在高原荒漠营造浩瀚林海，用忠诚和执着凝结出的塞罕坝精神以及创造出的"沙地变绿洲，荒原变林海"的发展奇迹。

（2）引导学生了解习近平总书记系列重要讲话精神特别是关于生态文明建设的重要论述，切身体会"绿水青山就是金山银山"以及我国大力推进生态文明建设的重大意义。

3. 塞罕坝机械林场实践教学组织方式

（1）"浸润式"小班现场教学

由教师带队进行参观教学。提前让学生搜集有关塞罕坝机械林场的相关材料，如塞罕坝机械林场的建置沿革、塞罕坝人植树造林的感人故事等；带领学生进行现场教学，组织学生以小组为单位进行讨论；要求学生撰写实践报告，或制作微视频、摄影展、手绘展以及文学作品创作等，以备课堂交流；组织学生进行反思、交流，由教师进行点评。

（2）网络或文献调研

要求学生结组或个人通过网络、文献进行塞罕坝机械林场的调查、研究，撰写相应的调研报告或心得体会，并组织学生进行反思、交流，由教师进行点评。

（3）智能教室情境模拟教学

组织学生通过智能教室进行塞罕坝机械林场情境模拟教学，要求学生撰写实践报告，并组织学生进行反思和交流，由教师进行点评。

三、其他实践教学方式

（一）观看政论纪录片

1. 优秀政论纪录片示例

（1）《习近平治国方略：中国这五年》

3 集电视纪录片《习近平治国方略：中国这五年》（China：Time of Xi），由美国探索频道出品，英国子午线制作公司承制，创作团队主要包括来自美国、英国、新加坡和中国等国家的成员。该片是国际主流媒体首次全面、系统地播出、解读习近平总书记治国理政思想。3 集内容分别是：《人民情怀》《大国治理》及《合作共赢》。全片通过深入展现近 5 年来中国在习近平总书记领导下发生的巨大变化和进步，以生动而雄辩的事实告诉世界：中国独特的发展道路和经验给世界带来了什么启迪，习近平作为中国领导人治国理政的动力之源是什么，从而使世界观众更直观而深入地了解了习近平和他领导下的现实中国。

（参考王宁：《中国题材政论纪录片的国际表达——评〈习近平治国方略：中国这五年〉》，《电影评介》2017 年第 20 期。）

（2）《辉煌中国》

《辉煌中国》是由中央电视台与中共中央宣传部共同制作的专题纪录片。该片共六集，以创新、协调、绿色、开放、共享的新发展理念为脉络，全面反映党的十八大以来，在以习近平同志为核心的党中央带领下，全国各族人民砥砺奋进、真抓实干，中国经济社会发展取得的历史性成就，充分展示五年来中国人民更多的获得感、幸福感、安全感、自豪感，真实记录中华民族实现从站起来、富起来到强起来的历史性飞跃。其中，第一集《圆梦工程》透过港珠澳大桥、胡麻岭隧道、郑万铁路、复兴号、上海洋山港自动化码头、中国移动互联网等一个个超级工程，带领观众领略五年来，一张张中国基础建设的大网，如何编织起人民走向幸福、美好的希望版图，托举起中华民族伟大复兴的中国梦；第二集《创新活力》选取包括移动支付、共享单车、大数据等在内的创新故事，讲述着中国科技创新，正如何让百姓生活更为便捷，让企业发展更具活力，让国家实力更加强大；第六集《开放中国》介绍了从北京 APEC 到杭州 G20，从达沃斯论坛到厦门金砖会议，更多中国理念、中国方案正在得到世界的广泛认同。今日的中国，正前所未有地走近世界舞台的中心，前所未有地接近实现中华民族伟大复兴的梦想。

（参考 CCTV 节目官网-《辉煌中国》分集剧情：https：//tv.cctv.com/2017/11/17/VIDAAlGV1hElmrDzNn7E8TuP171117.shtml）

2. 观看纪录片组织方式

组织学生观看纪录片，要求学生撰写心得体会，并组织学生进行反思和交流，由教师进行点评。

（二）组织专题讲座

除去实地参观考察外，教师可以根据具体情况组织纪念馆、展览馆等专业人士入课讲座，多方面地为学生提供了解历史事件或历史人物的渠道。要求学生撰写心得体会，并组织学生进行反思、交流。

四、实践教学报告范例

"天津市武清区河北屯镇李大人庄村"实践报告

小康是中华民族孜孜以求的美好向往，但长期以来，大量的贫困户、贫困村、贫困县的存在，成为我国实现小康梦的严重阻碍。习近平总书记曾指出："全面建成小康社会最艰巨最繁重的任务在农村特别是在贫困地区，没有农村的小康，特别是没有贫困地区的小康，就没有全面建成小康社会。"在此指导下，经过全党全国各族人民的共同努力，2021 年 2 月 25 日，习近平总书记在全国脱贫攻坚总结表彰大会上庄严宣告："我国脱贫攻坚战取得了全面胜利，现行标准下 9899 万农村贫困人口全部脱贫，832 个贫困县全部摘帽，12.8 万个贫困村全部出列……"在这场脱贫攻坚战中，天津武清区河北屯镇的李大人庄村也从困难村华丽转身，一跃而成天津市文化旅游村创建村庄。在"中国近现代史纲要"课老师的要求下，我们一行人来到了李大人庄村，希望通过实地考察，探究是什么让这个村庄发生了翻天覆地的变化。

1. 李大人庄村简介

李大人庄村位于天津市武清区河北屯镇的北部，临近青龙湾减河，该村有 600 多年历史，500 户左右人家。长期以来，由于交通不便，基础设施薄弱，产业发展动力不足，村里大部分村民主要靠着种植农作物和零散养殖为生，收入微薄，是天津市出了名的困难村。但是，随着全面建成小康社会的推动和实施，该村入选天津市文化旅游村创建村庄，同时也被评为武清区农村人居环境整治示范村。仅仅两年时间，"村民年人均可支配收入由 2.2 万元增加到 3.3 万元，新增就业人数 300 余人，吸引社会资本超 5000 万元，彻底改变了贫穷落后的面貌"。

2. 实地考察与发现

根据实地考察，我们发现李大人庄村的华丽转身离不开对村庄资源的合理规划与村民的集体努力，同时，最主要的是离不开基层党组织的先进领导。

在脱贫攻坚接续乡村振兴的进程中，党建引领始终发挥着首要作用。对于李大人庄村的党支部来讲，面对这个拥有 500 户左右人家的贫困村庄，从哪里开始、如何步步推进从而最终彻底改变村庄的贫困面貌，是一项前所未有的艰巨挑战。为带动村民致富，借着入选"天津市第一批村庄规划"的东风，李大人庄村开始了转身的第一步。村委邀请了易景环境科技（天津）股份有限公司的规划师为村庄进行了全新规划。经过规划师们的实地走访，最终形成的规划方案"以聚焦用途管制、农民安居、资源盘活、产业发展、文化挖掘和环境整治等六方面为导向，以李大人庄村特色资源优势为引擎，深入挖掘利用本地特色文化，构建河北屯镇全域旅游格局，塑造京津冀乡村农文旅目的地"，积极打造"画境艺田园·多彩李大人"

的乡村新形象。

确定规划方案后，首先便是需要改变村内垃圾遍地、脏乱差的环境。此时，党员们发挥了先锋模范作用。他们先是把自家房屋清理整洁后，再积极地了解村民的实际情况，"一对一"地帮助村民解决实际问题。从而村民们也就有了动力，最后也就从"旁观者"变成了"参与者"，进而变成"推动者"和"维护者"。通过党员以及群众的共同努力，这个小村庄开始有了起色。

改善人居环境只是让村庄"旧貌换新颜"中的一部分，更重要的是如何带动经济发展。李大人庄村因为过去主要以传统的农业种植为主，人均收入低，基础设施薄弱。为了带动村民走上致富路，村庄率先实施了农村集体产权制度改革，并根据具体情况，采取了股份经济合作社模式。村党委主动向先进村庄学习，从实际的土地情况出发，带动村民们建成了130个现代化的种植大棚，主要种植西红柿、黄瓜等农作物，并采用了"党支部+经济合作社+农户"的管理方式，也就是在党支部的领导下，由村民种植，再以经济合作社的模式加以经营。在保证本村的村民优先工作的前提下，这次改革直接给村内200多人提供了工作岗位。通过大棚种植，村民们也有了比之前相对多的收入。有的村民激动地说因为这次改革，他们成为了股东之一，现在就希望村里能获得更多的收入，他们也好分得更多的分红。

此外，李大人庄村也是一个拥有六七百年历史的古村落，拥有一处有着300年历史的古民居、一口有着500年历史的古井。在深挖村庄历史文化特色的基础上，李大人庄村决定发展以文化体验和休闲体验相结合的旅游模式。利用已建成的科技大棚，村内开始大力发展旅游业，逐步建成了集采摘园、民俗以及农家乐等在内的综合性农业旅游设施。观光采摘、露天电影、陶艺文化等娱乐项目吸引着全国各地而来的源源不断的游客，让这个拥有悠久历史的古村落在新时代的今天重新焕发出勃勃生机。

3. 实践收获与启示

习近平总书记曾经强调："中国共产党根基在人民、血脉在人民。坚持以人民为中心的发展思想，体现了党的理想信念、性质宗旨、初心使命，也是对党的奋斗历程和实践经验的深刻总结。"此次对李大人庄村的实地走访考察，给我们带来了许多新的感悟与体会。让我们切身感受到了在全面建设小康社会的推动作用下，曾经贫困落后的古村落，是如何在短短几年的时间内焕然一新，华丽转变为了旅游文化村。"旧貌换新颜"的背后是党支部发挥的坚实的战斗堡垒作用。让我们深刻明白，只要党和人民群众团结一心，再大的困难也会解决。正如李大人庄村在几年里彻底变了样。我们更应该以此为鉴，不忘初心，牢记使命，为实现中华民族伟大复兴的中国梦而努力奋斗。

第二节　课程提质指导

一、习近平新时代中国特色社会主义思想引领本章教学要点

要点 1：人民是我们党执政的最大底气，是我们共和国的坚实根基，是我们强党兴国的根本所在。我们党来自于人民，为人民而生，因人民而兴，必须始终与人民心心相印、与人民同甘共苦、与人民团结奋斗。每个共产党员都要弄明白，党除了人民利益之外没有自己的特殊利益，党的一切工作都是为了实现好、维护好、发展好最广大人民根本利益；人民是历史的创造者、人民是真正的英雄，必须相信人民、依靠人民；我们永远是劳动人民的普通一员，必须保持同人民群众的血肉联系。

——习近平：《在"不忘初心、牢记使命"主题教育工作会议上的

讲话》（2019 年 5 月 31 日）

要点 2：摆脱贫困一直是困扰全球发展和治理的突出难题。改革开放以来，按照现行贫困标准计算，我国 7.7 亿农村贫困人口摆脱贫困；按照世界银行国际贫困标准，我国减贫人口占同期全球减贫人口 70% 以上。特别是在全球贫困状况依然严峻、一些国家贫富分化加剧的背景下，我国提前 10 年实现《联合国 2030 年可持续发展议程》减贫目标，赢得国际社会广泛赞誉。我们积极开展国际减贫合作，履行减贫国际责任，为发展中国家提供力所能及的帮助，做世界减贫事业的有力推动者。纵览古今、环顾全球，没有哪一个国家能在这么短的时间内实现几亿人脱贫，这个成绩属于中国，也属于世界，为推动构建人类命运共同体贡献了中国力量！

——习近平：《在全国脱贫攻坚总结表彰大会上的讲话》（2021 年 2 月 25 日）

要点 3：党的百年奋斗历程告诉我们，党和人民事业能不能沿着正确方向前进，取决于我们能否准确认识和把握社会主要矛盾、确定中心任务。什么时候社会主要矛盾和中心任务判断准确，党和人民事业就顺利发展，否则党和人民事业就会遭受挫折。

——习近平：《在省部级主要领导干部学习贯彻党的十九届六中全会精神专题研讨班开班式上的讲话》（2022 年 1 月 11 日）

要点 4：中国式现代化是强国建设、民族复兴的康庄大道。中国式现代化赋予中华文明以现代力量，中华文明赋予中国式现代化以深厚底蕴。中国式现代化是赓续古老文明的现代化，而不是消灭古老文明的现代化；是从中华大地长出来的现代化，不是照搬照抄其他国家的现代化；是文明更新的结果，不是文明断裂的产物。中国式现代化是中华民族的旧邦新命，必将推动中华文明重焕荣光。

——习近平：《在文化传承发展座谈会上的讲话》（2023 年 6 月 2 日）

要点 5：世界由丰富多彩的文明构成，中国是有着世界上最古老历史和文化的国家之一。中国愿同联合国教科文组织开展更紧密合作，不断提高遗产保护能力和水平，促进各种文明交流互鉴、包容合作，助力世界和平，推动构建人类命运共同体。

——习近平：《在会见联合国教科文组织总干事阿祖莱时的讲话》（2023年9月28日）

二、教学目标

（一）知识目标

1. 了解中国特色社会主义进入新时代的内涵和意义以及我国社会主要矛盾的变化。

2. 了解党的十八大以来，党和国家事业取得的历史性成就、发生的历史性变革。

3. 了解"两个确立"的形成过程。

（二）能力目标

1. 理解中国共产党领导是中国特色社会主义最本质的特征，理解中国共产党百年奋斗的历史意义。

2. 明确中华民族迎来的从站起来、富起来到强起来的伟大飞跃，理解实现中华民族伟大复兴进入了不可逆转的历史进程。

3. 明确新时代青年的使命与担当，立志做有理想、敢担当、能吃苦、肯奋斗的新时代好青年，让青春在全面建设社会主义现代化国家的火热实践中绽放绚丽之花。

（三）价值观目标

1. 深刻认识中国共产党为什么能、马克思主义为什么行、中国特色社会主义为什么好，认识全面建成社会主义现代化强国、实现第二个百年奋斗目标，以中国式现代化全面推进中华民族伟大复兴的深远意义。

2. 深刻认识"两个确立"对新时代党和国家事业发展、对推进中华民族伟大复兴历史进程具有决定性意义。

三、教学重点与难点

1. 如何正确理解党的十八大以来，党和国家事业取得的历史性成就、发生的历史性变革。

2. 为什么说中国共产党领导是中国特色社会主义最本质的特征。

3. 如何正确认识"两个确立"的形成过程及其决定性意义。

4. 为什么说中华民族伟大复兴进入了不可逆转的历史进程。

四、关键问题引领与简答

（一）中国特色社会主义已经进入新时代，新在哪里

习近平总书记指出："经过长期努力，中国特色社会主义进入了新时代，这是我国发展新的历史方位。"

第一，新时代新在我国社会主要矛盾发生新变化。社会主要矛盾状况及其变化是社会发展阶段性划分的重要依据。在新中国成立特别是改革开放以来取得重大成就的基础上，我国发展站到了新的历史起点上，社会主要矛盾已由人民日益增长的物质文化需要同落后的社会生产之间的矛盾，转化为人民日益增长的美好生活需要和不平衡不充分的发展之间的矛盾。我国社会主要矛盾的变化是关系全局的历史性变化，反映了新时代我国发展的实际状况，指明了解决发展主要问题的根本着力点，对我国发展全局产生广泛而深刻的影响。

第二，新时代新在党的理论创新实现新飞跃。中国共产党在领导中国革命、建设、改革的实践中，不断推进马克思主义中国化，先后形成了毛泽东思想、邓小平理论、"三个代表"重要思想、科学发展观等重大理论创新成果，实现了两次历史性飞跃。党的十八大以来，以习近平同志为核心的党中央创立了习近平新时代中国特色社会主义思想，谱写了党的理论创新的新篇章，实现了马克思主义中国化的新飞跃，指导党和国家事业取得全方位、开创性历史成就，发生深层次、根本性历史变革，开创了中国特色社会主义新时代。

第三，新时代新在党和国家事业确立新目标。党的十八大发出了向

"两个一百年"奋斗目标进军的时代号召。党的十九大作出的新时代中国特色社会主义发展的战略安排，明确了实现"两个一百年"奋斗目标的时间表、路线图。按照这一战略安排，党的十九届五中全会对"十四五"时期我国经济社会发展作出系统谋划和战略部署，清晰展望了2035年基本实现社会主义现代化的远景目标。这一宏伟蓝图鼓舞人心、切实可行，必将指引中国特色社会主义走向更加光明的未来。

第四，新时代新在中国和世界关系开创新局面。当今世界正经历百年未有之大变局，我国日益走近世界舞台中央。中国与世界的关系发生深刻变化，当代中国已不再是国际秩序的被动接受者，而是积极的参与者、建设者、引领者。在同国际社会的互动中，中国坚定发出反对保护主义、支持经济全球化，反对单边主义、维护国际正义的最强音，是世界变局中的稳定器、正能量。

第五，新时代新在中国共产党展现新面貌。党的十八大以来，我们全面加强党对一切工作的领导，坚决维护习近平总书记党中央的核心、全党的核心地位，坚决维护党中央权威和集中统一领导，全面增强党的领导水平和执政能力，推动党的执政方式和执政方略实现重大创新，为党和国家各项事业发展提供了根本保证。党的领导和党的建设取得了历史性、开创性成就，党的面貌焕然一新。

（参考中共中央宣传部：《习近平新时代中国特色社会主义思想学习问答》，学习出版社2021年版。）

（二）为什么说中国共产党领导是中国特色社会主义最本质的特征

中国共产党的领导是做好党和国家各项工作的根本保证，是我国政治稳定、经济发展、民族团结、社会稳定的根本点，绝对不能有丝毫动摇。

党的领导直接关系着中国特色社会主义的性质、方向和命运。坚持无产阶级政党领导是科学社会主义的一条基本原则。中国共产党自成立以来，团结带领全国人民开辟了中国特色社会主义道路、形成了中国特色社会主义理论体系、确立了中国特色社会主义制度、发展了中国特色社会主义文化，推动中国特色社会主义事业不断向前发展并进入了新时代。理论和实践充分表明：我们党是中国特色社会主义事业的坚强领导核心，是这一伟大事业的开创者、引领者、推动者，坚持党的领导是中国特色社会主义永不变色、永不变质的根本保证。

党的领导这个最本质特征，体现在我们党是统领中国特色社会主义各领域各方面的最高政治领导力量。当今中国，党政军民学，东西南北中，党是领导一切的，没有大于中国共产党的政治力量或其他什么力量。在改革发展稳定、内政外交国防、治党治国治军各项事业中，我们党始终处于总揽全局、协调各方的核心统领地位。

党的领导这个最本质特征，体现在党的领导是中国特色社会主义制度的最大优势。制度优势反映制度属性，中国制度之所以"行"，是因为党的领导在中国特色社会主义制度中是最具统领性决定性创造性的因素。只有坚持党的领导，才能有效协调党和国家事业各领域重大关系，确保大政方针的稳定性和持续性，更好发挥我国国家制度和国家治理体系各方面的显著优势，更好推进中国特色社会主义事业不断向前发展。

党的领导这个最本质特征，还体现在党的领导是实现社会主义现代化和民族复兴的最根本保证。全面建成社会主义现代化强国，实现中华民族伟大复兴，是中华民族的最高利益和根本利益。我们党领导中国人民进行的一切奋斗，归根到底都是为了实现这一伟大目标。只有坚持和加强党的领导，才能凝聚起实现民族复兴的磅礴伟力，万众一心朝着宏伟目标坚定前行。

中国共产党领导是中国特色社会主义最本质的特征，这一重大论断已经写入党章、载入宪法，体现了全党的意志和国家的意志，反映了最广大人民根本利益。在坚持党的领导这个重大原则问题上，我们绝不能有任何含糊和动摇。在前进道路上，要始终坚定正确政治方向，始终坚持和加强党的全面领导，完善和健全党的全面领导制度，毫不动摇把党的领导这个最本质特征坚持好、这个最大优势发挥好，不断书写新时代中国特色社会主义壮丽篇章。

（参考中共中央宣传部：《习近平新时代中国特色社会主义思想学习问答》，学习出版社 2021 年版。）

286

（三）如何理解中国式现代化的中国特色

党的二十大报告中明确提出："中国式现代化，是中国共产党领导的社会主义现代化，既有各国现代化的共同特征，更有基于自己国情的中国特色。"这既是对新中国成立以来特别是改革开放以来我们党长期探索和实践的经验总结，更是党的十八大以来在理论和实践上的创新突破，为中国未来发展和中华民族伟大复兴指明了前进方向。具体而言，中国式现代化具有五个方面的特色。

第一，中国式现代化是人口规模巨大的现代化。我国 14 亿多人口整体迈进现代化社会，其规模超过现有发达国家人口的总和，将彻底改写现代化的世界版图，在人类历史上是一件有深远影响的大事。中国式现代化其艰巨性和复杂性前所未有，发展途径和推进方式也必然具有自己的特点。

第二，中国式现代化是全体人民共同富裕的现代化。共同富裕是中国特色社会主义的本质要求，也是一个长期的历史过程。中国式现代化坚持以人民为中心的发展思想，自觉主动解决地区差距、城乡差距、收入分配差距，促进社会公平正义，逐步实现全体人民共同富裕，坚决防止两极分化。

第三，中国式现代化是物质文明和精神文明相协调的现代化。物质富足、精神富有是社会主义现代化的根本要求。物质贫困不是社会主义，精神贫乏也不是社会主义。我们说的共同富裕是全体人民共同富裕，是人民群众物质生活和精神生活都富裕，不是少数人的富裕，也不是整齐划一的平均主义。中国式现代化坚持社会主义核心价值观，加强理想信念教育，弘扬中华优秀传统文化，增强人民精神力量，促进物的全面丰富和人的全面发展。

第四，中国式现代化是人与自然和谐共生的现代化。人与自然是生命共同体。我们坚持可持续发展，坚持节约优先、保护优先、自然恢复为主的方针，像保护眼睛一样保护自然和生态环境，坚定不移走生产发展、生活富裕、生态良好的文明发展道路，实现中华民族永续发展。

第五，中国式现代化是走和平发展道路的现代化。我国不走一些国家通过战争、殖民、掠夺等方式实现现代化的老路，那种损人利己、充满血腥罪恶的老路给广大发展中国家人民带来深重苦难。我们坚定站在历史正确的一边、站在人类文明进步的一边，高举和平、发展、合作、共赢旗帜，在坚定维护世界和平与发展中谋求自身发展，又以自身发展更好维护世界和平与发展。

（参考曲青山：《深刻理解中国式现代化的科学内涵》，《学习时报》2022 年 11 月 4 日。）

（四）如何理解中华民族伟大复兴进入了不可逆转的历史进程

在庆祝中国共产党成立 100 周年大会上，习近平总书记庄严宣告："中华民族迎来了从站起来、富起来到强起来的伟大飞跃，实现中华民族伟大复兴进入了不可逆转的历史进程！"中华民族伟大复兴何以不可逆转？这是因为，历经百年奋斗和积累，我们现在已经拥有了以往任何时候都无法比拟的条件和优势。

第一，中华民族伟大复兴有了更为坚强的领导核心。历史充分证明，没有中国共产党，就没有新中国，就没有中华民族伟大复兴。中国共产党带领人民已经顺利完成第一个百年目标，正无比自信地朝着第二个百年目标奋进。在民族复兴的伟大征程中，我们党已经成长为始终走在时代前列的坚强领导核心。

第二，中华民族伟大复兴有了更为强大的中国力量。人民是历史的创造者，是推动国家进步和历史发展的决定力量。中国共产党根基在人民、血脉在人民、力量在人民，其百年历史，就是一部践行初心使命，与人民心连心、同呼吸、共命运的历史。在中国共产党的全面领导下，全体中国人民已经形成实现中华民族伟大复兴的强大力量，没有任何势力、任何组织能够阻挡中华民族实现伟大复兴的坚定步伐。

第三，中华民族伟大复兴有了更加成熟的理论指导。百年来，我们党立足中国国情，回应时代关切，总结实践经验，不断推进实践基础上的理论创新，先后创立了毛泽东思想、邓小平理论、"三个代表"重要思想、科学发展观，特别是创立了更加成熟的理论指导，也就是作为当代中国马克思主义、21 世纪马克思主义的习近平新时代中国特色社会

288

主义思想。

第四，中华民族伟大复兴有了更为完善的制度保障。党的十八大以来，以习近平同志为核心的党中央继续推进中国特色社会主义制度创新，中国特色社会主义制度更加完善，国家治理体系和治理能力现代化水平明显提高，全社会发展活力和创新活力明显增强，中国特色社会主义制度优势在精准扶贫、风险防范、污染防治、抗击疫情中得到了充分彰显。

第五，中华民族伟大复兴有了更为坚实的物质基础。经过改革开放以来，尤其是党的十八大以来的新发展，我国综合国力、经济实力、科技实力、国防实力和人民生活水平跃上了新的大台阶，全面建成小康社会目标如期实现，这些成就的取得为我国进入新发展阶段、开启全面建设社会主义现代化国家新征程、实现中华民族伟大复兴奠定了雄厚物质基础。

第六，中华民族伟大复兴有了更为主动的精神力量。百年来，中国共产党已经拥有了以伟大建党精神为核心的宏大精神谱系，中国人民已经具有了伟大创造精神、伟大奋斗精神、伟大团结精神、伟大梦想精神。中华民族伟大复兴已经有了强大文化支撑，有了更为主动的精神力量。

（参考秦宣：《中华民族伟大复兴何以不可逆转》，《光明日报》2021 年 7 月 16 日。）

五、文化自信教育

（一）中华传统文化的"小康"理念

小康社会是一种美好社会的文化理想，作为跨越传统认知走向"中国式现代化"的社会形态构想，小康社会建设必然要求顺应时代历史潮流，并随着中国社会演化发展的趋势更替发展，不断被赋予新的时代内涵，以与当今社会对于社会形态与发展阶段的划分理论相适应、相一致。

在中国文化语境里讨论"小康社会"，是一个具有传统文化色彩，且涵纳了中国人文化理想的"特别"语汇，可以关联性地联想到"大同理想""天下为公""桃花源世界"等传统礼治社会理想。

"小康"一词最早见于《诗经·民劳》，"民亦劳止，汔可小康；惠此中国，以绥四方"，"小康"寓意为丰衣足食、安逸康乐的生活，以一种文化场景与文化形态体现帝尧时代出现的小康社会雏形。如《尚书·尧典》所言："光被四表，格于上下，克明俊德，以亲九族；九族既睦，平章百姓；百姓昭明，协和万邦，黎民于变时雍。"又如《淮南子·修务训》所云："尧立孝慈仁爱，视民如子弟。"准确地说，小康社会体现了儒家文化对回归尧舜时代礼制社会的畅想，即使在孔子时代也只能够为消逝的周朝礼乐文明世代叹惋，但不影响在后续近两千年的超稳态传统社会里不断被憧憬。

全面建成小康社会，见证着中国共产党人的初心使命、性质宗旨、理想信念、奋斗目标、执政能力和领导水平，既是党对于中华优秀传统文化的彰显，也是党团结带领人民实现中华民族伟大复兴的关键一步。改革开放之初，邓小平同志用"小康"来诠释中国式现代化，提出"在中国建立一个小康社会"的奋斗目标。党的十六大提出本世纪头20年全面建设惠及十几亿人口的更高水平的小康社会的奋斗目标。党的十八大提出"全面建成小康社会"，把"建设"调整为"建成"。经过几代人一以贯之的接续奋斗，在庆祝中国共产党成立100周年大会上，习近平总书记庄严宣告："经过全党全国各族人民持续奋斗，我们实现了第一个百年奋斗目标，在中华大地上全面建成了小康社会，历史性地解决了绝对贫困问题，正在意气风发向着全面建成社会主义现代化强国的第二个百年奋斗目标迈进。"中国共产党人仅用了71年时间，成功地让14亿人实现小康生活，成就举世瞩目。

小康社会在当代社会建设中再次被"发现"，体现了中国共产党人的高超政治智慧。"天下为公"的"大同"思想是中华民族历史形成的最高社会理想，是"中华民族最基本的文化基因"，中国特色社会主义共同富裕的理想是历史文化理想在当代的回响，小康社会是这个理想的早期阶段收获，这种社会发展形态的阶段性设计，既传承延续了中国传统理想社会形态的构思，也与马克思恩格斯创立的科学社会主义拥有着内在一致性。

（参考高宏存：《文化小康的历史逻辑与未来指向》，《江苏社会科学》2020年第5期。）

（二）脱贫攻坚精神

习近平总书记在全国脱贫攻坚总结表彰大会上庄严宣告："经过全党全国各族人民共同努力，在迎来中国共产党成立一百周年的重要时刻，我国脱贫攻坚战取得了全面胜利。"中国共产党团结带领人民取得脱贫攻坚战全面胜利，在中华大地上谱写了一曲脱贫攻坚的精神赞歌，锻造形成了"上下同心、尽锐出战、精准务实、开拓创新、攻坚克难、不负人民"的脱贫攻坚精神。脱贫攻坚精神，是中国共产党性质宗旨、中国人民意志品质、中华民族精神的生动写照，是爱国主义、集体主义、社会主义思想的集中体现，是中国精神、中国价值、中国力量的充分彰显，赓续传承了伟大民族精神和时代精神。我们要深入把握脱贫攻坚精神的内涵，将其转化为全面建设社会主义现代化国家、实现中华民族伟大复兴的强大精神力量。

上下同心。习近平总书记亲自部署、亲自指挥、亲自推动，党中央做好顶层设计，加强脱贫效果监管，各省（区、市）把党中央大政方针转化为实施方案、促进工作落地，各市县从当地实际出发，推动脱贫攻坚各项政策措施落地生根。在定点扶贫中，中央和国家机关各部门、民主党派、人民团体、国有企业和人民军队等都积极行动。全社会各行各业都充分发挥自身优势，民营企业、社会组织和公民个人都热情参与，上下同心、举国一致，汇聚起攻坚克难的磅礴力量。

尽锐出战。我们党集中精锐力量投向脱贫攻坚主战场，全国累计选派25.5万个驻村工作队、300多万名第一书记和驻村干部，同近200万名乡镇干部和数百万村干部一道奋战在扶贫一线，鲜红的党旗始终在脱贫攻坚主战场上高高飘扬。在扶贫一线的党员干部不负党和人民的期望，倾力奉献、苦干实干，充分发挥先锋模范作用，共同打赢脱贫攻坚战。

精准务实。脱贫攻坚，贵在精准，重在精准。在党中央的坚强领导下，各级党委政府坚持实事求是，从实际出发，因地制宜、精准施策，实打实地提升了扶贫资金、方式、成效的精准度。2014 年，扶贫系统在全国范围开展贫困识别。建档立卡使我国贫困数据第一次实现了到村到户到人，扶贫开发进入"滴灌式"精准扶贫新阶段，确保了扶贫资源真正用在扶贫对象上、真正用在贫困地区。

开拓创新。2013 年，习近平总书记首次提出精准扶贫重要方略，创新了扶贫工作机制，为完成消除绝对贫困的艰巨任务指明了方向和路径。在脱贫攻坚战中，具体的创新举措更是不胜枚举。比如，在"苦瘠甲天下"的宁夏西海固，扶贫工作者因地施策、因户施策，种植艾草、芦笋等经济作物，移民易地搬迁扶贫、旅游扶贫等多措并举，如今的西海固牛壮羊肥、产业兴旺。

攻坚克难。习近平总书记指出："无论是雪域高原、戈壁沙漠，还是悬崖绝壁、大石山区，脱贫攻坚的阳光照耀到了每一个角落。"我们党带领人民披荆斩棘、栉风沐雨，发扬钉钉子精神，敢于啃硬骨头，攻克了一个又一个贫中之贫、坚中之坚。党的十八大以来，平均每年 1000 多万人脱贫，全部实现"两不愁三保障"。

不负人民。我们党团结带领人民进行革命、建设、改革，根本目的就是让人民过上好日子。脱贫攻坚是一项历史性工程，是我们党对人民作出的庄严承诺。党的十八大以来，以习近平同志为核心的党中央坚持人民至上，坚持以人民为中心的发展思想，通过艰苦努力使农村贫困人口全部脱贫、脱贫地区经济社会发展大踏步赶上来。脱贫攻坚战取得全面胜利，兑现了我们党对人民作出的庄严承诺。

（参考魏海生：《深入把握脱贫攻坚精神的内涵》，《人民日报》2021 年 6 月 17 日。）

（三）从"亲仁善邻"到构建人类命运共同体

"亲仁善邻"是中华优秀传统文化中蕴含的天下观、社会观、道德观的重要体现。《左传·隐公六年》中最早提出了"亲仁善邻"的理念。"亲仁善邻，国之宝也"，意思是亲近仁者、与邻邦友好，这是中华民族长久以来依循的宝贵理念与文化格局，是中华文明的古老智慧，也是今日中国一贯的外交之道。在新时代，"亲仁善邻"尤其体现出中国扶危济困、大国担当的天下情怀及其和平发展的价值取向。

传承中华文明"亲仁善邻、协和万邦"的理念，中国共产党始终胸怀天下、立己达人，为中国人民谋幸福、为中华民族谋复兴，也为世界谋大同。当今时代，世界正处于百年未有之大变局，有风险挑战亦有新的机遇。在面对"世界怎么了，我们怎么办"的世纪之问时，正需要我们着眼于世界的现实问题，立足于人民的美满幸福，站在人类前途命运的高度，用"亲仁善邻"的国家理念与格局，将各国前途命运联系起来，坚持谋和平、共发展，与各国携手同行，创建更加美好的世界，迎接更加光明的未来。

"亲仁善邻"，实际是中国人把处理内部事务的"仁""和"标准延伸到对待他国和其他民族。中华民族是重信义、讲情义的智慧民族，与邻里、邻邦之间和睦相处、守望相助，与不同文明多交流、多对话，不仅是中国人一贯的处世之道，也是中华民族所追求的道德目标之一。"亲仁善邻"思想深刻影响了中国对于人类命运共同体的认知。中华文明将"亲仁善邻"等思想文明作为价值共识和族类认同标志，以不同于其他文明特色的中国智慧，为开创最有气象、最具格局的多民族文明，提供了生生不息、发展壮大的丰厚滋养。新征程大道之行，中国共产党以胸怀天下、"天下为公谋大同"的伟大抱负正在开创人类文明新形态、推动建设人类命运共同体。

"人类命运共同体""全人类共同价值"，共同的关键词是"人类"和"共同"。在"和而不同"中谋求"亲仁善邻""天下大同"，这一天下观正是推动构建人类命运共同体的中国方案引领世界的力量所在。党的二十大报告指出，中国共产党人必须坚持胸怀天下。天下之为天下，乃是指包含所有人在内的人类整体。中国共产党人、中国人民包容天下，使天下人都能够同进于大道，共臻于大同。贯穿新全球化时代的伟大文明之魂，就是中国人倡导和引领"天下为公""讲信修睦"的精神价值。"天下为公"的博大情怀和思想境界，既深深根植在中国老百姓的心中，也逐渐成为全世界爱好和平的人们的共同理想。中国共产党推动构建人类命运共同体，为建设持久和平、普遍安全、共同繁荣、开放包容、清洁美丽的美好世界贡献了中国智慧、中国方案、中国力量，成为推动人类发展进步的重要力量。行大道的中国，以实际行动树立睦邻友好标杆，引领全球治理方向，彰显了理性、自信、负责任、"亲仁善邻"的大国担当。

（参考叶南客：《亲仁善邻：人类命运共同体的历史回响与价值取向——继承和弘扬中华优秀传统文化》，《新华日报》2023 年 6 月 6 日。）

六、逆向课程思政

（一）"卡脖子"下的中国大陆集成电路产业对集成电路、人工智能专业大学生的学习启示与促进

从中兴受罚到华为被禁，"缺芯"之痛触动了每一个中国人的神经。2020 年 5 月，美国商务部发表声明："正在修改一项出口规则，从战略上严密瞄准华为对芯片的采购。"这项措施禁止任何使用所谓"美国技术"的半导体集成电路制造企业在没有获得美国商务部审核许可的情况下向华为提供产品生产。这让我们清醒意识到，中国半导体集成电路产业发展之路，必定是一条充满困难与挑战的坎坷路。

半导体集成电路产业是被公认的支撑国民经济发展与保障国家安全的战略性、基础性和先导性产业，它的发展程度是一个国家科技发展水平的核心指标之一，会深刻影响现代社会信息化、智能化进程。在《中共中央关于制定国民经济和社会发展第十四个五年规划和二〇三五年远景目标的建议》中，集成电路与人工智能等一起被重点布局为"十四五"时期需要"强化国家战略科技力量"的重要领域。

目前，我国在半导体集成电路产业高端化突破、复合型、专业型人才培养体系建设、基础科学与技术研究进展等方面仍有很多需要努力提高的地方，主要表现在解决"卡脖子"问题的重要科技成果尚显不足，还需要更多具有产业影响力的领军企业出现，进口集成电路产品数量和

金额依然居高不下，大部分关键产品仍处于中低端水平的局面尚未完全解决。在"两个一百年"伟大复兴的历史交汇点，集成电路、人工智能等相关专业的大学生，应充分认识中国半导体集成电路产业面临的机遇与挑战，刻苦学好本专业知识与技能，为促进半导体集成电路产业健康发展，突破"卡脖子"技术作出新时代大学生应有的贡献。

（参考张卫、沈磊：《一路"芯"程：集成电路的今昔与未来》，上海科学普及出版社 2022 年版。）

（二）"双碳"目标下的新能源汽车行业对材料科学、电子工程等专业大学生的学习启示与促进

目前，全球气候变暖已经成为全人类面临的重大问题。习近平主席在第十五届联合国大会上宣布"中国力争在 2030 年之前实现碳达峰，在 2060 年前实现碳中和"。我国是碳排放大国，在我国的碳排放结构中，交通运输行业的碳排放占比极大，超过了 10%，而交通运输行业的碳排放主要来源于汽车。根据中汽中心测算，汽车的碳排放占到了我国交通碳排放的 80% 以上，占全社会碳排放的 7.5% 左右，而二氧化碳是导致全球气候变暖的罪魁祸首。为此，很多国家发布了碳减排政策及燃油车禁售计划，大力发展新能源汽车。

新能源汽车指的是采用非常规的车用燃料作为动力来源（或使用常规的车用燃料、采用新型车载动力装置）的汽车。通过大力发展新能源汽车，我国可以解决三大问题：第一，可以降低石油的对外依存度；第二，可以减少污染物排放，解决空气污染问题；第三，实现技术超越，在全球新能源汽车行业占据领先地位。但在一次针对有意向购买新能源汽车的燃油车主的问卷调查中，超过 60% 的车主表示，电动汽车只有可以提高续航能力、缩短充电时间、解决充电难题，才会考虑购买。现阶段，受电池能量密度的限制，纯电动汽车的续航里程问题、充电时间问题还无法解决。面对这一问题，比亚迪借鉴增程车的优点，开发出一款超级混合动力车。随着插混技术的不断发展，未来很长一段时间，纯电动汽车可能与插混汽车共存。大力发展新能源汽车是大势所趋，针对新能源汽车存在的种种问题，材料科学、电子工程等专业大学生应刻苦学

好本专业知识与技能，为推动新能源汽车行业的绿色健康发展、迈向汽车强国之路、早日实现"双碳"目标贡献一己之力。

（参考虞忠潮、朱兴旺、李强：《新能源汽车"双碳"战略下的汽车工业革命》，中国经济出版社 2022 年版。）

七、案例精选

（一）案例一："蛟龙"号载人潜水器的三大技术突破

"蛟龙"号是我国第一台自行设计、自主集成研制的深海载人潜水器。其长、宽、高分别为 8.2 米、3.0 米、3.4 米，最大下潜深度超过 7000 米。

据报载，2012 年 6 月 27 日 11 点 47 分，在西太平洋马里亚纳海沟，我国自行设计、自主集成研制的"蛟龙"号载人深潜器创造了下潜 7062 米的世界深潜纪录，为中国人进入深海世界打开了大门。从此，我国成为继美、法、俄、日之后世界上第五个掌握大深度载人深潜技术的国家，也意味着"蛟龙"号将可在世界海洋面积 99.8% 的海域使用，对我国开发利用深海资源有重要的意义。

"蛟龙"号载人潜水器的技术已经达到世界先进水平，尤其是近底自动航行和悬停定位、高速水声通信、充油银锌蓄电池被誉为"蛟龙"号载人潜水器的三大技术突破。

其中，近底自动航行是一个非常重要的功能。为什么这么说呢？在保证安全和效率的前提下，"蛟龙"号载人潜水器的航速一般为每小时 1 海里左右，下潜和上浮速度根据具体情况时有不同，一般每分钟为 30—40 米。"蛟龙"号如果要下潜到 7000 米深的海底，大约需要 3 小时，在海底的工作时间为 6 小时左右，母船布放和回收至少用时半小时。如此算来，"蛟龙"号下潜一次全程至少需要 12 小时。这个过程中，如果潜航员全凭手动操作会非常疲惫。想象一下，一个人连续开车十几个小时，那会是一件多么消耗体力和精力的事情。而近底自动航行技术很好地解决了这个问题。

凭借近底自动航行技术，只要潜航员设定了航行方向，"蛟龙"号载人潜水器就能自动驾驶了，潜航员可以放心地进行观察和其他操作。

"蛟龙"号载人潜水器的近底自动航行主要有三种模式：自动定向航行、自动定高航行和自动定深功能。自动定向航行就是，当设定好前进方向后，"蛟龙"号会沿着定好的方向自动航行，不会偏离。自动定高航行就是，不管海底的地形多么高低不平，"蛟龙"号都可与海底保持一定的距离，这样就避免了碰撞事故的发生。自动定深功能使"蛟龙"号能够保持与海面的距离，比如设定深度为6000米，那么"蛟龙"号就可以一直与海面保持6000米的距离。

"蛟龙"号载人潜水器还有一项非常重要的技术就是悬停定位。国外大部分载人潜水器在海底工作时，如果要采集样品，需要先坐底再进行操作。"蛟龙"号就不必这么麻烦。当潜航员驾驶"蛟龙"号在海底发现目标时，只需要驾驶到相应的位置"定住"，即可用机械手进行采样等操作。其实这是一项极难的技术。因为"蛟龙"号会被洋流带动摇摆，机械手在作业时也会带动"蛟龙"号晃动。这种情况下，"蛟龙"号还可以稳稳地"定"在海底，做到精确悬停定位，令人惊叹。在已经公开的信息中，国外还没有研发出有类似功能的潜水器。

（参考刘峰编：《跟着蛟龙去探海·探海重器》，中国海洋大学出版社2021年版。）

（二）案例二：也门撤侨

自2014年以来，也门局势急剧恶化，全国陷入无政府状态，多国关闭驻也门使馆。美英西方国家纷纷撤回外交人员，并呼吁本国公民撤离。2015年3月26日，沙特等国展开代号为"果断风暴"的军事行动，100架战机对胡塞武装进行了猛烈的空袭，并宣布也门全境为禁飞区。与此同时，沙特等国在沙也边境部署的兵力达到了15万之多，战火正以燎原之势迅速燃遍也门全国。也门，就此成为被航空炸弹和密集枪声隔绝于和平之外的"恐怖孤岛"。

根据习近平主席和中央军委命令，中国海军舰艇编队开始组织舰艇和有关力量赴也门执行撤离中国公民任务。3月26日深夜，海军命令正在亚丁湾执行护航任务的临沂舰、潍坊舰和微山湖舰向也门亚丁港海域高速机动。编队连夜部署，由护航状态转为撤侨任务状态。各舰完善舰艇靠泊、人员核准登舰、舰艇和登陆港口的安全警戒等，生活保障、卫生防疫等方案，在最短时间内完成了一切准备。

当时，在也门全境有20多家中资企业，620名中国公民，其中约300人集中在首都萨那附近，另外有300多人分布在也门十多个省。使馆分头联系各个中资企业，500多名中国公民陆续集中到萨那和亚丁市，随时做好撤离准备。3月28日上午，经商处紧急召开在也中资企业负责人会议，公布撤离时间、路线，详细说明撤离途中可能出现的种种问题，要求企业服从使馆安排，做到统一、安全、有序撤离。

3月29日上午，临沂舰由待机点向亚丁港高速机动，13时46分完成靠泊。集结在码头的首批122名中国公民、2名外籍人员一同随舰撤离。临沂舰是抓住几小时停火的宝贵窗口期来进行撤侨的，所以不能出现"人等舰"或者"舰等人"的危险情况，要确保行动能够同步。海军和使馆的协同被认为达到了天衣无缝。临沂舰接回的124人，在39分钟内全部登舰完毕，平均每人为18秒，而且还要完成大量的人员甄别、行李检查等。14时30分，临沂舰离开亚丁港码头，经过近8小时高速航渡，抵达吉布提。

3月30日，455名待撤离人员在使馆人员的安排下，乘车从萨那奔赴荷台达港。两地距离230千米，多为崎岖山路，安全风险很大。在也门政府军装甲车开道、所有沿途检查站立即放行的情况下，车队花了五个多小时抵达目的地。当天下午，潍坊舰靠港，455人顺利登舰撤离。由于情报准确、协调有力，整个登舰行动只用了81分钟，平均每人不到11秒，至此，需要撤出的中方人员全部撤离也门。也门由于内战陷于一片混乱，潍坊舰进入和离开荷台达港的全部行动都是我海军自主完成的。

来自炮火硝烟中的一组数据，呈现中国外交在关键时刻的考验中交出的亮丽答卷：3月29日到4月2日，中国派出三艘军舰，从也门撤出中国公民613人；同时，协助来自15个国家的共279名外国公民安全撤离。"感谢祖国，我们可以回家了！""谢谢你，中国！"在港口，在机场，在多国使领馆的门口，挥舞的五星红旗和亮丽的横幅浓缩千言万语，湿润的双眸透露着对中国无尽感激。2018年电影《红海行动》即以此次行动为背景改编。

（参考丹拥军：《永远的祖国》，光明日报出版社2022年版。）

（三）案例三：黄文秀——脱贫战线上醒目的黄花

黄文秀，女，1989年4月—2019年6月，生前系广西百色市乐业县新化镇百坭村党支部第一书记，被追授全国脱贫攻坚楷模、时代楷模、最美奋斗者、全国优秀共产党员等荣誉称号，获中国青年五四奖章、"七一勋章"。

2016年，黄文秀从北京师范大学研究生毕业后，放弃大城市的工作机会，考取了广西选调生，回到家乡百色工作。2018年3月，她积极响应党和政府的号召，主动请缨到百色市乐业县新化镇百坭村担任党支部第一书记。

百坭村建档立卡贫困户分散居住在几个不同的山头，全村11个自然屯中最远的屯距离村部有13公里。为了更好地融入群众，黄文秀积极向村里的老支书讨教工作"诀窍"。她每到群众家中，不再拿着本子问东问西，而是直接脱下外套帮他们扫院子、干农活、种油茶、摘果子，一边干活一边唠家常。正是凭着这股迎难而上、踏实肯干的劲头，这个曾被乡亲们拒之门外的"研究生女书记"，很快就成了村民竞相邀请的"自家人"，成了大伙儿口中的"文秀书记""文秀姑娘"。经过两个月的遍访摸底，她基本掌握了全村概况。为了精准记住人名、地名、户况，尽快"对症下药"开展工作，她还把所有贫困户的名字，都标注在自己亲手绘制的百坭村"地图"上，把每一天的工作情况和收获记录在驻村日记里。

"靠山吃山，靠水吃水。"黄文秀带领村干部和群众，深入研究、挖掘百坭村的资源优势，学经验、找路子，大力发展杉木、八角、砂糖橘、枇杷等特色种植产业，千方百计拓宽群众增收渠道，带动村级集体经济快速发展。

黄文秀在服务百坭村1年2个月20天的日子里，克服重重困难，不断探索和实践。2018年百坭村有88户418人顺利脱贫，贫困发生率从22.88%降至2.71%。她还牵头成立了"乡村振兴青年作为"志愿者服务队，组织百坭村青年积极参与到产业建设、乡风文明建设等工作中来，充分发挥青年力量，助推乡村文化、教育、产业、环境发展。

"文秀真是一心一意帮我，比我女儿还要亲！一年里她往我家跑12趟，每次都是问寒问暖，还教我种上20亩油茶，帮助我申请养老补贴、报销住院费。"脱贫户韦乃情动情地说。

黄文秀出生在农村，生活上十分简朴，不讲究吃穿，平易近人。她自己生活节俭，对贫困户却非常大方。村民黄美线的丈夫因病去世，家里经济状况很不好，黄文秀帮助她家申请到5万元贷款，办起小型农产品加工厂，还开了一家小卖部，每月收入超过2000元。"她帮我们家那么多，却从没吃过我们家一顿饭。"

为了让村里的孩子们了解感受大山外面的世界，黄文秀主动联系母校，邀请学校志愿者团队到村里开展暑期社会实践活动，为孩子们带来新的学习体验。她还帮助考上大学的贫困学生争取各项补助，减轻家庭负担，让寒门学子能够顺利进入大学，接受更好的教育。

在推进乡村文明建设中，她组织村规民约吟诵比赛，开展全村道德模范人物评选和文明家庭评选等活动，百坭村的整体精神面貌发生了巨大的改变。2018年8月，百坭村获得百色市"乡风文明"红旗村称号。

2019年6月16日，黄文秀利用周末回老家陪护刚做完肝癌手术的父亲，因惦记百坭村的防汛抗洪工作，连夜返回工作岗位，途中遭遇山洪，30岁的闪亮青春，永远定格在了扶贫路上。

最美芳华，见证初心。黄文秀不忘初心、牢记使命，敢于担当、甘于奉献，用生命诠释了一名中国共产党员应有的价值追求和使命担当。她以短暂而充实的一生，书写了新时代青年的生命意义和共产党人的初心使命，跑出了最美的英姿。

（参考新编入党实务手册编写组编：《新编入党实务手册》，党建读物出版社2023年版。）

八、学习思考题简答

☆联系我国社会主要矛盾的新变化，如何正确理解中国特色社会主义进入新时代的内涵和意义？

中国特色社会主义新时代是我国发展新的历史方位，我国社会主要矛盾已经转化为人民日益增长的美好生活需要和不平衡不充分的发展之间的矛盾。以习近平同志为核心的党中央在统筹把握中华民族伟大复兴战略全局和世界百年未有之大变局、科学把握我国社会主要矛盾运动变化基础上，强调中国特色社会主义新时代是承前启后、继往开来、在新的历史条件下继续夺取中国特色社会主义伟大胜利的时代，是决胜全面建成小康社会、进而全面建设社会主义现代化强国的时代，是全国各族人民团结奋斗、不断创造美好生活、逐步实现全体人民共同富裕的时代，是全体中华儿女勠力同心、奋力实现中华民族伟大复兴中国梦的时代，是我国不断为人类作出更大贡献的时代。

中国特色社会主义进入新时代，是对党和人民事业具有重大现实意义和深远历史意义的大事，意味着近代以来久经磨难的中华民族迎来了从站起来、富起来到强起来的伟大飞跃，迎来了实现中华民族伟大复兴的光明前景；意味着科学社会主义在21世纪的中国焕发出强大生机活力，在世界上高高举起了中国特色社会主义伟大旗帜；意味着中国特色社会主义道路、理论、制度、文化不断发展，拓展了发展中国家走向现代化的途径，给世界上那些既希望加快发展又希望保持自身独立性的国家和民族提供了全新选择，为解决人类问题贡献了中国智慧和中国方案。

☆党的十八大以来，党和国家事业发生了怎样的历史性变革？

党的十八大以来，以习近平同志为核心的党中央全面贯彻党的基本理论、基本路线、基本方略，党和国家事业取得历史性成就、发生历史性变革，推动我国迈上全面建设社会主义现代化国家新征程。

十年来，第一，创立了习近平新时代中国特色社会主义思想；第二，全面加强党的领导，明确中国特色社会主义最本质的特征是中国共产党领导；第三，对新时代党和国家事业发展作出科学完整的战略部署，提出实现中华民族伟大复兴的中国梦，以中国式现代化全面推进中华民族伟大复兴；第四，实现了小康这个中华民族的千年梦想；第五，提出并贯彻新发展理念，我国经济实力实现历史性跃升；第六，以巨大的政治勇气全面深化改革，国家治理体系和治理能力现代化水平明显提高；第七，实行更加积极主动的开放战略，形成更大范围、更宽领域、更深层次对外开放格局；第八，坚持走中国特色社会主义政治发展道路，全面发展全过程人民民主，法治中国建设开创新局面；第九，确立和坚持马克思主义在意识形态领域指导地位的根本制度；第十，深入贯彻以人民为中心的发展思想，人民生活全方位改善；十一，坚持绿水青山就是金山银山的理念，生态环境保护发生历史性、转折性、全局性变化；十二，贯彻总体国家安全观，国家安全得到全面加强，平安中国建设迈向更高水平；十三，确立党在新时代的强军目标，大刀阔斧深化国防和军队改革；十四，全面准确推进"一国两制"实践，香港、澳门保持长期稳定发展良好态势，提出新时代解决台湾问题的总体方略；十五，全面推进中国特色大国外交，我国国际影响力、感召力、塑造力显著提升；十六，深入推进全面从严治党，提出和落实新时代党的建设总要求，确保党永远不变质、不变色、不变味。

☆习近平在庆祝中国共产党成立100周年大会上的讲话中指出，在中华大地上全面建成了小康社会是中华民族的伟大光荣、中国人民的伟大光荣、中国共产党的伟大光荣。联系历史和现实，谈谈全面建成小康社会的历史意义。

第一，全面建成小康社会，实现了中华民族千百年来的夙愿。中国共产党自成立之日起，就坚定扛起为人民谋幸福、为民族谋复兴的大旗，经过一代一代的接续奋斗，全面小康终于梦想成真。

第二，全面建成小康社会，是迈向中华民族伟大复兴的关键一步。标志着第一个百年奋斗目标圆满完成，为实现第二个百年奋斗目标奠定坚实基础，在中华民族文明史上具有重大意义，实现了从大幅落后于时代到大踏步赶上时代的新跨越。

第三，全面建成小康社会，是对人类社会的伟大贡献。大大提高了人类社会整体发展水平，社会主义中国以更加雄伟的身姿屹立于世界东方。全面建成小康社会的理论和实践，深化了对社会主义本质的认识和理解，开拓了社会主义发展新境界，使科学社会主义在 21 世纪的中国焕发出强大生机活力。还为世界上那些既希望加快发展又希望保持自身独立性的国家和民族提供了全新选择，为各国发展提供了机遇。

☆党的二十大强调，"两个确立"对新时代党和国家事业发展、对推进中华民族伟大复兴历史进程具有决定性意义。联系历史和现实，谈谈如何理解"两个确立"的决定性意义。

党确立习近平同志党中央的核心、全党的核心地位，确立习近平新时代中国特色社会主义思想的指导地位，反映了全党全军全国各族人民共同心愿，对新时代党和国家事业发展、对推进中华民族伟大复兴历史进程具有决定性意义。

第一，"两个确立"反映了全党全军全国各族人民共同心愿，必将为实现中华民族伟大复兴提供更为坚强的政治保证。

第二，"两个确立"体现了我们党在指导思想上的与时俱进，必将为实现中华民族伟大复兴提供更为强大的思想指引。

第三，"两个确立"展现了我们党推进新时代党和人民事业伟大实践的历史担当，必将为实现中华民族伟大复兴汇聚更为磅礴的奋进力量。

第四，"两个确立"宣示了我们党牢记初心使命、永葆生机活力的坚定决心，必将为实现中华民族伟大复兴提供更为强大的组织优势。

新的征程上，只要我们坚持好、维护好"两个确立"，就一定能够牢记初心使命、永葆生机活力，不断把党和人民事业推向前进；一定能够确保党在新时代坚持和发展中国特色社会主义的历史进程中始终成为坚强领导核心；一定能够坚定走好新的赶考之路，全面建成社会主义现代化强国，实现中华民族伟大复兴。

（参考马建堂：《深刻认识"两个确立"的重大意义》，《人民日报》2021 年 11 月 26 日。）

图书在版编目（CIP）数据

《中国近现代史纲要》实践教学＆课程提质指导／朱秀民，高思峰主编. -- 北京：中国文史出版社，2024.11. -- ISBN 978-7-5205-4950-9

Ⅰ．K25

中国国家版本馆 CIP 数据核字第 2024HY8713 号

责任编辑：薛未未

出版发行：**中国文史出版社**

社　　址：北京市海淀区西八里庄路 69 号院　邮编：100142

电　　话：010-81136606　81136602　81136603（发行部）

传　　真：010-81136655

印　　装：廊坊市海涛印刷有限公司

经　　销：全国新华书店

开　　本：720×1020　1/16

印　　张：19.75　　字数：215 千字

版　　次：2024 年 11 月第 1 版

印　　次：2024 年 11 月第 1 次印刷

定　　价：63.00 元